21世纪高职高专系列教材
山东省高等学校优秀教材

客房部运行与管理

（第二版）

主　编　陈增红
副主编　金小碧　马继明　闫雪梅
编　者　杨佳丽　王巍芳　孟　蕾
陈修岭　马　健　董　烈

山东大学出版社

21世纪高职高专系列教材
编委会成员名单

出版说明

职业教育作为我国教育事业的一个重要的组成部分，改革开放以来，尤其是近年来获得了长足发展。据不完全统计，目前全国各类高等职业学校有近千所，仅山东省就有五十多所，为国家和地方培养了一大批高素质的劳动者和专门人才。与此相适应，教材建设也硕果累累，各出版社先后推出了多部具有高职特色的高职高专教材。但总体上看，与迅猛发展的高职教育相比，教材的出版相对滞后，这不仅表现在教材品种相对较少，更表现在内容的针对性不强，某些方面与高职的专业设置、培养目标相去甚远。同时，地方性、区域性的高职教材也稍嫌不足。以山东省为例，作为一个经济强省、人口大省、教育大省，迄今为止，居然没有一套统编的，与山东省社会、经济、文化发展相适应的高职教材，严重地制约了我省高职高专教育的发展。

有鉴于此，我们在山东省教育厅的领导与支持下，依据教育部《高职高专教育基础课程教学基本要求》和《高职高专教育专业人才培养目标及规格》，并结合我省高职院校及专业设置的特点，组织省内二十余所高职院校长期从事高职高专教学和研究的专家、教授，编写了这套“21 世纪高职高专系列教材”。该教材充分借鉴近年来国内高职高专院校教材建设的最新成果，认真总结和汲取省内高职院校和成人高校在教育、培养新时期技术应用性专门人才方面所取得的成功经验，以适应高职院校教学改革的需要为目标，重点突出实用性、针对性，力求从内容到形式都有一定的突破和创新。本系列教材拟分批出版，预计一百余种。出齐后，将涵盖山东省高职高专教育的基础课程和主干课程。

编写这套教材，在我们是一次粗浅的尝试，也是一次学习、探索和提高的机会。由于我们水平有限，加之编写时间仓促，本教材无论在内容还是形式上都难免会存在这样那样的缺憾或不足，敬请专家和读者批评指正。

21世纪高职高专系列教材编写委员会

2014年6月

再版前言

由陈增红主编的《客房部运行与管理》自 2007 年出版以来，深得各方好评，被多所高职院校酒店管理专业选用为专业教材，并于 2011 年荣获第二届山东省级优秀教材一等奖。时至今日，尽管本教材在教育观念、指导思想、编写体系和编写模式等方面仍然有它的使用价值，但数年前的东西，在社会飞速进步、时代飞速发展的今天，无论如何是需要修订的，以使之更加完善，更加符合当下人们对客房部运行与管理课程的期待。

《客房部运行与管理》(第二版)在修订中，根据在教学使用过程中教师与学生的反馈意见，结合高职高专教育教学改革新的特点要求，紧扣酒店行业发展脉搏，充分体现任务引领、实践导向的思想。在保持原教材优势的基础上，一是对结构体例作了较大改动。将客房主要岗位群的工作任务重新梳理整合，分解设计成八大模块，每个模块下设立若干项目，以项目为单位组织教学；二是在内容上增加了客房创新服务、绿色环保、财务预算管理、酒店星评专业知识等内容；三是添加了课前的导读和案例导入、课堂的随堂思考、相关链接和推荐阅读；四是穿插了大量的图片，使其图文并茂，内容更加丰富。

《客房部运行与管理》(第二版)主要特色是：融入了饭店业最新教学理念，以实现职业能力目标为核心，内容翔实，案例丰富，理论知识系统，操作性强；增设了课前导读、案例导入、课堂随堂思考、相关链接和推荐阅读及图片，方便教学，并具有启发引导作用；参加本教材修订的编写队伍，长期从事酒店管理专业教学工作，既具有丰富的理论知识、教学经验和多年在酒店行业进行经营管理的工作实践的教师，又有行业企业的专家、技术人员。

教材在修订过程中，参阅并吸收了国内外学者、酒店的有关著作和研究或实践成果，企业的专家、技术人员对本教材的修订内容进行了审定把关。因此，本教材既可作为酒店管理专业的教学用书，也可作为酒店客房部的培训教材。

参加修订的同志有（以模块为序）：第一、二、三、五、七、八模块由闫雪梅编写，第四模块由王巍芳编写，第六模块由马继明编写。

由于编者水平有限，书中疏漏之处在所难免，敬请教育界同仁、饭店同行批评指正。

编　者

2014 年 6 月

目 录

模块一　客房认知

【课前导读】

饭店客房是人们外出旅行的投宿之所，是饭店的重要组成部分（基本设施）。客房部作为一个独立的经营实体，在饭店服务质量和营业收入中，有着举足轻重的地位和作用。

客房部主要负责饭店客房的服务与管理、清洁和保养工作，为客人创造舒适、安全、整洁、美观的居住环境，提供多样、优质的客房服务。

【学习目标】

知识目标

1. 对客房、客房部有初步的认识，了解客房部在现代酒店中的地位作用，明确客房部业务的运行特点。

2. 熟悉客房部的机构设置，明确客房部各岗位的主要工作职责。

3. 掌握客房部服务人员的素质要求。

能力目标

1. 能正确区分各种客房类型及其特点。

2. 掌握基本的客房设计原则。

3. 对客房服务和管理有基本的认识。

【案例导入】

某地一家按四星级标准改建的酒店已经开业一年多了，农历新年刚过，酒店总经理就迫不及待地请来了行业专家进行暗访，希望给酒店把把脉。

专家以普通客人的身份住进了酒店，经过了一天住宿体验，给这家酒店开出了详细的诊疗单。客房问题主要集中在三个方面，酒店必备项的缺项、客房硬件设计物品配备中的问题和客房清洁服务上的问题。

1. 必备项缺项方面：按照国家标准《饭店星级的划分与评定》(GB/T14308—2010)必备项的要求，酒店没有提供开夜床服务，房间没有供客人使用的不间断电源和服务指南，房门没有闭门器不能自动闭合。

2. 客房硬件设计、物品配备方面：房间设有网线，但没有上网说明；房间窗帘没有固定，客人拉闭时两侧漏光严重；卫生间厕纸架设在马桶水箱旁边，客人取用厕纸极不方便；客房楼层电梯间房间指示牌周围没有光源，客人下电梯后，看不清指示，不方便找房间。

3. 房间清洁服务方面：客人进房后烟味很大，晚上睡觉时床上的枕头也有强烈的烟味；写字台台面有上一客人遗留的签字笔笔帽，博古架上摆放的瓷瓶内有较多烟蒂；卫生间毛巾发硬，给客房服务中心打电话要求换两块毛巾，等了半天服务员才拿来两块仍旧有毛边且发灰的毛巾，并告知干净的毛巾都这样便离开了……

当总经理拿到了这样一份暗访报告后，迅速召集各部门经理进行了认真的学习讨论，要求各部门提出改进方案并对照星级标准仔细查找其他问题，一场轰轰烈烈的星评整改工作正式拉开了序幕。

【课堂思考】

1. 入住客房，哪些环节是客人最在意的地方？

2. 酒店客房设计要考虑哪些方面？

项目一　认识客房

任务一：客房的概念

客房是客人入住饭店时的投宿场所，是饭店以出租和提供劳务的方式获得经济收入的特殊商品。尽管饭店其他服务设施会根据其规模、星级、客源市场变化等因素有所增减，客房却是始终不可缺少的基础设施，是饭店最基本、最核心的产品，是饭店重要的经济来源。

客房是住店客人的“家外之家”，是酒店的核心产品，是饭店经济利润的主要来源。客房面积的大小、装饰装修及环境氛围、客房设备用品配备、卫生消毒洁净程度、服务项目设置及提供，人身和财产安全等都是客人衡量酒店服务和管理的重要因素，直接影响宾客的满意度和酒店的经营效益。

任务二：客房类型

客房是饭店必不可少的主要设施，是饭店的基本条件。由于宾客身份、消费需求、同行人员数量、旅居原因不同等因素，宾客对饭店客房类型与大小有不同的需求，因此，饭店应合理地配置不同类型的客房，以满足不同宾客的需要。

1. 按房间构成及床位划分

(1)单人间(Single Room)：房内设一张床，因其私密性强，近年来颇受商务客人欢迎。

(2)标准间(Standard Room 或 Twin Room):房内设两张一样大小的单人床,可住两位客人,可用来安排会议或旅游团队客人。

(3)大床间(Double Room):配一张双人床,主要适合夫妇旅行者居住,也可适合单身旅行者。

(4)家庭房(Family Room):配一张大床和一张小床,适合家庭旅行者使用,适合在度假型酒店使用。

(5)套房(Suite):是指由两个相对独立,功能互不影响、互不干扰的空间组合而成的客房。按照分割方式、组合方式不同套房可分为三开间套房、四开间套房、五开间套房,包括客厅、书房、餐厅、主副卧室等;按豪华程度,套房又可分为普通套房、豪华套房、总统套房等。

总统套房(Presidential Suite),酒店内最高档客房,其设计更关注私密性、舒适性和文化性,一般由7~8个房间组成。拥有总统卧室、总统夫人卧室、客厅、书房、娱乐室、会议室、随员室、警卫室、餐室或酒吧间、厨房、卫生间等。房间装饰讲究,设备豪华,常有名贵字画、古董、摆设等艺术品装点其间。

(6)连通房(Connecting Suite):是指在两个独立的客房单间之间使用隔音双扇门连接,作为两个独立单间出租时,将门锁上作为两个完全独立的空间,任何一方无法进入另一房间;作为套房使用时,将房门打开,可成为套房出租。

2.按客房在饭店中所处的位置划分

(1)外景房(Outside Room):房间的窗户朝向外部景观,如大海、湖泊、公园、景区景点、街道,视野开阔,景色迷人。

(2)内景房(Inside Room):客房的窗户朝向内部庭院。

(3)角房(Corner Room):位于走廊过道尽头或拐角处的客房。角房因形状比较特殊,装饰无法循规蹈矩,可能难以获得大部分客人的喜欢。但因打破了标准间的呆板,反而受到了某些客人的喜欢。

3.特殊客房

(1)绿色客房

饭店节能减排、清洁生产是建设资源节约型与环境友好型社会的必然要求,绿色客房是人们在新时代对酒店产品的必然要求,秉承绿色设计的理念,无建筑、装修、噪声污染,室内环境符合人体健康要求,客房内所有物品、用具及对它们的使用都符合环保要求,在客房服务设计及提供上倡导绿色消费。

(2)无烟客房(Non-Smoking Room)

随着人们健康养生理念的持续深入,越来越多的酒店为满足宾客的需求开辟了专门的无烟客房或无烟楼层。无烟客房是专供非吸烟客人入住,并为客人提供严格的无烟环境的客房。无烟楼层被许多酒店定义为“洁净空气区”，在明显位置张贴标识提醒房客及来访者不要吸烟，工作人员也严格禁烟，房间撤出烟灰缸，取而代之的是一盘糖果供客人消遣，房间增加绿色植物净化空气。由于无烟客房良好的空气环境，受到了越来越多客人尤其是外宾的喜欢，美国万豪等国际大型酒店集团也在致力于客房全面禁烟的尝试。

(3)残疾人客房(Handicapped Room)

这是专为残疾人设计提供的客房，一切设施设备都以方便客人出入、休息和使用为目的而设置，是饭店人文精神的体现，五星级酒店必须要配备残疾人客房。

①客房位置：残疾人客房应布置在便于轮椅进出、交通路线最短的地方，一般设在低层饭店的一层或高层饭店客房层的最底层，可采用连通房的形式，便于陪护。同时应关注盲人、聋哑人等其他残障人士的需要。

②门：出入无障碍，门宽度不小于0.9米，不同高度分别安装窥视镜。

③客房：客房内通道有足够宽度供轮椅车进出；床面高度为0.45米，两侧应该有扶手，但不宜过长；窗帘安有电动或遥控装置；客房警报系统周详，电器按钮及插座位置不得高于1.2米，以便客人在轮椅上使用；有条件的饭店还可以在地毯上设置专供失明者辨别的凹凸标志。

④卫生间：卫生间入口处需放大尺寸供轮椅车转弯；卫生间的门宽与客房门一样不小于0.9米；卫生间内空地尺度需能使轮椅回旋，设置安全洗浴坐凳；在墙壁、浴缸、洗脸盆、恭桶边增设牢固扶手，扶手分设水平段与垂直段，且扶手能承受100公斤左右的拉力或压力，以便残疾人随处扶靠。

(4)主题客房

主题客房比一般客房更具有针对性，是运用多种艺术手法，通过空间、平面布局、光线、色彩、陈设与装饰等多种要素的设计与布置，烘托出某种独特的文化气氛，突出表现某种主题的客房。除客房产品上突出主题外，相应的客房服务也更有针对性。主题客房的功能不再只局限于传统意义上的休息睡眠场所，更注重客人精神上的享受。其突出特点就是独特性、针对性和浓郁的文化气息。

主题客房的风格类型及设计要点：

①根据客人年龄、性别为主题设计的客房，如老年人客房、女宾客房、儿童(家庭)客房等。

②根据各类民族地域文化风格为主题设计的客房，如中式客房、欧式客房、和式客房等。

③以某种时尚、兴趣爱好为主题设计的客房，如汽车客房、减压客房、艺术客房等。

相关链接：

杭州黄龙饭店女士套房

专为单身出行女性客人设计的女士楼层豪华套房，60平方米的舒适空间，设计柔和新颖，具有女性独有特质，并特别聘请法国著名的爱马仕专属设计师，主刀窗帘装饰的风格设计。所有纺织品皆由法国直接进口，房内的装饰物、坐垫及图画皆由“法兰瓷”设计，每一件物品都可以让人感觉到它的独一无二与特别之处，让您有耳目一新的感觉。房内更贴心配备了负离子吹风机、化妆棉、首饰盒、全套高档女士护理套装、丝质睡衣、走入式衣橱、360度化妆镜、熨斗及熨烫板、分离式浴室、爱马仕或宝格丽沐浴套组、电控坐便器、防水电视、美国金可儿名品床具、四合一多功能一体商务机、Nespresso胶囊式专业咖啡机以及全球时尚人士首选的VOSS冰川水，智慧门牌指示系统、电视门禁系统和电子猫眼、可全球接听拨打的智能客房手机、多媒体互动电视系统、一键式服务中心“一站”解决所有问题，并可尊享行政酒廊的所有贵宾待遇，让女士倍感娇宠，也是与好姐妹相聚分享的理想场所。

杭州黄龙饭店女士套房

(5)高科技客房

日新月异的科技发展带动了社会的进步，客人对酒店客房的科技品质也不断有新的要求，高科技在客房服务和管理中的应用更加广泛，在提高酒店服务效率、改善宾客住宿体验、减少人力成本等方面起到越来越显著的作用。比如，阿联酋酋长国宫殿酒店，所有客房都配备了号称“22世纪的设施”。客人在房内通过掌上电脑来控制房间内的所有设施，如灯光、空调温度、室内游戏和娱乐节目。

客人通过交互式电视，能足不出户就购买饭店商场里的东西、发出房间服务指示，或结账退房。杭州的黄龙饭店在高科技方面的应用也走在了全国酒店行业前列，带给客人不一样的感受。

案例：

杭州黄龙饭店的科技亮点

杭州黄龙饭店是全球第一家拥有全方位高科技智能体系的智慧型商务会议酒店，位于杭州市金融、商业和文化中心之交界处，总面积达 11 万平方米的现代奢华的舒适环境及独树一帜的江南庭院设计，是宾客放松休憩、激发创意的理想场所。

饭店共有 598 间豪华客房，其中包括豪华房、行政楼层客房、女士楼层、套房、东方印象楼层和服务式公寓，客房均配有舒适的现代化设施。饭店在“引领现代奢华体验”的核心品牌理念下，致力于打造中国本土最高端的酒店品牌，以“科技”为品牌战略手段，打造智慧型酒店，创造独特的宾客体验。

1. VIP 客人到店提示（RFID 技术）

客人自动收到欢迎短信。服务人员立即收到 VIP 到店的提示短信，包括客人的姓名、性别、国籍、照片等信息。服务人员可以主动欢迎客人。

2. 无线无纸化入住/退房系统

可通过手持登记设备（TABLET PC）进行远程登记，在房内或是店外就能完成登记、身份辨识及信用卡付款手续。

3. 自助入住/退房系统

针对35～50岁对于计算机操作熟悉的商务人士，杭州黄龙饭店特别于大堂内设置Kiosk机，客人可自助完成登记手续。

4. VIP快速通道

VIP客人开车入车库的同时完成登记入住和房卡制作。

5. 客房智慧导航系统

一出电梯，系统会自动感应您的房卡信息，三道指示牌指引您直至自己的房间。

6. 全世界第一套电视门禁系统

若在您不便应答的时候有人按门铃，门外的图像会主动跳到电视屏幕上，方便您判断以什么形象去开门。

7. 互动服务电视系统

内设八国语言系统，自动选择以您的母语欢迎您入住，自动弹出您上次入住时常看的频道；显示您国家当地气候及杭州气候。

8. 机场航班动态显示/登机牌打印服务

每15分钟更新一次，及时了解班机最新状况；只需将电脑和客房内的四合一多功能一体机连接即可打印路线图和机票登机牌。

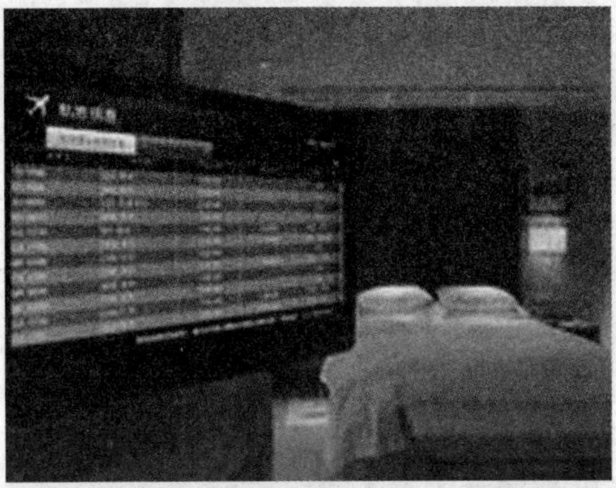

9. 一键式服务中心

只需按“0”，即可解决所有问题。

10. 无线网络全覆盖

无线网络信号覆盖整个饭店，您可在饭店任何地点上网休闲或办公。

11. 全球接听拨打客房智能手机

智能手机解决了国外手机无法直接使用的问题；从技术的角度，它可以全球拨打、免费接听，现阶段，杭州黄龙饭店开放了部分信号区域，可在饭店或是杭州范围内的任何地方使用。

12. 床头耳机

安装在床头背板侧面的电视耳机插口及放置在床头柜抽屉中的耳机，方便还尚未就寝的同行者可以继续享受视听服务。

13. 床头音响

每套床头音响都特制了 I-Pod 专用插孔，同时具备播放和充电功能。

14. 四合一多功能一体机

四合一多功能一体机兼具打印、影印、扫描及传真功能，只需向服务中心告之目的地，清晰的路线信息就会传至您客房的多功能一体机，并打印出来。

15. DVD 播放器/电子连接线及插孔

多媒体播放器可读取 SD、MMC、MS 三种格式的记忆卡，VGA 线，色差线，AV 线，HDMI 高清数据线及插孔。

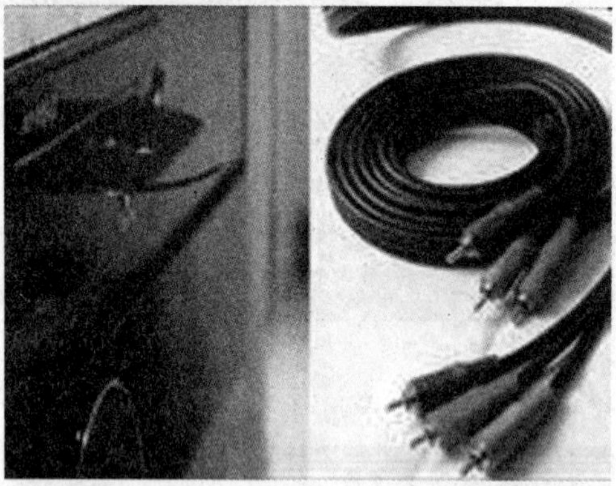

16. 客房盥洗室音乐系统

客房盥洗室音乐系统拥有四个独立声道，分别用于播放饭店公共区域的背景音乐、客房专属音乐(两个声道)和客房电视正在播放的电视节目声音。

17. 液晶雾化玻璃

浴室与卧室之间安装了液晶雾化玻璃，轻点控制面板，透明玻璃即刻产生“雾化”效果，给您一个私密的浴室空间。

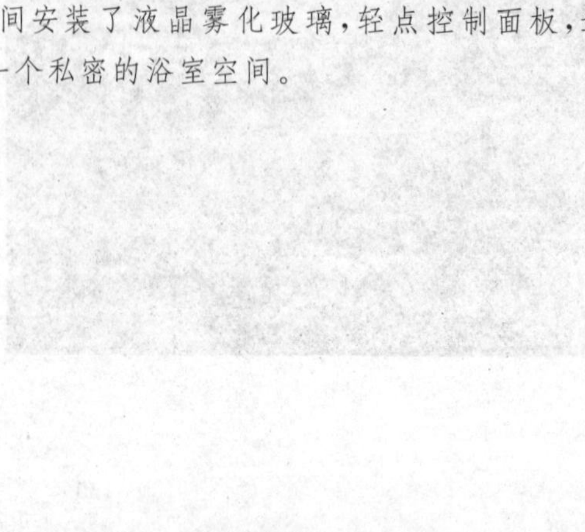

——摘自黄龙酒店官网

(6)时权客房(Time－Share Room)

时权客房是指饭店一次性销售客房特定年限内一周或数周的时段使用权。对于消费者来说是指买断了某饭店房间每年某一特定时间里的若干年使用权，消费者除了度假或商务入住外，还可以置换其他区域饭店的居住权。

典型的时权饭店是具有类似于公寓式的房间，提供传统度假村所需的餐饮、休闲、娱乐等设施以及与之相应的服务。其经营模式是开发商在把该度假村的使用权售出时，成立使用权购买者委员会，由购买者委员会和开发商共同雇用管理人员或饭店管理公司来进行管理。

任务三：客房设计

客房作为饭店的核心产品，是客人在饭店停留时间最长的地方，也是最具有私密性质的场所。客房产品质量的基础是硬件，而硬件形成的基础则是客房的设计。饭店的客房设计在很多人看来是一件简单的工作，其实不然，客房的设计是最能体现饭店档次的地方，而设计形成的环境，又会为客人选择饭店提供重要依据。

1. 客房设计的理念

(1)客房设计应体现宾客至上、以人为本的理念

客房的设计要以客人的需求作为出发点，时刻以客人为中心，离开了这个中心，设计得再好也不会得到客人的青睐。“客人至上，以人为本”不是一句简单的口号，而是应该不断地研究客人需求，紧紧把握客人需求的脉搏，并将这些因素落实到客房的设计中去。

(2)客房设计应体现地域文化特色

在不同地区、不同文化背景下，饭店设计者应采用不同的设计手法，以体现出地域的文化特征。这需要通过不同的形式来表现，如艺术品的陈设、雕塑的摆

放、家具和地毯的样式等。但是，这些物品的搭配必须恰到好处，否则会带来相反的效果。

(3)客房设计应体现客房的等级规格

不同的星级饭店有不同的等级规格，如五星级饭店要求设备豪华，环境幽雅，装饰美观，并表现出一定的艺术风格。但是在设计上盲目追求高标准、高规格，只会增加资金投入，造成浪费。因此，客房设计要做到因地制宜，尽可能用最少的钱做最多最好的事，这样既减少客房投入，又可以达到同等级的规格标准。与此同时，客房设计应充分体现饭店的个性特点，令人耳目一新，以达到吸引更多的客人的目的。

(4)客房设计应体现可持续发展的理念

"人类只有一个地球"的生态观念越来越深入人心，生态价值观也越来越规范着人们的社会行为，因此在饭店设计中要积极提倡人为环境与自然环境的融合与共生，而绿色饭店就是对这种生态价值观的充分体现。绿色饭店指运用环保、健康、安全的理念，倡导绿色消费，保护生态和合理使用资源的饭店，其核心是为客人提供舒适、安全、有利于身体健康要求的绿色客房和绿色餐饮，并且在生产经营过程中加强对环境的保护和对资源的合理利用。绿色饭店的创建、实施与保持是一个持续的发展过程。随着环境保护技术的发展，人们对环保认识的不断加深和饭店综合管理水平的提高，客房设计应当与时俱进，体现出可持续发展的理念。

2.客房设计的原则

(1)客房设计要满足使用功能的要求

客房设计是以创造良好的客房空间环境为宗旨，把满足宾客在客房内工作、休息的要求置于首位，所以在客房设计时要充分考虑使用功能的要求，使客房环境合理化、舒适化、科学化。要以宾客的活动规律为基础处理好客房空间关系、空间尺寸、空间比例，合理配置家具，妥善解决室内通风、采光与照明等问题，注意室内色调的总体效果。

客房的功能设计涉及很多方面，如人体工程学、材料学等学科。人体工程学对客房设计的影响包括客房空间的处理、装饰品的选择及应用、照明灯具选择与安装、家具的摆放及各类电器的开关位置等。材料学对客房设计的影响则主要体现在客房的装饰布置上。如地面材料的选择，地毯有吸音宁静及防滑的功能，可以营造舒适而优雅的环境；地板有防潮功能性地板、抗菌地板、静音地板、地热采暖地板及运动地板等，至于如何选择，则要看具体要求和条件而定。装饰材料可就地取材，体现当地的文化特征，与周边的旅游环境相协调，令客人入住时能领略到本地的人文气息。

(2)客房设计要满足精神功能的要求

客房设计在考虑使用功能要求的同时,还应考虑精神功能的要求。室内设计会产生影响人们的情感、意志和行动的作用,这便是精神功能。所以要研究人们的认识特征和规律,研究人的情感与意志,研究人和环境的相互作用。设计者要运用各种理论和手段去影响人的情感,使其升华达到预期的设计效果。客房环境若能突出地表明某种构思和意境,那么,它将会产生强烈的艺术感染力,更好地发挥其在精神功能方面的作用。

(3)客房设计要满足现代技术的要求

建筑空间的创新和结构造型的创新有着密切的联系,二者应取得协调统一,充分考虑结构造型中美的形象,把艺术和技术融合在一起。这就要求室内设计者必须具备必要的结构类型知识,熟悉和掌握结构体系的性能、特点。现代室内装饰设计,它置身于现代科学技术的范畴之中,要使室内设计更好地满足精神功能的要求,就必须最大限度地利用现代科学技术的最新成果。

(4)客房设计要符合地区特点与民族风格的要求

我国是多民族的国家,由于各个民族的地区特点、民族性格、风俗习惯以及文化素养等因素的差异,使客房装饰设计也有所不同。客房是客人了解当地风土人情的一个窗口,而充分体现出民族和地区的文化特点的客房设计,无疑会给客人留下深刻印象。

北京中堂客栈(四合院主题文化酒店)

3.客房的空间设计

客房的空间设计对于客房设计来说至关重要,好的客房设计不仅能够体现饭店的档次规格,而且还能使客人有宾至如归的感觉。饭店客房空间设计就是要在建筑结构已经确定的条件下,通过适当的选择与摆放家具和采用不同的艺术处理手法,使客人拥有舒适、安全、美观的环境。

(1)客房内的空间布局需要注意的几个要点

①通风透气。现代社会的人们在物质需求得到一定满足后,越发注重对健康的追求。健康的客房首先是通风透气,客人容易与自然风接近。

②过渡空间不能太大。即走廊、玄关等不能太大,避免造成空间的浪费,这是客房设计必须遵守的原则。

③要符合一定的风俗及审美习惯。比方说一般客人不喜欢进门后一览无余,这可以通过设置玄关来处理;一般人不习惯门床正对,可以适当调整床位或设置屏风;几道门不能开在一条直线上,因为那样既不符合传统的风水,又不符合现代的审美。

另外,在对客房安排布局时,可以用到各种不同的艺术处理手法以丰富空间形象,比如围隔、渗透、抑扬和延伸等。

(2)客房内的空间布局安排

①室内门廊区:一般的客房设计会形成入口处的一个小走廊,门后一侧大多是入墙式衣柜。有些经济型客房甚至可以连衣柜门都省去不装,客人的行李可直接放入,既方便又节省空间。而高档的商务型客房,还可以在此区域增加穿衣镜,方便客人的同时,使这个原本狭长的区域变得宽敞。

②睡眠区:客房中面积最大、最重要的功能区域就是睡眠区,床头板与床头

柜自然成为睡眠区设计的核心问题。为了适应不同客人的使用需要，也为了方便前台的销售，两床之间可以不设床头柜，但可以设置简易的台面装置，需要时可直接折叠收起。由于集中控制面板复杂、易损且占用太多空间，因此越来越多的饭店客房都已经不再采用集中控制的面板。床头柜可设立在床的两侧，因为它功能很单一，最重要的是方便使用。

③工作区：以写字台为中心的家具设计成为此区域的关键。完善的商务功能应在此处体现出来，如宽带、传真以及各种插口要合理安排，各种电线也要收纳条理。写字台位置的安排也应该根据工作区的空间特点考虑，良好的采光是其中最应关注的因素。

④休闲区与会客区：以往商务标准客房设计中的会客功能正在渐渐地弱化。一方面客人希望客房是个人活动的空间，私密性极强，将来访客人带进房间存在种种不便；另一方面从饭店经营者的角度考虑，在客房中会客不如到饭店其他经营场所会客更能增加收入。会客功能的弱化为客房向更舒适、更自由的功能转变创造了空间条件。在此区域中可将诸如阅读、欣赏音乐等功能增加进去，既丰富了客人的闲暇生活，又改变了客人在房间只能躺在床上看电视的单一局面。

⑤卫生间：卫生间空间相对独立，水、电、风等各系统交错复杂，卫生间设备多而且面积小，因而应处处遵循人体工程学原理，做人性化设计。

面盆区：台面与妆镜是卫生间造型设计的重点，要注意面盆上方和镜面两侧或单侧的壁灯照明，二者最好都不缺。另外，镜子要有防雾功能，并且镜面要大，因为卫生间一般较小，而借用镜面反射，会使空间在客人视觉上和心理上显得宽敞。

坐便区：坐便区要求通风、照明良好，但一个常常被忽略的问题就是电话和厕纸架的位置，由于经常被安装在坐便器背墙或侧墙靠后的位置上，客人使用起来非常不便。因此，应将两者位置调整到符合客人生活习惯的地方。

洗浴区：浴缸越来越成为卫生间设计的“鸡肋”问题，大多数客人都不太愿意使用浴缸，浴缸本身也带来占用面积大、投入大、做房时间延长等诸多不利后果。除非是饭店的级别与客房的档次要求配备浴缸，否则完全可以用淋浴间代替，既能节省空间，又可减少投入。设有淋浴玻璃房的卫生间，一定要选用安全玻璃，玻璃门边最好设有胶条，既可防水渗出，又能使玻璃门开启时更轻柔舒适。另外，淋浴间的地面要做防滑处理。

任务四：客房的装饰布置

客房的空间设计与装饰布置的作用是相辅相成的。以合适的空间设计为基础，在装饰布置上尽量体现功能与美感并存，会使劳顿一天的客人身心放松，精神愉悦。

1. 色彩的基本知识及其在客房内的应用

在装饰布置客房时，只有恰当、科学地应用色彩，才会产生较高的审美价值和有益身心健康的特殊效果，色彩搭配是否合理直接关系到居室装饰的成败。

(1)色彩的属性(要素)

色彩有色相、明度和纯度三种属性，这三种属性在任何一个物体上都可以同时显示出来，所以也可称为“色彩的三大要素”。

①色相

色相指色彩呈现的相貌及不同色彩的面目。如彩虹中的红、橙、黄、绿、青、蓝、紫就是七种色相，它反映了不同色彩具有的品格。在各色中间加插一两个中间色，其头尾色相，按光谱顺序为：红、橙红、黄橙、黄、黄绿、绿、绿蓝、蓝绿、蓝、蓝紫、紫、红紫，可制出 12 个基本色相。这 12 色相的彩调变化，在光谱色感上是均匀的。如果进一步再找出其中间色，便可以得到 24 个色相。如果再把光谱的红、橙黄、绿、蓝、紫色带圈起来，在红和紫之间插入半幅，构成环形的色相关系，便称为色相环。基本色相间取中间色，即得 12 色相环，再进一步便是 24 色相环。

②明度

明度指色彩的明亮程度。白色、黑色以及黑白之间不同程度的灰，都具有明暗强度的表现。若按一定的间隔划分，就构成明暗尺度。彩色既靠自身所具有的明度值，也靠加减灰、白调来调节明暗。在彩色系列中，黄色明度最强，紫色明度最低，由黄色向两端发展明度逐渐减弱。为保证较好的视觉效果，在客房内配色中，一般天花板明度要最高，墙面次之，地面明度应最低。

③纯度

纯度就是色彩的饱和度，即纯净程度，也称“彩度”。纯度常用高低来描述，纯度越高，色越纯、越艳；纯度越低，色越涩、越浊。

(2)色彩的组成

①三原色

三原色就是能够按照一定数量规定合并成其他任何一种颜色的基色，因此，作为基本的常识，应该知道红、黄、蓝就是三原色。

②近似色

近似色是任何一种除三原色以外的其他颜色，比如橙色的近似色就是红色和黄色。用近似色的颜色主题可以实现色彩的融合，使人感到自然、舒适。

③补充色

补充色是色相环中位置直接相对的两种颜色的对称，如果想突出颜色的话，选择补充色的效果会比较好，如黄色与蓝色。

④组色

组色是色环上距离相等的任意三种颜色。当组色被用在一个色彩主题上时，由于三种颜色形成对比，会对浏览者造成紧张的情绪。

⑤暖色

暖色由红色调组成，比如红色、黄色和橙色，有令人温暖、舒适的感觉。

⑥冷色

冷色来自蓝色色调，比如蓝色、青色和绿色，在这些颜色环境中可以使客人有冷静的感觉。

(3)色彩的心理感觉

观看色彩时，由于受到色彩的视觉刺激，而在思维方面产生对生活经验和环境事物的联想，这就是色彩的心理感觉。

①色彩有冷暖感

色彩的冷暖感被称为色性。红、黄、橙等色相给人的视觉刺激强，使人联想到暖烘烘的太阳、火光，感到温暖，所以称为暖色。青色、蓝色使人联想到天空、河流、阴天，感到寒冷，所以称为冷色。

②色彩有兴奋感与沉静感

凡明度高、纯度高的色调又属偏红、橙的暖色系，均有兴奋感。凡明度低、纯度低，又属偏蓝、青的冷色系，具有沉静感。

③色彩有膨胀感与收缩感

同一面积、同一背景的物体，由于色彩不同，给人造成大小不同的视觉效果。凡色彩明度高的，看起来面积大些，有膨胀的感觉。凡明度低的色彩看起来面积小些，有收缩的感觉。

④色彩有前进感与后退感

暖色和明色给人以前进的感觉；冷色和暗色给人以后退的感觉。

⑤色彩有轻重感

高明度的色彩给人以轻的感觉；低明度的色彩给人以重的感觉。

(4)色彩的搭配与应用

虽然色彩的应用受到个人喜好与个人、素养等因素的影响，但色彩的搭配还是一般以“大调和、小对比”为原则。“大”即客房的墙面和天花板，“大调和”就是整个室内大面积用色的文静、低彩度，是整体色彩的调和。“小”即点缀物(如挂饰、靠垫等)，“小对比”即指小面积用色的大胆、高彩度，这会起到画龙点睛的作用。色彩搭配的方法主要有：

①同类色搭配

同类色，是指色相相同而明度和纯度不同的色彩组合在一起，如灰绿色的墙面配墨绿色的地面。同类色搭配是最为保守、最为稳妥的方法，可以构成一个简朴、自然的背景，有使人安定情绪、令人舒适的感觉，再加上其他色调的搭配，使整个色彩布局既沉稳安静，又活泼灵动。这种方法多用于宁静、高雅的空间，如起居室、卧室、书房等。

②类似色搭配

类似色也即近邻色，指色相环90°范围内的色彩组合在一起，如黄色、黄绿色和绿色等。类似色搭配具有明显的特点，即一组色彩中每色都含有相同的原色成分。类似色搭配产生的明快生动的层次效果，体现了空间的深度和变化。

③对比色搭配

对比色，指色相性质相反或明暗相差悬殊的色彩，如黑色与白色、黄色与紫色等。对比色搭配是最显眼、最生动，但同时又是比较难以掌握的色彩搭配方法。对比色彼此要渗透、交错，要用中和色调和。对比色本身很不稳定，可穿插黑色、白色、金色或银色中的任何一色，这就会使整体变得稳定起来。大胆运用对比色搭配，可以使客房产生风格与众不同的效果。

④有彩色与无彩色的搭配

有彩色是活跃的，而无彩色是平稳的，这两类色彩搭配在一起，可以取得很好的效果。如在室内黑色、白色、灰色的东西与彩色的物品摆在一起，就很有现代感。

在客房内环境装饰的色彩运用上，要注重空间整体的色调统一，讲求空间的主调。根据室内空间的使用功能和要求确定色彩的色调和装饰风格。或华丽庄重、或柔和淡雅、或活泼鲜亮、或热烈欢快。

2.客房室内照明

客房的装饰布置应充分利用自然采光与室内照明，其中室内照明是客房装饰布置的重要内容。

(1)照明设计的基本概念

①光和光谱

光是能引起视觉的辐射能，它以电磁波的形式在空间传播，人眼所感觉到的光仅是电磁波中很小的一部分，称为可见光。可见光的波长度量单位是纳米(nm)，一般在370～780nm范围之间。把光线中不同强度的单色光按波长长短依次排列，称为光源的光谱。

②光通量和发光效率

光源在单位时间内通过某一面积的光能，称为该面积上的光通量。其符

号 Φ,单位为流明(lm)。1lm 相当于波长为 555nm 的单色辐射,功率为 1/680wh 的光通量。每消耗 1w 电功率所发出的光通量(lm/w)称为发光效率,简称光效。

③发光强度

光通量在空间的分布密度,即发光强度。桌上有一盏灯,有灯罩时比没有灯罩时亮,这是因为灯泡本身发出的光通量没有变化,但由于灯罩反射向下时光通量增加了的缘故。发光强度是表征光源发光能力大小的物理量。它表示光源向空间某一方向辐射的光通密度,符号为 I,单位为坎德拉(cd)。

④亮度

即使两个光源发光强度相同,它们在视觉上引起的明亮程度也会不同。例如功率相同的一个白炽灯泡和磨砂灯泡,后者看起来不如前者亮,这是因为磨砂玻璃表面凹凸不平,发光面积较大的缘故。通常把光源表面每单位面积的发光强度,称为光源的亮度,符号为 L,单位为 cd/m^2,$L=I/A$。

⑤照度

受照物体表面每单位面积上接收到的光通量称为照度。用 E 表示,单位为勒克司(lx)。

被光均匀照射的平面照度为 $E=\Phi/A$。Φ-面上接收的总光通量,单位为流明(lm)。A-被照面积,单位为平方米(m^2)。

(2)客房室内照明的主要作用

①提供光照,渲染气氛。提供光照是照明最重要的功能,光的色彩和亮度是决定气氛的主要因素。光的刺激能影响人的情绪,一般说来,亮的房间比暗的房间更为刺激,但是这种刺激必须和空间所应具有的气氛相适应。过度的光和噪声一样都是对环境的一种破坏。由于色彩随着光源的变化而不同,许多色调在白天阳光照耀下,显得光彩夺目,但日暮以后,如果没有适当的照明,就可能变得暗淡无光。因此,与其利用色彩来创造气氛,不如利用不同程度的照明,效果会更理想。

②改善空间感与立体感。室内空间的开敞性与灯光的亮度成正比,亮的客房感觉要大一点,暗的则感觉要小一点。充满客房的漫射光,使空间有延伸的感觉,而直接光能加强客房内物体的阴影,光影相对比,从而能加强客房空间的立体感。

(3)客房室内照明设计要考虑的因素

客房装饰照明是一项综合的专业技术,在设计中需要充分考虑到:

①节能性:自然采光和顶侧采光应合理搭配,另外,也应选择节能效果较好的灯具和材料,以达到较好的设计效果。

②协调性:按使用功能设计不同的亮度使照明设计与装饰设计效果相协调,更符合饭店的需要。

③目的性:按照装饰设计对室内特殊装饰如壁画、艺术品和绿色植物、水景等进行重点照明。

④技术性:在饭店装饰照明设计中,采用新的照明技术,按照国家的有关技术标准和规范,以满足饭店各项服务功能的要求。饭店照明设计应充分调动光的一切特性,结合饭店的各项功能和饭店设计理念,创造一个理想的光的世界,一个艺术的世界,以达到舒适性、艺术性、安全性相统一的设计效果。

(4)客房室内照明设计的要求

饭店客房应该像家一样,宁静、舒适和亲切是其典型基调。

①照明度要求:一般客房室内照明度为50~100勒克司,以体现安静、柔和、舒适的特点;但局部照明,比如梳妆镜前的照明、床头阅读照明等应该提供足够的照度,这些区域可取300勒克司的照明度值。

②色温要求:3000K左右。在卧室用3500K以下的光源,在洗手间用3500K以上的光源。在洗手间需要高色温,以显清洁和爽净。

③显色性要求:较好的显色性,能使客人增加自信,感觉舒适良好。

(5)客房常见的灯具

①吊灯。一般为悬挂在天花板上的灯具,是最常采用的普遍性照明,有直接、间接、下向照射及均散光等多种灯型。吊灯的大小、灯头数的多少均与房间的大小有关。吊灯一般离天花板500~1000毫米,光源中心距离开花板以750毫米为宜。也可根据具体需要进行调整。

②吸顶灯。直接安装在天花板面上的灯型。包括有下向投射灯、散光及全面照明等几种灯型,光源有白炽灯吸顶和荧光灯吸顶灯。特点是可使顶棚较亮,构成全房间的明亮感,缺点是易产生眩光。吸顶灯的造型、布局组合方式、结构形式和使用材料等,要根据使用要求和审美要求来考虑。灯具的尺度大小要与室内空间相适应,结构上一定要安全可靠。

③嵌顶灯。泛指嵌装在天花板内部的隐式灯具,灯口与天花板衔接,通常属于向下抽射的直接光灯型。由于有阴暗感,因此嵌顶灯常和其他灯具配合使用。

④壁灯。壁灯是安装在墙壁上的灯具。是加强室内装饰性及补充型照明的灯具。由于距地面不高,一般都用低瓦数灯泡。灯具的高度依据灯的形状确定,大型的为450~800毫米,小型的为275~450毫米。壁灯常用的光源功率,大型的使用100瓦、150瓦的白炽灯泡,小型的使用40瓦、60瓦的白炽灯泡。

⑤活动灯具。是可以随需要自由放置的灯具。一般桌面上的台灯,地板上的落地灯都属于这种灯具。台灯又叫“桌灯”,由于它移动灵活方便,又被称为照

明中的“轻骑兵”。通常用金属、陶瓷、塑料等材料为灯座，用绢、纱、纸、玻璃等制作灯罩，可用荧光灯或白炽灯作为灯源。它具有小巧玲珑、开关方便、移动自由、调光随意、造型美观的特点。落地灯一般都有一个可自由调节高度的收缩杆，其他的构件与台灯相似。它具有投光角度灵活、不产生眩光、造型美观大方的特点。

⑥建筑照明灯。是指固定在天花板或墙壁上的线型或面型照明灯。通常有顶篷式、檐板式、窗帘遮板式以及光墙等多种。结构式照明一般都采用日光灯管为光源。顶篷式为间接照明，檐板式为直接照明，其他多为半间接照明。此种照明方式通常都用来作背景光或装饰性照明，须配合建筑物的结构要件作整体考虑。

3.客房装饰设计发展趋势

客房作为饭店出售的最重要有形商品之一，其设计是构成其使用价值的重要组成部分。随着宾客要求的日益提高以及对房间设计认识的深入，促使饭店客房在装饰设计上出现了一些新的变化，这些变化趋势主要体现在多样化、人本化、家居化、智能化和安全性等几个方面。

(1)多样化趋势

新颖独特及更加舒适私密，已成为客房设计的一大趋势。例如香港君悦饭店，客房的内凹式角型门厅，辟出了一块属于这间客房的缓冲地带，无论是访客还是服务员的清扫车，都可以在这里暂时逗留而不影响走道的畅通，设计独特。在客房的小走道天花上，装有一个智能人体探测器，在光线较暗的夜晚，客人打开房门时，探测器便能自动将客房灯点亮。宽畅的角型壁橱，保险箱安放在壁橱的上部，空调回风口也设在壁橱里，透过壁橱的百叶门进行回流。香港半岛酒店的客房里有一个与外面走廊相通的鞋柜，客人只要将鞋子放在里面，服务员就可以通过走道一侧的小门将鞋子拿去擦干净，而后不动声色地放回原处。和君悦饭店一样，设计者同样十分重视保护客人的隐私。在每一间客房设置了两道门，均安装了闭门器。第一道门主要起安全作用，第二道门则主要是遮蔽卧室视线，附带的作用是加强卧室与走道之间的隔音效果。

(2)人本化趋势

随科学技术的进一步发展，许多新的技术在客房中得以应用，使客人在客房的生活更加方便、舒适，充分体现了“科技以人为本”的先进理念。

“人本化”设计就是在客房的空间设计、装饰装修、设备配置以及物品摆设等方面，都从宾客的实际需求出发。比如：原来房间的书桌前面大部分放置梳妆凳，不但是在往外拖拉时不方便，更主要的是因为没有后背，在坐上去时很不舒服，现在被软包的椅子代替，既美观又舒适。又如，客房中原先使用毛毯的西式铺床，毛毯不但不松软，而且容易吸灰、吸潮、泛霉味，这种情况下，不要说客人的舒适感体验，即使最基本的健康也要受到影响，而现在将其更换为使用棉被的中式铺床，不但上述问题迎刃而解，而且还简化了服务员的操作。

(3)家居化趋势

一般来讲，许多人都把饭店比作客人的“家外之家”，但从客人的实际生活来讲，居住时间最长、私密性最强的客房更能起到这一作用。因此，我们应注重客房设计，使其能产生家居化的效果。

随着饭店的发展和人们消费观念的更新，卫生间已成为健身与享受温馨的空间，其设施性能、室内装修装饰都有了相应的改进，目前有不少饭店把客房中的洗脸、坐便与洗澡空间分隔开，这样一来卫生间便可供几人同时使用。

其次是通过房间装饰以及客用物品的材料、色调等来增强家居感。比如：多用棉织品、手工织品和天然纤维编织品对房间进行装饰，将床上原先使用的床单从纯白色更换成家居常用的彩色，使房间环境更显活泼。另外，房间中普遍放置电熨斗、熨衣板等。这样的客房便更加像客人的家了。

为减少对客人居住期间打扰的次数，给客人创造更加安静的“家”，客房中安装红外感应装置，服务员不用敲门，只需在工作间通过感应装置即可知客人是否在房间，如果客人在“家”，我们便调整清理房间的时间。

(4)智能化趋势

可以说智能化趋势的出现将人本化的理念体现得淋漓尽致。

智能化举措在客房中应用，客人足不出户便可以体验网上冲浪，客人所需一切服务只要在客房中的电视屏幕上按键选择即可，如设定叫醒时间，显示客人留言，提供大堂行李服务等，客人还可以在电视上查看自己在饭店消费的账目，也可以通过电视办理结账。

客人也可以坐在屏幕前与商务伙伴或家人进行可视的面对面会议或交谈；Thorn Emi 网络系统可提供 9 种语言表述的近 900 个屏幕信息，当客人办理好入住手续后，总台服务员就调节好客人需要的电视语种。服务员还可通过特定程序，使客人一起走进房间就会看到电视屏显示的“欢迎辞”。宾客还可以将客房窗户按自己的意愿转变为美丽的沙滩、辽阔的大海、绿色的草原；客房内的光线、声音和温度都可根据客人个人的喜好自动调节。

(5)安全性日益提高

安全的重要性对客人来说是不言而喻的，这也成为满足客人需求的最基本方面，这也是影响饭店经营、发展的重要因素。

火灾是对客人安全产生影响的最主要方面，饭店大都专门配备相关设备予以保障。比如，饭店都安装烟感器和自动喷淋来预防火灾。更甚者在许多饭店中采用 Vesda 系统进行预防，该设备可以吸取室内空气送入分析器中进行分析，平均提前5分钟左右发出警报，而且这一系统还可以根据不同场合、不同环境的特殊性预先设定空气成分指标，如会议室、酒吧等，从而尽量减少报警失误的可能性。

房门是保证客人安全的重要"关口"。现在许多客房门都安装了无匙门锁系统，以客人指纹或视网膜鉴定客人的身份开启房门。

另外，在床头柜和卫生间中都安装了紧急呼叫按钮，一旦遇到紧急情况，饭店服务人员与保安人员能及时了解情况并展开救援，这些设施大大增强了客房的安全性，同时，又不会过多打扰客人，使客人拥有更多的自由空间而又不必担心安全问题。

案例

山东大厦豪华、生态、节能的21世纪客房

现如今，酒店行业迅速发展，面对越来越多的竞争压力，各个酒店都在不断地努力打造属于自己的特色产品。然而客房作为酒店的重要产品之一，抓住对客房的改造创新，将会成为酒店的一大强力优势。因此，在酒店行业里一场愈演愈烈的"客房革命"正在悄然升起。

在这场"客房革命"中，山东大厦推出的豪华、生态、节能的21世纪客房尤为引人注目。21世纪客房装修设计了S、M、Y三种风格的11种房型，得到了社会上的一致好评。

所谓21世纪客房，是指根据宾客的生活习惯和需求并结合酒店的特色，以为宾客营造更加便利、舒适、健康的居住休息环境为理念，进行设计、提供服务和进行日常管理的客房。与传统客房相比，新客房的最大特点是无论客房设计、客房服务，还是客房管理都导入新的理念，如客房设计的人性化、健康化，客房服务的个性化、现代化，客房管理的智能化等，而酒店经营管理者导入这些新理念目

的就是为了更好地满足当前住店宾客对客房环境和服务的需求，同时突出酒店客房服务特色，与竞争对手有效区分开来。

当您一走出电梯，清新的地毯、明亮的方格镜、漂亮的水晶房号灯将您引入房间。当您打开房门，映入眼帘的是一个舒适、优雅、高科技的房间。客房洁净光亮的天花镜，宽大加长版的写字桌，床尾摆放的床尾凳，竖立在沙发旁边的香槟桶和咖啡机，无处不让人感叹21世纪客房带给客人的尊贵与贴心。

然而这几点并没有体现出21世纪客房的完美。当您疲劳时，在浴缸里泡个澡，浴缸上的海绵靠枕让人轻松惬意。所有的卫生洗浴用品，秉持着丰富客人的体验而量身的 Molton Brown 酒店卫浴用品，配方中着重使用草药、花类及海洋植物，使用之后能为客人注入活力，刺激感官，享有片刻的宁静。

一番悠闲的享受之余，您还可以让美腿机给您按摩，消除您一天的疲惫。当您感觉到心旷神怡时，再美美地睡一觉，更是完美。21世纪客房使用的床上用品采用的都是世界顶级品牌，美国蕾丝床垫，分五区睡眠系统，依照人体不同部位给予更贴身的设计；派赛菲特的羽绒制品，可以使宾客享受与众不同的睡眠体验。

假如上面所述，让你惊叹到21世纪客房的豪华、舒适，那您就错了，它带给您的震撼还远远不够。

21世纪客房的设计理念不仅表现在装修风格、布局和装修效果上，而且还表现在将现代的节能控制技术和科技手段应用于客房的各种功能及控制中，其中有很多有别于传统客房的控制功能。

可视门镜让在房间内的客人开门之前便可以清楚地知道门外是谁，看到外面的环境，大大增加了住宿的安全性。窗帘全部是自动化控制，不再需要我们自己动手去闭合，让您感受到高科技带给我们的便利。液晶电视、DVD机可以连接 USB，方便客人观看电影和录像，是宾客休息和放松的地方，5.1声道的环绕立体声，最先进的家庭影院系统，可以给宾客带来视觉和听觉的双重享受。全自动咖啡机可以给宾客带来完美的享受，让您体验经典哥伦比亚的浪漫。自动熨裤机给宾客带来方便的同时又大大节约了时间。美丽的清晨在美妙音乐的呼唤中，使宾客在睡梦中徐徐醒来，卧室床边配备了电子闹钟，可以连接MP3、MP4，当作收音机使用。空调设备的微调让客人有自行调节温度的可能，来自热带、寒带等不同地区的客人按照自己的习惯调节室温，以达到主观感受的最佳状态。卫生间内会唱歌的电动马桶，彰显着酒店的尊贵。除了播放音乐，当人走过去时盖板会自动感应掀起，可以自动冲洗、自动烘干和自动消毒，还有夜视灯的功能。

当你住在21世纪客房时，宾客们普遍感觉到精神放松、睡眠很好、舒适便捷、风格时尚、情致典雅、品位高贵，融合了家居和现代酒店住宿的各种优点，给人以耳目一新的感受。

房间美腿机

宽大舒适的床

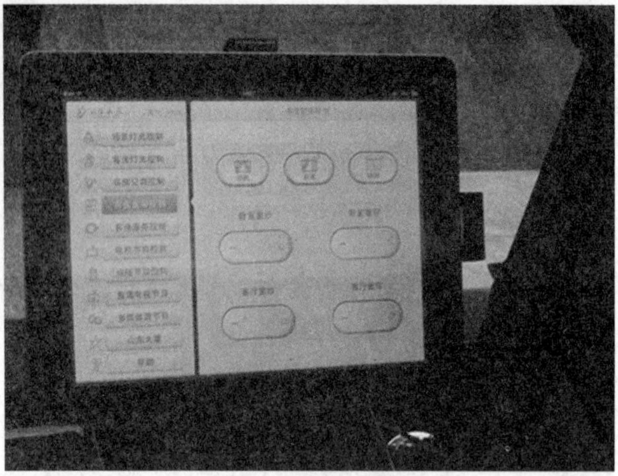

方便操控的平板电脑

更多功能的电话

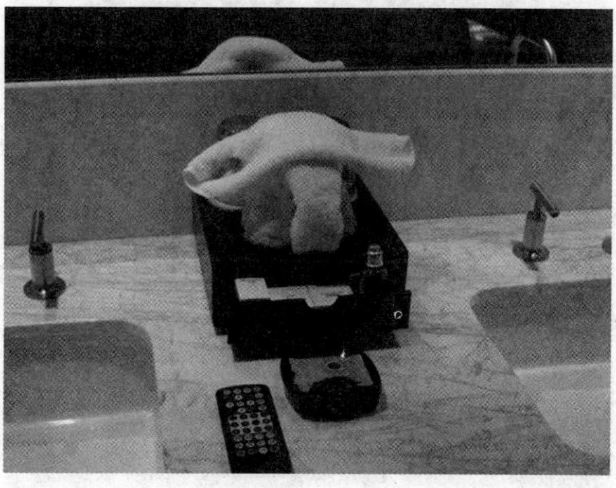

卫生间的镜子也可以看电视

可视门镜

贴心的指甲烘干

方便的取物柜

项目二 认识客房部

任务一:客房部概述

客房部(Housekeeping Department),又称“管家部”或“房务部”,是饭店的重要部门,在饭店经营管理中起着举足轻重的作用。一方面,出租客房是饭店获得收入的重要手段,而客房则由客房部直接负责管理;另一方面,服务是饭店的核心产品,而客房服务又是整个饭店服务的重要组成部分。因而,客房的管理水平,会对整个饭店的经营产生重要影响。

1. 客房部是重要的生产部门

客房实际上是一种产品形态,其生产过程是由客房部负责的,没有客房部对客房进行装饰布置及清扫整理等一系列生产加工活动,饭店就没有可以出租的客房;对于已经出租的客房,如果没有客房部为住客提供清扫整理等服务,客房的价值就不完整。因此,客房部是一个生产部门,其产品就是客房及相关服务。

2. 客房部是重要的服务部门

客房部绝大部分岗位及员工都处在对客服务工作的第一线,直接面对客人提供服务。另外,客房部只是酒店的一部分,其机构设置和设施设备的配置,具有为饭店内其他部门提供服务的责任和能力,如清洁保养、布件洗烫等。因此,客房部是一个服务部门。

3. 客房部是重要的消耗部门

客房部通常只负责客房的生产加工，为前厅部、营销部等生产可用于销售的合格的产品，而并不直接负责客房产品的销售。因此，客房部只有生产客房产品"原料"的消耗，而没有销售客房产品收入的获得。客房部在运行和管理的过程中，时刻都在消耗人力、物力、财力以及能源等，所以说，客房部是饭店的一个消耗部门。

认识这些，对我们了解客房部任务、规划客房部目标、制定客房部经营管理的方针政策、指导思想和具体措施等都有十分重要的意义。

任务二：客房部的机构设置与业务分工

饭店客房组织机构的形态，因饭店的具体情况不同，所以没有统一的标准和固定模式，各饭店应在综合考虑饭店自身的性质、档次、规模、客源结构和层次、服务模式、建筑设计、内部功能布局、员工素质等因素的基础上进行机构设置。

目前，我国旅游饭店比较常见的客房部组织机构有两种。

1. 大、中型饭店客房部组织机构（见图 1-1）

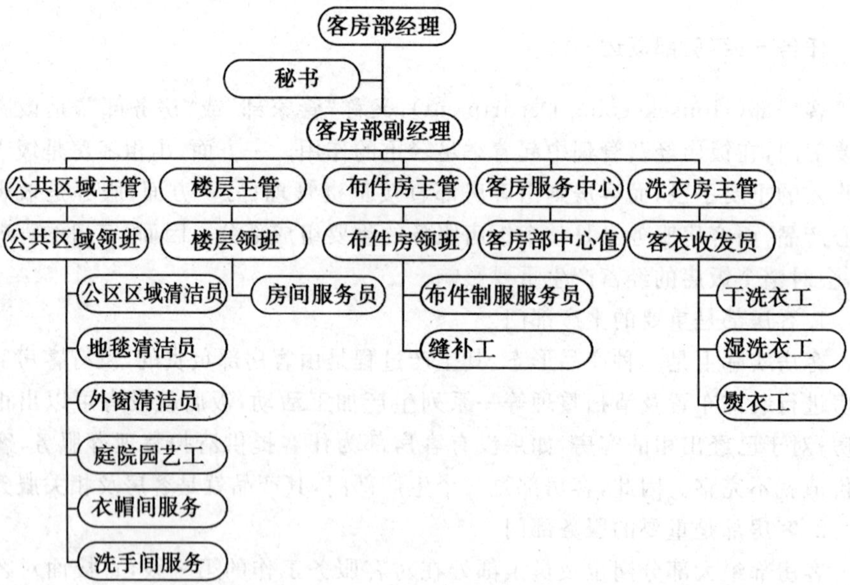

图 1-1　大、中型饭店客房部组织机构

大、中型饭店客房部的业务范围较大，其组织机构的规模也较大，其基本特点是分支机构多、工种岗位全、职责分工细、用工数量大。

(1)经理办公室

客房部经理办公室,主要负责处理客房部的日常工作,与其他部门的沟通、协调等事宜。设经理、副经理以及秘书各一名,其他工作人员若干名。

(2)客房服务中心

客房服务中心是客房部的信息中心。为方便管理,在大多数饭店里,客房服务中心与客房部办公室在一起。客房服务中心统一调控对客服务工作;收集和处理客情信息;正确显示客房状况;保管和处理客人遗留物品;领取、分发客房所需物资;协助有关管理人员进行人力和物资调配;与相关部门进行联络和协调等。通常设有主管或领班及值班人员若干名。

(3)客房楼层服务组

客房楼层是客房部的主体。客房楼层服务组的工作内容主要有负责客房的清洁保养和对客服务工作、管理客房及客房楼层的设施设备等。一般设置主管、领班、楼层服务员等岗位。

(4)公共区域服务组

公共区域管理服务组主要负责饭店公共区域环境的清洁及设施设备的保养,同时担负着地毯清洁、园艺绿化、外墙清洗等任务。一般设置主管、领班、服务员等岗位。

(5)洗涤服务组

洗衣房主要负责饭店的布件及员工制服的收发、洗涤、保管、修补等工作,同时为住店宾客提供衣物洗熨服务。有些饭店的洗衣房因其规模大而成为一个单独的洗涤部,也有不少饭店不设洗衣部,洗涤业务由专业洗衣店代理。该部门一般设置主管、领班、客衣收发员、干洗衣工、湿洗衣工、熨衣工等岗位。

2.小型饭店客房部的组织机构(见图 1-2)

在规模较小的饭店里,客房部的管理范围也较小,与之对应,客房部组织机构的层次和分支机构也较少,一般只设置楼层客房服务组、公共区域服务组和布草房等岗位。对客服务直接由楼层服务人员承担,公共区域的清洁以及布草洗涤等工作则由专业清洁公司代理。

小型饭店中的客房部,虽然岗位数量相比少了很多,但岗位设置的原则和目标是相同的。

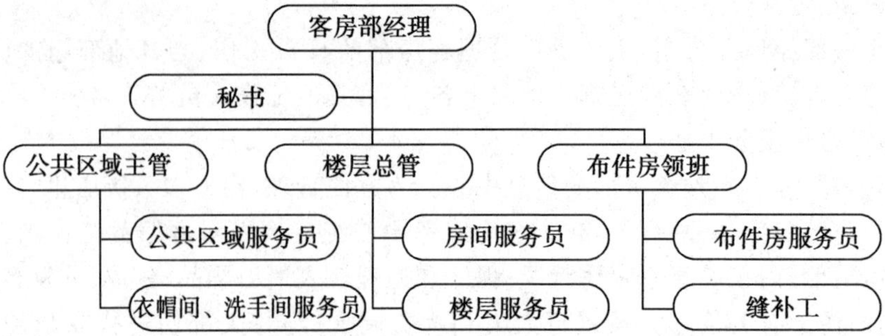

图 1-2　小型饭店组织机构

任务三:客房部在饭店运行中的作用

1. 客房收入是饭店经济收入的重要来源

客房是饭店的重要产品形式,客房的营业收入是饭店收入的主要来源,而且客房收入较其他部门收入稳定。客房收入一般占饭店总收入的50%左右。

另外,客房具有一次投资、重复使用的特点。并且,在客房的日常运行过程中,其成本除人力、能源外,仅包含日常消耗品,从利润角度分析,客房经营成本比餐饮部、商场部等都小,所以其利润是饭店利润的主要来源。

2. 客房服务质量是体现饭店形象的重要途径

饭店是客人在工作学习或是旅游休闲的居住场所,也是客人"家外之家"的主要物质承担者。一般来讲,客房是客人在饭店中停留时间最长的地方,也是客人对饭店服务体会最深的地方。因此,客房服务质量的优劣会影响客人对饭店整体服务质量的评价。

客房的卫生是否清洁,环境布置是否恰当,设备设施与物品是否齐全,服务人员的服务态度是否热情、周到,服务项目是否丰富等,是构成客房服务质量的重要因素,也会对客人的满意度产生直接影响,是客人衡量"价"与"值"是否相符的主要依据。

另外,在大多数饭店中,其公共区域(PA)一般也归属客房部管理。公共区域不仅仅服务于到饭店消费的客人,而且是服务于诸如供货商在内的进入饭店的所有人员。与此同时,公共区域的众多工作项目中,包含了对饭店的地毯、地板的维护及保养,这为饭店其他部门的正常运行提供了良好的环境和物质支持。所以,客房服务质量是衡量饭店服务质量、维护饭店声誉的重要标志。

3. 客房部管理是全饭店运行和管理的重要环节

客房是带动饭店经济活动的枢纽。饭店作为一种现代化服务场所,只有在客房入住率高的情况下，饭店的各类设施才能发挥作用，组织机构才能正常运转，各项功能才能充分应用，为饭店带来良好的经济效益。

另外，在饭店建筑总面积和拥有的固定资产中，客房部占有绝大多数。客房部的管理和服务人员在饭店总人数中也占有很大比例。因此，客房部的管理水平与饭店的全局直接相关，是影响整个饭店管理的关键部门之一。

任务四：客房部与其他部门的关系

饭店因业务不同会划分许多部门，使饭店运转正常高效，必须使各部门目标统一，通力协作，形成有机整体。

客房部与其他部门建立和保持良好的协作关系，必须了解与各部门间的业务联系。

1.客房部与前厅部的业务关系

客房部与前厅部在饭店中是两个业务联系最多、关系最密切的部门。客房部为前厅销售提供高质量的产品，前厅部则要将客房产品以合理的价格销售。两个部门之间能否密切配合，直接影响客房产品的产量及销售收入。为了能使两部门的配合更加到位，在很多饭店里将这两个部门组成房务部统一管理。

客房部与前厅部之间的业务联系是多方面的，主要包括：

(1)客房部为前厅部保质保量地提供客房产品

客房部的工作开展，应以前厅部对客房销售和为入住客人安排客房的需要为核心展开，合理安排客房清扫。如在开房率较高时，要优先清扫走客房，加速客房的周转，避免让准备入住的客人等候太久；而开房率较低的情况下，则应优先安排住客房，使住店客人能得到及时的服务。这样既能提高客房的出租率，又能提高客人的满意度。

(2)及时互通相关信息，保证客房服务的准确性

前厅部要销售客房，因此必须准确了解每间客房的实际状况，只有这样才能快速、合理地为客人安排客房。在这一过程中，前厅部应及时、全面地了解和掌握有关客房及客人的信息，如当日客房出租率，次日及未来几日的客房预订情况，客人的进、离店情况，客人的个人资料及对客房服务的特殊要求等，以便协助客房为客人提供有针对性的服务。

(3)两部门协同处理客房的特殊工作

客房部在实际经营的过程中，因定期地安排清洁保养或是遇到房间故障等特殊情况，导致客房不能正常出租，会影响到客房的销售和客房的安排。因此，这类工作应与相关部门协调，统筹安排。

(4)两部门人员之间的交叉培训

前厅部与客房部之间进行的人员交叉培训，可以使员工之间相互了解和熟悉对方的业务，全面提高员工的业务素质，达到加强沟通、增进理解、便于合作的目的。

2. 客房部与公关营销部的业务关系

(1)客房部应积极参与公关营销部组织的市场调研，并依据制定的营销方案进行广告宣传及店内外促销活动。

(2)客房部应及时向公关营销部了解有关信息，以提高客房产品和客房服务质量。

(3)公关营销部应定期对客房部员工进行饭店营销技能培训；客房部则应对公关营销部人员进行客房产品相关知识的培训，使其对客房设施、设备及客房服务有全面的了解，以提高其销售工作的准确性与针对性。

3. 客房部与餐饮部的业务关系

客房部与餐饮部是酒店的两大收入主体，虽然在核算上各自独立，但在实际经营过程中，两部门之间有很多业务联系，主要表现在以下几点：

(1)对于绝大多数饭店，餐饮营业场所公共部分的清洁保养工作由公共区域清洁组负责完成，而公共区域清洁组是由客房部下属的。在这一环节上两者之间有着较紧密的关系。

(2)客房部负责餐饮部所有布件及员工制服的洗烫、修补工作。客房部应及时与各餐厅及宴会部取得联系，了解各餐厅的用餐情况和时间，宴会的规模及布置，保障各餐厅棉织品的供应及餐后清洁工作。两部门配合做贵宾房的布置、客房送餐等服务工作。

(3)在具体的接待过程中，客房所需配备的水果和点心通常由餐饮部负责提供，有的则是由餐饮部直接配入房间。

(4)两部门之间要进行交叉培训。在某一部门业务量增加时，尤其是在超出自己的接待能力的时候，两部门之间就要进行人员的临时调整予以应对，因此，人员的交叉培训显得格外重要。

(5)在物料成本控制方面，客房部应根据每月棉织品盘点情况与餐饮部召开协调会，指出棉织品使用中存在的问题，尽量减少不必要的浪费，节约开支。餐饮部也应根据运营情况对各餐厅的清洁卫生和棉织品发放中出现的问题、员工工服问题等，与客房部协调，使问题尽快解决，只有两部门的通力合作才能使各项活动进行得井井有条，也才能使客人、员工及两个部门都能达到满意的效果。

4. 客房部与采购部的业务关系

(1)客房部与采购部之间的业务关系主要集中在物资的采购与供应环节。

一般来讲，客房部依据经营需要，编写申购报告。

(2)采购部根据经审批的物资申购报告，落实采购。

(3)对购进的物资客房部负责检查验收，把好质量关。

(4)两部门应经常相互通报市场及产品信息。

5.客房部与财务部的业务关系

(1)客房部应定期或随机地协同财务部，进行物资盘点等相关工作，以此监督客房部做好物资管理工作。

(2)客房部应协同财务部作出部门预算，并监控预算的执行情况。

(3)客房部协助财务部做好客人账单的核对、客人结账服务、员工薪金支付等。

6.客房部与保安部的业务关系

安全是饭店工作的生命线，没有安全就没有饭店业，它直接影响饭店客人的生命财产安全和饭店的财产安全，所以说客房部的安全工作是极其重要的。

(1)保安部应根据专业要求及客房的实际情况，指导和帮助客房部制定安全工作制度。

(2)保安部应通过理论讲解或是实际演练等形式，定期对客房部员工进行安全知识培训，增强员工的安全意识，提高员工做好安全保卫工作的能力。

(3)一旦发生安全事故，需要客房部和保安部相互配合，依据相对应的标准进行处理。

7.客房部与工程部的业务关系

客房部与工程部作为两个职能部门，他们的目标是相同的，两者之间必须保持良好的工作关系，才能取得最佳工作效果。

(1)一般来讲工程维修分为三部分：一是日常维护保养，二是定期检修，三是大修。客房部与工程部的协作关系始于客房部，客房部员工在工作操作中不断发现问题，提交工程部要求维修。客房部、工程部管理人员根据日常维修，对常发生的故障和问题进行定期检查，并提交维修报告。除此之外，每年在淡季或出租率情况许可下应对饭店客房及公共区域逐步进行全面检修和维护保养。以此来保证客房设施设备的正常运转。

(2)工程部应对客房部员工进行维修保养方面的培训，使他们能正确使用有关设施、设备，并能对设施设备进行检查和简单的保养与维修。另外，客房部也要对工程部员工进行客房部运行与管理业务的培训，使他们对客房部的运行规律和基本业务有所了解，从而提高协作配合的自觉性和责任感。

只有客房部和工作部保持良好的协作关系，并互相配合才能保障饭店的设施、设备处于完好状态，才能为客人提供优质服务，减少客人投诉。

8.客房部与人力资源部的业务关系

(1)人力资源部与客房部协同确定部门的人员编制,并做好客房部员工的招聘工作。

(2)人力资源部指导、帮助、监督客房部做好员工的培训工作。

(3)人力资源部负责审核客房部的薪金方案并监督发放过程。

(4)人力资源部协助客房部进行临时性人员调配。

项目三　认识客房部员工

任务一:客房部各岗位职责

客房部是由若干分支机构和工作岗位组成的,每一分支机构都有其专门的职能,每一工作岗位都有其特定的职责。各岗位员工在各自职能、职责的指导下各司其职,只有这样才能保证工作的整体推进,实现既定的工作目标。

1.客房部经理的岗位职责

(1)主持客房部的日常工作,保证部门各项工作的正常开展;

(2)负责掌握和指挥客房部的运行,保证对客服务水平;

(3)制定各项工作计划(如员工培训计划);

(4)每日抽查各类房间,保证卫生质量及设备正常运行;

(5)负责安排客房贵宾接待事宜,保证各项服务及时到位;

(6)确保各安全措施落实到位;

(7)负责做好客房区域内的虫害控制;

(8)负责处理部门范围内的客人投诉、突发事件;

(9)看望病客,定期拜访长住客、常客,听取意见,并提出改进措施;

(10)负责部门内部的人事变动,定期对各级员工进行工作评估;

(11)定期与员工座谈,听取员工建议并尽早给予回复;

(12)负责制定部门的年度收入计划及经费预算;

(13)贯彻节约意识,合理控制各项部门费用;

(14)定期对基层管理人员进行业务培训。

2.楼层主管岗位职责

(1)负责楼层服务员的工作分配及组织;

(2)检查员工的考勤和仪容仪表;

(3)检查督导楼层服务员的工作纪律和质量;

(4)负责查房,填写楼层查房报告,确保所辖客房正常运转;

(5)检查控制所负责楼层各类物品的储存及消耗；

(6)负责对领班及楼层服务员的日常培训；

(7)负责处理客人投诉；

(8)注意安排贵宾房的跟踪服务；

(9)警惕火灾隐患，预防安全事故的发生。

3.客房服务中心值班员岗位职责

(1)负责客房中心办公室的日常事宜；

(2)礼貌、迅速地接听电话，准确地提供服务；

(3)将上级的有关指示及宾客需求等信息准确记录，及时传递；

(4)准确为服务员发放及收回万能钥匙，并记录好；

(5)负责员工的出勤情况的记录；

(6)负责管理客房部办公室的有关设备(如电话、电脑)等；

(7)负责收集和发放客房部的各种运作表格；

(8)负责管理宾客借用品，定期盘点、保养；

(9)收集、记录和处理客人遗留物品。

4.楼层服务员岗位职责

(1)清洁整理客房；

(2)清洁楼层公共区域；

(3)提供住店客人的一般服务，如擦鞋服务；

(4)报告一切有关住客特殊行为或状况，如：住客醉酒、患病、赌博等；

(5)负责检查所负责区域内设备设施的运行状态；

(6)报告有关客人的遗留物品情况；

(7)负责楼层安全；

(8)负责处理客人的个性化需求并记录；

(9)中班楼层服务员负责提供开夜床服务；

(10)夜班楼层服务员负责为次日早班准备有关房间资料及报表。

5.公共区域主管岗位职责

(1)主持部门全面工作，严格执行饭店上级领导的指示精神；

(2)负责控制部门内人力、物力调配；

(3)分析员工思想情况及工作中出现的问题，制定部门培训计划；

(4)建立健全各项规章制度，检查、督导岗位内员工操作的规范化程度及工作流程的执行情况；

(5)加强与其他部门的沟通，协调好与相关部门的关系；

(6)负责各项费用预算，控制好成本费用；

(7)负责制定落实责任范围内各项清洁保养计划；

(8)做好员工考勤、评估等工作。

6. 公共区域服务员岗位职责

(1)负责区域内的卫生清理工作；

(2)负责检查责任区域内设施设备的运行；

(3)掌握一定的清洁技能及专业知识，保证工作质量；

(4)提供礼貌、规范的服务。

7. 保养员岗位职责

(1)负责全饭店范围内地毯、座椅及沙发的检查、清洁及保养；

(2)根据上级制定的地毯清洁保养计划，进行地毯清洗；

(3)严格按照设备的操作规范开展工作，确保其处于良好运转状态；

(4)熟悉各清洁设备一般故障，掌握问题的排除技术；

(5)根据洗涤物品的污染程度酌量使用清洁剂，保证良好洗涤效果的基础上力求节约；

(6)协助主管总结相关保养技术经验，共同提高清洁保养质量。

8. 洗衣房主管岗位职责

(1)全面负责洗熨工作，确保洗熨质量；

(2)了解各部门布草供求状况，保证供应；

(3)与工程部合作，加强机器的保养及维修，以保证正常运行；

(4)负责策划、分派每日洗衣部工作，充分供应饭店布草及制服；

(5)负责制定本部门预算、计划；

(6)负责布草、制服等物资的控制；

(7)负责洗衣部卫生及安全制度的落实。

9. 洗衣房员工岗位职责

(1)保证所属区域环境整洁；

(2)按标准收发及存放布草；

(3)负责检查布草的洗熨质量；

(4)对布草收发中的异常情况，作好记录并汇报；

(5)定期核查布草数量，防止出现意外流失。

任务二：客房部员工的素质要求

1. 有良好的职业道德和思想品质

客房部员工要为客人提供干净整洁的客房卫生环境和热情周到的优质服务，需要具备良好的职业道德，养成良好的职业行为和习惯行为，真正把客人当作亲人和朋友，敬业爱岗，忠于职守，树立平凡职业的荣誉感，把为客人创造幸福当作自己的天职；要具备高尚的思想品质，正确认识和处理个人与酒店、个人与客人、酒店与客人之间的利益关系，诚实守信，塑造美好的职业形象。

2. 身体素质好，动手能力强

酒店工作是平凡和琐碎的，尤其是客房工作，卫生环节多，客人的需要也各有不同，服务人员要细致认真，吃苦耐劳，掌握基本的设施设备维修保养知识，为宾客构筑一个舒适安全的住宿环境。

3. 仪表仪容端庄大方，性格沉稳

酒店服务人员要成为一名真正的绅士淑女，掌握礼仪规范。服务人员要注重自己的仪容仪表，表情亲切友好，服装整洁挺括，仪态举止优雅大方。同时，客房服务又是最具私密性的服务，大多要求服务员独自为客人提供，这就要求客房服务员性格相对沉稳，遇事果断，有灵活的应变能力和处理问题的能力。

4. 服务意识强

客房服务作为酒店服务的重要一环，不仅能提供规范化服务，而且还要求服务人员要有强烈的服务意识，灵活的服务技巧，能及时预见客人的需求，提供超值服务、惊喜服务、意外服务。

5. 有广博的知识

客人住在酒店，不仅希望得到周到体贴的服务，而且还希望尽可能多地了解到当地的历史文化、风俗习惯以及酒店的特色，这就要求服务员有广博的知识，带给客人更多精神上的享受。

【小结】

在本模块的学习中，我们对客房产品、客房部和客房部各岗位员工有了初步的认识和了解。客房作为酒店的核心产品，其装饰设计应遵循客人至上、以人为本的基本理念，做好清洁保养工作、提供周到的客房服务，满足不同客人的需求。为提高客房服务和管理水平，关键是建立合理的组织机构和制定完善的岗位职责，不断提高服务人员的业务水平，搞好客房部与其他部门的通力合作。因此，我们应加强学习，全面、深入地了解客房各项工作，以保证客房服务和管理的高水平。

【复习思考题】

1. 通过参观饭店或上网查找，熟悉各种客房类型的特点，并通过文字或照片、图片等进行详细的描述。

2. 对当地一两家高星级酒店进行实地调研，了解酒店各种房型数量、比例结构是否合理，特殊客房的配置和利用情况，提出改进意见。

3. 设计一间主题客房或概念客房。

4. 分组考察高、中、低 3 个不同档次饭店的客房部，对它们的组织结构、产品特点及经营特点进行比较、分析，指出其优点和不足之处，并写成调查报告。

5. 通过考察一家饭店，了解客房部与其他业务部门之间的主要业务关系，在日常运行中部门之间可能会发生哪些矛盾以及避免和处理这些矛盾的措施和办法。

【推荐阅读】

1. 王大悟：《"宾至如归"析——关于酒店服务产品与时俱进的认识》，载《桂林旅游高等专科学校学报》2004 年第 15 期。

2. 雷永：《酒店客房设计需注意的细节》，载《科技创新导报》2007 年第 32 期。

模块二　客房清洁

【课前导读】

清洁卫生是客人在选择饭店时考虑的首要因素，是构成客房产品质量的重要组成部分，同时，清洁卫生工作也是饭店进行市场竞争的重要途径，因此清洁卫生工作对饭店的经营有极其重要的意义。

本模块主要涉及如何正确认识和使用清洁设备与清洁剂、客房以及公共区域卫生清洁的方法和标准、清洁卫生质量的控制等内容。

【学习目标】

知识目标

1. 掌握客房和公共区域清洁保养的原理和方法。

2. 掌握客房和公共区域清洁保养的质量控制。

能力目标

1. 掌握清洁设备和清洁剂的种类和各自使用方法。

2. 掌握客房清洁整理工作的程序和方法。

【案例导入】

一根头发

一位中年男子一身东南亚商人打扮，在两位当地政府官员的陪同下走向某饭店大厅。

商人在总台登记时，一位陪同与总台服务员说："钱先生是市政府请来的贵宾，按贵宾规格接待。"

钱先生和两位官员走出电梯，来到套房，放下行李。

一位陪同说："钱先生一路辛苦，稍稍休息一下，六点钟市长将来餐厅设宴为钱先生洗尘。"

钱先生："市长客气了，只要你们这儿的投资环境好，回国后，一定组织一批工商团来贵市考察，洽谈投资……"

晚宴后，钱先生来到客房，感到很疲劳，淋浴后准备就寝，掀起床被，刚想睡下，发现枕头上有一根长发。

他自言自语道："连床单也没换？太脏了。"拨通服务员电话。

"小姐，我是911房客人，请你来一下。"

"我是服务员。"笃笃的敲门声。

钱先生穿了外套开了门。

"先生，您有什么事吗？"

"哦，小姐，我房间卫生没打扫，床单没换。"

"先生，这不可能，床单肯定换的。"

"你看枕头上有头发，换了怎么会有？"

"先生这不会是您的吧？"

"不可能，我头发没这么长。"

"对不起，可能早上服务员铺床掉下的，我帮您拿掉。"

服务员伸手把头发拿了。

"这不行，必须换掉。"

服务员拿了两只枕套进来，把枕套换了。

钱先生压制着一肚怒火。

"必须全部换掉。"

"只有枕头上有头发，枕套换了。床单明天一定再换。"服务员边说边向客房外走。

钱先生怒不可遏，拨通总台值班电话。

"先生，我是911的钱先生，请给我准备一辆车回S城。"

钱先生来到总台退房。

"K市要吸引外资，必须要有好的投资环境，必须先从你们饭店、从服务员做起。"钱先生如是说。

小车载着钱先生离开了饭店，留下总台值班员还在那儿发呆。

【课堂思考】

1.案例中客人的要求过分吗？

2.客房服务与管理中有哪些问题？

3.如果你是服务人员应该如何处理？

项目一 客房的清洁保养

任务一:客房清洁设备与清洁剂

1. 清洁设备

(1)清洁设备的分类

客房部所用的清洁设备种类很多,一般将其分为普通清洁工具和机械清洁设备两种类型。

①普通清洁工具

普通清洁工具是指在客房日常清洁过程中依赖于手工操作的用品用具,主要有:

◆抹布。主要用于家具等物品表面的清洁,配合相关的清洁剂后可用于清洁、保养等工作。有的酒店专门购置,有的酒店则由废旧的布草改造。

◆拖把。适用于清洁平滑的地面。普通的拖把一般用布条或毛线集成束后捆在专用的柄上而制成。现在饭店中常用的拖把则是将布条或毛线排列捆扎,用柄末端的专用夹子夹住使用,这样拖把头可以拆卸,以便换洗,其尺寸规格取决于地面和家具陈设等。

◆尘推。也称"万向地拖"。尘推主要用于理石和木质地面的清洁保养工作,它可清除地面上的尘土等。尘拖由尘推头和尘推架构成。按照尘推头的长短可将尘推分为不同的规格,在实际的使用中应根据地面的情况而选用。拖头必须经常换洗以保证清洁效果和延长其使用寿命。推尘过程中,为保证清洁效果,一般要在尘推头上喷洒牵尘剂。

◆轧水车。主要用于清洁拖布,并将拖布上的水轧干。由装在小车上的水桶和轧水器两部分组成。

◆万向扒。主要用于清洁高位区域。由延长柄和针盘组成。

◆布草车。主要用于客房服务员清洁房间时运载各种低值易耗品及清洁工具。一般来讲,布草车的车体内放置干净的布草,表面则盛放一次性消耗品,两端分别为垃圾袋和布草袋。布草车按照大小可以分成不同的规格,饭店可依据各自实际进行选择。

◆其他工作车。为便于运送垃圾桶、家具等物品,客房会购一些专用的手推车和平台车。

②机械清洁设备

机械清洁设备是指以电为驱动的清洁器具,如吸尘器、吸水机等。

◆吸尘器。依照工作原理，其实际是一个吸风机，利用马达造成机身内部真空，通过管道将外界物品上覆着的灰尘吸进机内集尘袋中，从而达到清洁的目的。

吸尘器应用范围很广，可用来清洁地板、家具等。吸尘器不但可以用来清洁其他工具不易清除的卫生死角，而且不会使灰尘飞扬，清洁效果比较理想。

◆地毯抽洗机。地毯抽洗机的工作原理基本与吸尘器相同，一般采用真空抽吸的方法（脱水率一般可达70%左右），这样地毯清洗后很快会干。地毯抽洗机由刷洗设备、吸水设备和软管共同组成，可对各种地毯进行彻底清洁，工作效率高。

◆抛光机。抛光机的速度分为慢速（120～175转/分）、中速（175～300转/分）、高速（300～500转/分）和超高速（1000转/分）。其中，以慢速及中速较适合于擦洗地板用，高速则用于打蜡及喷磨工作。

◆单擦机。单擦机又称“洗地机”，它具有擦洗机的功能，适用于饭店的走廊、停车场等面积大的地方，是提高饭店清洁卫生水平不可缺少的设备。

◆高压喷水机。这种机器往往有冷热水两种设计，给水压力可高达20～70公斤/平方厘米。一般用于垃圾房、外墙、停车场、游泳池等处的清洗，也可以加入清洁剂使用。附有加热器的喷水机水温可高达沸点，故更适合与清除油污场所。

(2)清洁设备的日常管理

①建立设备档案卡

客房部在管理清洁设备时，首先要对其登记，建立档案卡，这是非常重要的基础性工作。

一般来讲，档案主要包括设备信息（见表3-1）和运行档案（见表3-2）两部分。设备信息主要是指设备的名称、各项性能指标以及使用说明等，让使用者认识设备并掌握如何使用。在设备管理方面最重要的是运行档案方面，是要求在实际的使用过程中准确记录机器的运行时间，为机器的各层次的保养检修提供准确依据。

表 3-1　　清洁设备档案卡

设备名称		
购买日期		
供应商	单位名称	
	联系地址	
	联系方式	
设备外部特征描述		
运行信息	型号	
	编号	
	工作电压	
	工作电流	
安全运行要求		

表 3-2　　设备运行时间记录表

日期	开始时间	结束时间	小计	累计

②明确、落实责任

建立设备档案后，客房部应按谁使用谁负责的原则，将管理清洁设备的责任进行层层落实。许多饭店在这一方面结合一些先进的管理方法，设计表格进行控制(见表 3-3)

表 3-3　　客房设备、用具检查表

OK 好　OB 已做,但一般　NC 没有做　　＿＿＿＿月份

日期	扫帚	簸箕	拖把	尘推	工作车	吸尘器	抽洗机	吸水机	洗地机	喷水机	抛光机	检查人
1												
2												
3												
4												
5												
6												
7												
8												
9												
10												
⋮												

③制定操作和维修保养规程

在使用前依据设备的相关性能指标,对使用者进行全方面的培训,使其不但了解如何使用更要掌握运行要求,保证设备不会因人为原因产生影响。

另外,使用者还应掌握简单的保养知识和故障处理的技巧,依据设备运行的时间因素确定不同的保养形式。如:每次使用完或是使用一段时间由使用者进行简单保养,使用到较长一段时间则由生产商进行全面专业保养,通过以上形式来保障设备处于良好的运行状态。因此,要对设备的使用情况,尤其是运行时间进行详细记录。

(3)机械清洁设备的选择

机械清洁设备的选择是客房管理工作的重要组成部分,清洁设备将直接影响客房部清洁卫生质量,进而影响经济效益。

一般清洁设备的投资比较大,而且其选择是否得当对于客房部的清洁保养能力会产生重要影响,所以清洁设备的选择应受到高度重视。

①适合饭店实际需求

机械清洁设备属于饭店生产性设备,要符合饭店生产实际的需要。因而在选择时,要充分考虑清洁材料的类型、建筑特点、饭店的客源层次和结构等因素,来共同确定机械设备的类型、规格等要求,以保证饭店的卫生质量。

②要注重功能的选择

有些饭店在选择设备时,在功能方面一味地求全,这一要求在实际应用过程中是不合理的。功能单一的设备具有使用简单、耐用和返修率低等特点,但会增

加存放空间和资金占用。而功能复合的设备可以有效地减少机器件数，但会由于使用率高而产生返修率高的难题。

③方便操作，方便维护保养

清洁设备在饭店的经营过程中应用很广泛，因而要注意方便员工的操作。清洁设备操作方法要简单明了，易于掌握。

另外，机械清洁设备应便于清洁、维修和保养，这样会有效地延长其使用寿命。

④充分考虑动力源与噪音控制

客房部要负责饭店公共区域的清扫工作，因此在选择清洁设备时应考虑用电是否方便，据此确定是否选用带电瓶或电源引线的设备。同时，由于电机设备设计等不同，其噪音音量也会有所不同，针对客房区域的环境要求，应尽可能地选用低噪音设备。

⑤注重安全性能

安全是设备操作的基本要求。设备的选择和购买要求考虑是否装有安全装置。例如：是否有相应级数的过滤装置、旋转设备的偏转力矩有多大、有无缓冲防震装置、有无漏电保护等等。

⑥注重性价比与售后服务

在选择机器时要看在价格和性能的配比程度，还应包括售后服务的质量等。高质量的产品往往来自一流的商家和供应商，所以在购买前应对它们的信誉作充分的了解。

2.清洁剂

使用清洁剂的目的是使污迹更容易被清洁，提高工作效率，保证被清洁物品更干净，进而延长其使用寿命。但清洁剂和被清洁物品都有较复杂的化学成分和性能，使用不当不仅达不到预期的效果，而且还会使被清洁物品受损伤。

(1)清洁剂的种类与用途

①碱性清洁剂(pH＞7)

◆起蜡水(pH＝10～14)。具有强碱性，可将陈腊及脏垢浮起，用于打蜡前清理大理石表面的作用。由于碱性强，起蜡后一定要反复清洗地面后才能再次上蜡。

◆家具蜡(pH＝8～9)。形态有乳液状、喷雾状、膏状等。在每天的客房清扫中，对于家具表面的油迹污垢，服务员只能用湿润抹布擦除，这样长期以来会使家具表面失去光泽而皲裂。但家具蜡内含蜡(填充物)、溶剂(除污垢)和硅铜(润滑，抗污)等成分，可去除动物性和植物性的油污，并在家具表面形成透明保护膜，具有防霉、防静电的双重功能。另外，其具有使用方法简单的特点，先倒一些蜡在干布上，均匀涂擦家具表面，然后再用干抹布反复擦拭即可。

②中性清洁剂（pH≈7）

◆多功能清洁剂。pH 值为 7～8，略呈碱性，主要含表面活性剂，可去除油垢，除不能用来洗涤地毯外，其他地方均可使用，不仅很少损伤物体表面，而且还具有防止家具生霉的功效。为饭店用量最大的一种清洁剂，宜用于日常卫生。

◆地毯水。这是一种专用于洗涤地毯的中性清洁剂。因含泡沫稳定剂的量不同，又分为高泡剂和低泡剂两种。低泡剂一般用于湿洗地毯，高泡剂则用于干洗。

③酸性清洁剂（pH<7）

◆硫酸（pH＝5）。可与尿碱中和，用于清洁卫生间且便器，但要量少且不能常用。

◆盐酸（pH＝1）。主要用于清除建筑时留下的水泥，石灰斑垢，效果明显。

◆草酸（pH＝2）。用途同上述两种清洁剂，只是效果更强于硫酸钠。

④其他清洁剂

◆静电除尘剂。用于对大理石、木板地面进行日常清洁和维护，除尘功效明显。操作时，应先将尘拖头洗干净，然后用牵尘剂浸泡，晾干后即可使用。

◆酒精。主要用于房间电话等物品的消毒。

◆擦铜水。为糊状，主要原理是氧化掉铜表面的铜锈而达到光亮铜制品的目的。只能用于纯铜制品，否则会将镀层氧化掉。

◆杀虫喷雾剂。对房间喷洒后密闭片刻，可杀死蚊蝇和蟑螂等害虫。

(2)严格控制清洁剂用量

合理分配清洁剂既能满足清洁需要，又能减少浪费。清洁剂的分配最好由一个主管或领班专门负责，在每天对楼层进行补充，每周或每半个月对用量进行盘点统计。通常，用量的多少与客房出租率的高低有关，对例外情况的额外补充应作详细记录。

(3)注意清洁剂的安全使用

清洁剂除具有酸、碱性之外，还具有挥发性，因而有一定的危险性。所以，在管理和使用中应注意以下几点：

①培训服务员掌握使用和放置清洁剂的正确方法，平时注意检查和提醒服务员按规程进行操作。

②必须使用强酸和强碱清洁剂时，先作稀释处理，装在喷壶内，再发给服务员。

③配备相应的清洁用具作为安全防护，如合适的清洁工具、防护手套等。

总之，购买货真价实的清洁剂，减少浪费，保证按照规范操作，是清洁剂安全管理的保障。

任务二:客房清洁与保养的程序与方法

客房的清洁保养,俗称做房。它主要包括清理房间及卫生间卫生、整理并补充物品、检查设备设施以及了解房间整体情况等工作内容。

1. 清扫前严格检查,充分准备

(1)按照规范着工装,并整理仪容仪表,保持较好的精神状态。

(2)到客房中心签到,领取工作钥匙。

(3)领取工作报表,了解房态。

客房服务员所需了解掌握和识别的客房状况主要有下列各种:

①住人房(Occupied,简写成 OCC):即客人正在住用的房间。

②走人房(Check Out,简写为 C/O):表示客人已结账并已离开客房。

③空房(Vacant,简写为 V):昨日暂时无人租用房间。

④未清扫房(Vacant Dirty,简写为 VD):表示该客房为没有经过打扫的空房。

⑤已清扫房(Vacant Clean,简写为 VC):表示该客房已清扫完毕,可以重新出租,亦称“OK 房”。

⑥维修房或称待修房(Out of Order,简写为 OOO):表示该客房因设施设备发生故障,暂不能出租。

⑦请即打扫房(Make up Room,简写为 MUR):表示该客房住客因会客或其他原因需要服务员立即打扫。

⑧请勿打扰房(Do not Disturb,简写为 DND):表示该客房的旅客因睡眠或其他原因而不愿有人打扰的房间。

⑨贵宾房(Very Important Person,简写为 VIP):表示该客房住客是饭店的重要客人。

⑩长住房(Long Staying Guest,简写为 LSG):即长期有客人包租的房间,又称“长包房”。

⑪预退房(Expected Departure,简写为 E/D):表示该客房将于本日退房,但现在还未结账。

⑫加床(Extra Bed,简写为 EB):表示该客房有加床。

(4)依据房态,确定房间的清扫顺序。

服务员要想保质保量地完成清扫工作,必须确定合理的清白顺序。在此过程中应考虑以下因素:一是满足住客的需要;二是有利于客房的销售,提高客房的出租率;三是方便工作,提高效率;四是有利于客房设备用品的维护保养。

在清理过程中，一般情况下的清扫顺序为：挂“请即清理”牌房间→总台或领班指示打扫的房间→VIP房间→住客房→走客房（退房）→空房。

但在出租率较高的情况下，清扫顺序为：走客房→挂“请即清理”牌房间→VIP房间→住客房→空房。

（5）参加班前会，阅读交班日志，了解本日工作的特殊要求及注意事项（如：重要客人等）。

（6）进入工作岗位，检查工作用具。主要了解各用具是否齐全并能正常运行。

2. 客房清扫的基本方法

客房服务员的目标是要将客房清扫得干净整洁，正确的清洁方法是实现上述目标的保证，同时正确合理的清洁方法也能够有效地提高客房清洁的效率。

（1）从上到下

这种方法主要在擦洗卫生间和用抹布擦拭物品的灰尘时使用，防止在擦拭上面时会将下面的物品弄脏。

（2）从里到外

这种方法在清洁过程中使用得较为普遍，是指在具体的清洁工作开展过程中，从里面开始，逐渐向外推进的方法。如在清洁地毯时，如果不采用这种方法，会等清洁工作完成后出来时将外面已经搞平整的破坏掉。

（3）环形清理

在擦拭或检查房间内设备用品时，应按照顺时针或逆时针的路线进行，防止因遗漏而形成死角。同时这种做法能够节省体力。

3. 退房、住客房的清扫程序及标准要求

退客房及住客房的清扫从程序和质量要求上讲是一致的，但各个饭店之间有不同的要求。有一种被总结为“八字程序”的方法在饭店中使用得比较普遍，具体包括：

（1）进

①敲门、按门铃。以中指的第三关节轻敲二次，每次三下，间隔时间为2～3秒，清晰地报称“客房服务员”（Housekeeping）。如有客人回应，就说“我是客房服务员，请问我可以为您打扫房间吗？”

敲门前要先观察门上是否挂有“请勿打扰”牌或门上有双锁标志，避免唐突客人。

②开门。轻轻地把门开至静止状态，同时要扫视房间，以确定房间正常。如房内有客人，则应先向客人道歉，征得客人同意才可进房打扫；如无客人则将房门全部打开并开始清扫；如客人在睡觉，则应轻轻退出房门，将门轻轻带上，去打

扫另外的房间。

③填表。在布草车上的卫生班报表(见表 3～4)上填写进房时间。在填表后应将工作车按照规范放置,如果房间内没有客人,应将工作车挡住整个房门,这样既便于观察工作车上的物品,也不至于在自己清洁房间时有其他人员轻易进入房间;如客人在房间内则应将工作车挡住房门的 1/3,这样在方便服务员操作的同时也不妨碍客人进出房间。

表 3-4 客房服务员清洁报表

ROOM ATTENDANT MAKE UP ROOM REPORT

FLOOR 楼层________ RA 服务员________ SECTION 分段________ SUPERVISER 领班________ DATE 日期________

房号	房态	时间			早餐牌	擦鞋器	干洗单	水洗单	干洗袋	水洗袋	购物袋	火柴	信纸	传真纸	信封		圆珠笔	赔偿表
															航空	普通		

续表

合计																

EXTRA BED 加床		TRANSFORMER 变压器		IRON & BOARD 烫衣板		VIP 贵宾	
BABY COT 婴儿床		ADAPTOR 插座		EXTRA PILLOW(BLANKET) 加枕(毛毯)			
LSG 长住客		OPEN DOOR 开门		LOST & FOUND 失物招领		SLEEP OUT 外宿	
DND 请勿打扰		LAUNDRY 洗衣		NB/LB 无(轻)行李			

MAINTENANCE WORK ORDERS 房间维修要求

REMARKS 备注

(2)撤

①放工具。携带清洁工具筐和小垫毯进入卫生间,垫毯放于门口,清洁工具筐则置于云石下面。

②开窗帘、窗子。将窗子和窗帘全部打开,以加快房间空气流通。

③按照规定关闭房间相应灯具。

④撤房间内物品。主要是收撤床上的布草及房间内的垃圾。

⑤撤卫生间物品。将客人用剩的香皂、浴液等分类收入清洁工具筐,进行废物利用。把客人用过的"四巾"检查后连同垃圾一块收入布草车。

收撤物品时,注意环形收拾,对于住客房内和卫生间内可能有保留价值的东西不可随意丢掉。收拾垃圾过程中,不要忘记将房内用过的烟缸、杯子放回工作车准备调换。将房间内垃圾袋的袋口系紧放入工作车上的大垃圾袋内。

⑥喷洒清洁剂。用喷壶向面盆、马桶、浴缸内均匀喷洒洗洁剂,以对污迹进行溶解。

(3)铺

①带入干净床单、被罩和枕套。将干净的布草放于行李架或床头柜上。

②铺床单。按照“开单、打单、抛单、收单、甩单”的顺序将床单平整地铺在床上,并按照标准包角。

③套被罩。将被罩将棉被套好,保证外观平整、美观。

④套枕套。抖开枕套,双手将枕套撑开,上下抖动枕芯,顺势将枕心套入枕套,并按标准摆放。

(4)洗

①进卫生间

a. 开亮浴室的灯,开换气扇。

b. 再次在洗面盆、恭桶、浴缸的内壁上喷洒适量清洁剂。

②洗面盆、云石台和镜子

a. 在面盆中放少量水,用专用板刷蘸清洁剂,以旋转的方法将台面、面盆及镜面清洁,然后用清水刷净。

b. 注意用清洁剂擦除脸盆不锈钢件的皂垢、水斑。

③洗浴缸

a. 将浴缸旋塞关闭,放少量热水和清洁剂,用专用板刷按照从下到上的顺序,对墙和浴缸进行彻底清洁,此时可以将浴帘清洁。开启浴缸活塞,放走污水,然后打开水龙头,冲净污水。

b. 如浴缸内放置有橡胶防滑垫,则应视其脏污程度用相应浓度清洁剂刷洗,然后用清水洗净。

c. 在清洁过程中,注意用中性清洁剂擦除镀铬金属件,包括开关、浴帘杆、晾衣绳盒等,并随即用干抹布擦干、擦亮。

d. 注意清洁并擦干墙面与浴缸接缝处,以免发霉。

④洗马桶

a. 用恭桶刷清洁坐厕内部并用清水冲净,要特别注意对恭桶的出水孔和去水孔进行清洁。

b. 用中性清洁剂清洁座圈、盖板等。

⑤抹干净洁具。用各自专用的抹布,将“三缸”、浴巾架、卫生纸架等擦净,并检查是否有故障。

⑥抹地板。用专用抹布由里向外地抹干净地板。

⑦出房门。带抹布、小垫毯、清洁工具篮出房门,将其分别放于规定位置。

(5)抹

①准备抹布。准备三块抹布进房,分别为干布、湿布和涂有家具蜡的布。

②抹门。从门框开始，从上到下，由外而内抹擦；把窥视镜、防火通道图擦干净；检查门锁是否灵活；检查"请勿打扰"牌等有无污迹。

③抹衣柜。按由上到下的顺序清洁衣柜内物品。擦拭壁柜要仔细，要把整个壁柜擦净。

④抹吧柜。从上至下用先湿后干的布抹干净。

⑤抹行李架及书桌等。以从上到下的顺序擦拭以上物品，在抹书桌部分时需要注意擦净梳妆镜、梳妆台及抽屉等位置。

⑥抹电视机。用干抹布擦拭电视机外壳和底部的灰尘，然后打开开关，检查电视图像等环节。

⑦抹沙发、茶几。擦拭沙发时，可用干抹布掸去灰尘，注意经常清理沙发背后与沙发垫缝隙之间的脏物。

⑧抹床头板、床头柜。在擦床头板时，用干抹布擦拭床头灯泡、灯罩、灯架和床头挡板。擦床头柜时要注意检查电话机和床头柜各种开关是否正常。

抹尘时应遵循从门开始，自左至右或自右至左，从上到下，从里到外，一擦到底的抹尘原则，凡伸手可及的地方都要擦到。在此过程中应将各个位置的物品恢复到标准状态，同时也要注意检查物品是否缺失。对于木质家具，在清洁时要用涂有家具蜡的抹布清洁。在抹尘过程中遇到有电器时均应顺手关闭，对有故障的电器应及时报修。

(6)补

①补房间物品。按房间规格补充客人用过的所有缺失物品，并按照规定的标准摆放。

②补卫生间物品。补充客人用过的各种巾类和低质易耗品，并按照规定的标准摆放。

(7)吸

①开吸尘器。确认电线正常，备件齐全后，将吸尘器拉入房间，打开电源。

②吸房间。从最里侧开始，排住耙头，倒退出房间。

③吸卫生间。吸卫生间地板时，要注意将耙头的毛刷打下。

用吸尘器吸尘时，要注意从里到外，顺方向吸一遍，吸尘过程中应顺手将家具摆放整齐。

(8)检

①房间。检查设备设施是否完好，物品是否齐全，是否按规格放置，关窗子，调空调到标准温度，向空调出风口喷清新剂。

②卫生间。检查项目同房间相同。

③退出。拔下取电卡，轻关门，填写工作表格。

4. 客房夜床的清扫程序及标准要求

夜床的整理,即“夜床服务”或“做夜床”,是四、五星级酒店必须提供的一项服务,体现了饭店对宾客热情、周到和无微不至的关怀。夜床服务除对房间和卫生间进行清理外,主要是按照一定的标准对床进行整理。

(1)夜床服务的意义

①方便客人晚间在房间内的起居生活。

②整理环境,使客人感到舒适、温馨。

③表示对客人的欢迎和礼遇规格。

(2)夜床服务操作程序

夜床服务通常在晚上六时以后开始,也可在客人到餐厅用晚餐时进行。

①进客房的程序与走客房的相同。

②按照标准开灯、调空调,拉合遮光窗帘。

③开床:a. 将棉被向外折成 30°角,以方便客人就寝。b. 拍松枕头并将其摆正。c. 按饭店规定在床头或枕头上放上鲜花、晚安卡、早餐牌或小礼品等。

④摆放拖鞋。

⑤如有加床,则应打开整理好。

⑥清理房间卫生,补充缺失物品。

⑦更换浴室内客人用过的毛巾,清洁客人用过的浴缸,并把地巾铺在靠浴缸的地面上。

⑧检视一遍卫生间及房间。除夜灯和走廊灯外,关掉所有的灯并关上房门。如果客人在房内,不用关灯,向客人道别后退出房间,轻轻将房门关上。

⑨填写工作表格。

5. 客房小整理的清扫程序及标准要求

小整理服务是针对有午睡习惯的客人而生产的一种服务产品,其内容与夜床服务大致相似,主要是对客人午睡后的房间进行整理,补充茶叶、热水等客房消耗品,使房间恢复原状。

小整理服务在许多饭店中是作为一种象征服务档次的产品出现的,只向 VIP 客人提供。此时已不再限于只是在客人午休后提供服务,而是在客人每次离开房间时提供,以保证房间随时处于干净整洁的状态。

6. 空房的整理程序

空房是指上一日未出租的房间。空房的整理虽然较为简单,但必须每天进行,以保持其良好的状况。

任务三:清洁保养的要求与质量标准

清洁保养,包括清洁和保养两个方面。清洁即清除各处的尘土、污渍等各种脏迹,以保持洁净。而保养则是通过对各种设施及物品的养护,使其处于良好的运转状态。

客房部使用着大量的设备设施,管理大量的物品,因而客房部员工应成为清洁保养方面的专家,在进行各种清洁工作时,除要考虑清洁外,还要考虑保养,从而切实地将清洁和保养有机地结合起来。

1.客房清洁保养标准的内容

客房清洁保养工作要有一个明确的规范,这个规范是开展相关工作的依据。

(1)结果标准化

实行结果标准化,就是为客房的清洁保养工作所要达到的目标制定明确的标准,并将此标准在实际的服务过程中贯彻,这样便使客房服务员在目标明确的指导下进行工作,从而生产出高质量的客房产品。结果标准化主要包括两个方面:用量标准化和摆放标准化。标准用量是对每种实物或用品的数量作出的要求,如规定的壁柜中的衣架数量、规定清洁浴缸时清洁剂的用量等;摆放标准化是明确规定各种物品摆放的尺寸、位置、朝向、数量等细节,如文件夹距书桌下边沿的距离、卫生间内各种低值易耗品的数量以及开夜床时棉被的夹角的度数等环节。

(2)方法规范化

我们把服务结果当成一个面的话,它是由许多小的服务环节来组成的。即要取得最终理想的结果,就必须保证过程中每一个环节较高的质量,为此客房制定出了规范的方法。

方法规范化是指大家按照饭店明文规定的方法进行服务工作。例如,客房清洁整理所规定的从上到下、从里到外的清扫规范。实际上规范化的方法不但可以提高最终的服务质量,而且还可避免差错和不必要的体力消耗。

(3)过程程序化

为达到服务最终的质量标准,不但要在每一个环节上使用规范的方法,而且还要有一套严格的、科学的程序将它们联系起来。例如:客房服务员不但要将客房的每一个位置清扫干净,而且还要将清扫的方法连贯起来,达到省时、省力并保证质量的目标。过程的程序化是指大家按照规定的合理的次序进行服务的过程。

2.制定标准的原则

(1)与饭店的档次相匹配原则

饭店的档次,在硬件方面主要体现在建筑、装潢、设施设备的豪华程度上,而在软件方面则体现在服务项目的多少和服务水平上。在饭店经营过程中，客人对饭店的评价，一方面来源于硬件水平，更大的方面则来源于对饭店服务水平的认识。对于硬件几乎相同的饭店来说，服务项目全、质量高的会更加被客人认可。

(2)与目标市场的特点相一致原则

每一类饭店在实际的经营中都对应着各自的消费者群，这便形成了不同的目标市场。如：商务散客、旅游团队、参会人员等等。若使饭店的服务满足目标市场的需求并得到认可，就必须认真分析其特点，准确把握消费动机及愿望，从而指导标准的制定。

(3)尽量少打扰客人原则

客房是为客人提供休息和睡眠的区域，是饭店各区域中独立性最强的空间。在客人对客房提出整洁、安全要求的同时，私密性便成了客人对客房的另一个最基本要求。因此，客房服务人员在制定有关客房制度和程序时，应将尽量少打扰客人作为一条重要的原则。

(4)“三方便”原则

所谓“三方便”原则，是指在制定有关标准和程序时，必须依照方便客人、方便操作和方便管理的准则来进行。

①方便客人

客房管理过程中各项标准的制定，其目的在于使客人获得满意的服务，使客人在客房的起居生活，能觉得像在家里一样方便，且感受到家庭的气氛。因此客房的清洁整理标准，包括家具设备摆设的位置、用品的配备、各项服务标准都必须以此为出发点。

客房服务的对象是形形色色的人，因此，在制定客房清洁保养标准时，既要达到统一的、规范化要求，以保证服务的质量，同时又要注意结合每个人的特点，根据客人的不同特点和要求，进行灵活机动的针对性服务。

②方便操作

客房产品的生产，很大程度上是依赖于员工的手工操作。因而，在清洁保养标准的制定过程中，要充分考虑如何方便员工操作，这样不但能减少不必要的体力消耗，而且能节省时间，提高工作效率。因此，客房清洁保养标准应该简明、实用。如果清扫客房的操作程序和规范要求让职工感到费力难做，就失去了标准化管理的本来意义。

③方便管理

实行标准化的管理，是将日常重复性的工作形成稳定的标准确定下来，使客房服务工作有一个统一的质量标准。其目的在于减轻管理者的负担，保持服务质量的稳定。

客房的清洁保养标准在各个饭店都有，但内容各不相同。虽然不少饭店都有自己成功的经验，但这些标准对自己是否合理，是否都有利于提高工作效率，就不一定了。因此，客房部的管理者，必须根据自身的情况，包括客房设施设备的条件、清洁器具的配备和员工素质的高低，甚至自己的管理风格等，来制定和实施符合自己实际情况的标准，而不应照抄照搬别人的东西。

3. 客房清洁卫生质量标准

一只光亮的杯子是否就是清洁卫生的呢？答案当然是否定的。客房清洁卫生质量标准要符合两方面的内容，即感官标准和生化标准。

(1)感官标准即客人和员工凭视觉、嗅觉等感觉器官感受到的标准，概括起来要做到“十无六净”。

◆“十无”：

①四壁无灰尘、蜘蛛网；

②地面无杂物、纸屑、果皮；

③床单、被套、枕套表面无污渍和破损；

④卫生间清洁，无异味、毛发、水迹和皂迹；

⑤金属把手无污锈；

⑥家具无污渍；

⑦灯具无灰尘、破损；

⑧茶具、冷水具无污痕；

⑨楼面整洁，无“六害”(老鼠、蚊子、苍蝇、蟑螂、臭虫、蚂蚁)；

⑩房间卫生无死角。

◆“六净”

①四壁净；②地面净；③家具净；④床上净；⑤卫生洁具净；⑥物品净。

(2)生化标准即防止生物、化学及放射性物质污染的标准——往往由专业卫生防疫人员来作定期或临时抽样测试与检验。

①茶水具、卫生间洗涤消毒标准

a. 茶水具：每平方厘米的细菌总数不得超过 5 个；

b. 脸盆、浴缸、拖鞋：每平方厘米的细菌总数不得超过 500 个；

c. 卫生间不得查出大肠杆菌群。

②空气卫生质量标准

a. 一氧化碳含量每立方米不得超过 5.5 毫克；

b. 二氧化碳含量每立方米不得超过 0.07%；

c. 细菌总数每立方米不得超过 2000 个；

d. 可吸入尘每立方米不得超过 0.15 毫克；

e. 氧气含量应不低于 21%。新风量不低于 18 立方米/人 · 小时，空气清新、无异味。

③微小气候质量标准

a. 夏天：室内适宜温度为 25℃～28℃，相对湿度为 50%，适宜风速为 0.1 米/秒～0.15 米/秒；

b. 冬天：室内适宜温度为 20℃～22℃，相对湿度为 40%，适宜风速不得大于为 0.25 米/秒；

c. 其他季节：室内适宜温度为 23℃～25℃，相对湿度为 45%，适宜风速为 0.15 米/秒～0.2 米/秒；

d. 一般来说，室内外温差保持在 10℃以内为妥。

④采光照明质量标准

a. 客房室内照明度为 50～100 勒克斯；

b. 楼梯、楼道照明度不得低于 25 勒克斯。

⑤饮用水

a. 客房饮用水要求水质透明、无色、无异味和异味，不含病原微生物和寄生虫卵。

b. 每毫升水中细菌总数不超过 110 个，大肠菌群不超过 5 个。

c. 经加氯消毒完全接触 30 分钟后，游离余氯每升不超过 0.2 毫克。

⑥环境噪声允许值

a. 客房内噪音允许不超过 40 分贝(A)，走廊噪音不超过 45 分贝，客房附近基本无噪音源。

b. 采用中央空调系统的饭店对客房内的湿度、温度、噪音、新风量、气流速度等均有较严格的规定，能较全面地满足人体对于舒适和卫生的要求。有的饭店还为空调器配有杀菌灯、空气净化器和空气负离子发生器，使客房的清洁卫生质量更符合生化标准。

任务四：客房清洁卫生质量的控制

客房清洁保养的质量是客人选择一家饭店首要的考虑因素，也是饭店质量控制的基本内容。客房部的管理人员，尤其是基层管理人员都要明确客房清洁保养的内容、标准，从而进行有效的控制，从而使清洁保养工作始终处于较高的水平。

客房清洁保养标准的制定，使客房的清扫工作有了明确的规范，也为质量管理提供了依据。但这些标准和规范制定得是否科学，在工作过程中能否得到有效执行，受到很多因素的影响，因而各级人员的督促检查，成了客房卫生质量控制的关键。

1.依据各级职责，严格落实责任

检查客房又称“查房”，理想的客房卫生质量主要是通过服务员的自查和上级的检查共同实现的，上级的检查主要分为领班、主管及部门经理三级进行。

(1)服务员自查

服务员每整理完一间房间，就应对客房的卫生质量、用品的补充和设备设施的运行状态等环节进行检查。服务员自查是客房卫生质量控制的第一个环节，也是实现客房卫生高质量的重要环节。

开展员工自查，除了能够有效地保证客房卫生质量之外，还能够极大地增强员工的责任心，对员工的自身行为起到很好的激励作用，

(2)客房领班查房

领班是继服务员自查之后的第一道控制关。在许多酒店中规定领班查房后即可更改房态，在这种情况下，领班往往也就成为客房卫生质量控制的最后一道关。另外，领班还要对所属区域内住客房、空房等房间进行检查，并保证质量合格，因此，领班的工作量非常大，并且要具备很强的责任感。

(3)客房主管抽查

为了实现对领班的管理和便于日常工作的分配调节，许多饭店都设置了主管职位，在客房管理过程中，主管成为卫生质量控制的一支重要力量。它是建立一支合格的领班队伍的手段之一，同时，它可以为管理工作的改进，对员工实施培训和人员选拔调整等提供有价值的信息。

主管抽查房间，对于提高客房整体的卫生质量具有重要的意义。主管可以检查领班工作；检查 VIP 房、维修房、计划卫生等工作的开展；确保客房部经理管理方案的落实；并能为客房部的内部管理和对客服务收集信息。

(4)客房经理查房

经理查房又称“白手套查房”。客房部经理查房一来可以了解客房的运行状况，掌握基层工作中存在的问题；二来可以督促主管领班各项工作的开展，考察干部；三则通过查房可以加强与基层员工的联系，增进沟通；同时也可以第一手了解客人意见，及时对管理和服务工作进行调整。

2.计划卫生工作

在日常的客房清洁工作因为时间的因素，不可能面面俱到地清理到每一个环节，另外，许多位置因面客的机会比较少，在实际工作中也不需要每天进行整理，但为保证客房总体卫生质量合格，就需要对这些环节进行定期清洁，这便是客房计划卫生。

计划卫生即在搞好日常清洁工作的基础上，拟定一个周期性清洁计划，采取循环的方式，定期对房间内的卫生死角、容易忽视的部位以及家具设备进行彻底的清扫整理和保养。这对保证客房的清洁卫生质量、维持客房设施设备的良好状态具有极其重要的意义

(1)计划卫生的分类

①日常计划清洁

日常计划清洁是指除日常的清洁工作外，对日常清扫不到或不需要每天清扫的部位排定日程，每天清扫一部分，从而保证房间卫生质量。

②季节性大扫除或年度性大扫除

这种大扫除是一种时间间隔比较长的卫生清洁形式，主要包括家具的背面、设备设施的内部、房间地毯和窗帘、床裙等棉织品等。

(2)客房计划卫生的内容

对于计划卫生的内容，各饭店要根据自己的实际情况进行确定，并且时间跨度也应合理地安排。

①以周为单位进行的计划清洁内容

消毒电话；清洁橱柜后侧踢脚线；冰箱除霜；清洁电视；清洁排风扇、地漏；清洁空调口；公共区域内理石刮洗、上蜡；彻底清洁楼层消防栓；彻底清洁消毒柜、开水器等。

②以月为单位进行的计划清洁内容

床垫翻转；马桶水箱清洁；床底、柜底吸尘等。

③以季度为单位进行的计划清洁内容

地毯洗涤；窗帘换洗等。

(3)计划卫生的管理

客房部的计划卫生是一项重要的卫生清洁工作，要实现既保证房间清洁卫生，又方便员工操作的目的，必须对其加强管理。

①依据实际合理选定项目，科学设定周期

设定客房需要周期性清洁的项目，依据实际情况核定每一项需要间隔的天数，并将其进行合理的分布并形成《客房计划卫生项目及时间安排表》(见表3-5)，以保证个工作日的任务大体相同。

表 3-5　　客房计划卫生项目及时间安排表

时间	内容	备注
每天	1.清洁地毯及墙纸污迹 2.清洁空房	
每 3 天	1.地漏喷药 2.清洁房间玻璃、镜子	
每周	1.清洁卫生间抽风机罩 2.清洁吸尘器	
每两周	1.清洁恭桶水箱 2.清洁热水器、洗杯机 3.冰箱除霜 4.清洁空调出风口	
每月	1.清洁空调过滤网 2.清洁制冰机 3.翻床垫 4.清洁床裙	
每季度	干洗地毯、沙发	

②落实责任，严格执行

服务员依据《客房计划卫生项目及时间安排表》执行计划卫生清扫任务，在每完成一个项目或房间后，要在《客房计划卫生执行表》上填写完成的日期并签名。

③灵活安排，加强监督

将《客房计划卫生执行表》贴在楼层工作间的告示栏内。楼层领班还可在服务员做房报告表上每天写上计划卫生的项目，以便督促服务员完成当天的计划卫生任务。

项目二　公共区域的清洁保养

任务一：公共区域清洁保养内容、特点

客人到饭店消费主要是满足住房、用餐或是购物的需求，在这一过程中一部分人可能仅会接触客房，而一部分人仅会接触餐厅，但他们无一例外都会接触饭

店的公共区域。公共区域的清洁卫生也就理所当然地成为客人评判饭店的重要标准。

1.公共区域清洁保养的特点

公共区域是指饭店内公众共同享有的区域。公共区域通常被划分为室内和室外两大部分。室内公共区域又可分成客人使用区域和非客人使用区域。室外公共区域是指饭店外围区域，它包括饭店外墙、花园、前后大门等。公共区域清洁保养的特点是：

公共区域清洁工作影响大。公共区域一般是客人接触饭店的第一个环节，其清洁卫生状态会影响到客人对饭店的第一印象，是客人对饭店的重要评价指标。

公共区域的范围广、客流量大、人员复杂。这一特点给公共区域的工作增强了很大的随机性，为区域卫生水平的保持增加了困难。

公共区域的清洁工作内容多，服务员工作地点分散，清洁卫生质量不易控制。

2.公共区域清洁保养的内容

公共区域的清洁保养是一项非常复杂的工作，项目多、方法多而且要求各不相同，因而公共区域清洁保养工作的难度很大。

公共区域清洁保养工作的一般原则是：夜间进行彻底清洁并保养，白天则进行维护和保持。

(1)大堂清扫工作

饭店大堂是公共区域中的最重要组成部分，大部分客人会通过大堂空间分布、装饰布置以及豪华程度对饭店产生第一印象。

①大堂地面及家具清洁

饭店的大堂地面一般为大理石构造，晚间应对大堂地面进行彻底清扫并抛光。白天则使用尘推进行拖擦，在保持地面干净的同时保持光亮。

大堂地面清洁时要突出重点，客人进出的门口、梯口等位置因客人使用较多，因而要增加拖擦次数，确保整个地面的清洁。在清洁过程中应注意避让客人，遇到客人则要主动问好。

②饭店门廊清洁

夜间应对门廊的油迹、汽车的轮胎迹、门口标牌、墙面、门窗及台阶进行彻底清洁。白天对玻璃门窗的浮灰、指印和污渍进行抹擦，尤其是大门玻璃的清洁应经常进行。

③电梯清洁

饭店电梯的地面一般为大理石地板，需要进行打蜡或抛光等工作以保证其干净、光亮。另外，对于电梯是非大理石地面的酒店则大多采取星期地毯的形式，就需要按照一周内对应的日期进行更换，更换下来的则需要及时清洗。

对内壁的玻璃用玻璃清洁剂进行清理，电梯门则用不锈钢光亮剂进行清洁保养。

关于电梯的清洁保养工作，一般来说，白天主要是进行卫生保持工作，注意其玻璃梯厢的清洁，确保光亮，无指印、污迹；晚间则进行彻底保养。

(2)公共卫生间清洁保养

按一定的顺序对公共卫生间内各种设施进行清洁。勤拖地面，尤其是便器附近，保持无水渍、无脏印。适时喷洒空气清新剂，保持室内空气清新、无异味。

若地面为大理石，则要定期进行打蜡、抛光；镜面要注意使用玻璃清洁剂，不可只是用清水；要经常清理下水道口，保证清洁、无异味。

(3)饭店花木和绿地的清洁保养

每天对花卉盆景、绿地、水池及假山进行检查、清洁、养护。拣去烟蒂杂物，擦净叶面枝杆上的浮灰，保持叶色翠绿、鲜艳。若发现花草有枯萎现象，应及时剪除或调换。对绿地区域，应定期进行修剪整理并喷药杀虫。对水池，除每天清理里面的杂物外要定期换水，防止其他污染物的滋生。

2.公共区域卫生质量的控制

(1)制定清洁保养制度及标准

根据公共区域清洁卫生繁杂琐碎、人员变动大的特点，必须制定清洁保养制度及标准，以保证公共区域清洁卫生质量的稳定性。公共区域的清洁保养制度和标准一般包括日常清洁保养和计划清洁保养两部分。

(2)公共区域卫生质量控制

①区域划分，落实责任

为了保证清洁保养计划的实施和便于检查效果，应将工作先按照早、中、晚三个班进行划分，再根据每个班次的人数划分工作量，最后还要将工作量细分，责任落实到人。

②加强巡视检查，保证质量

公共区域管理人员要加强巡视检查，同时要制定卫生检查标准和检查制度，以及制作相应的记录表格。客房部的管理人员也要对公共区域的清洁卫生进行不定期或定期的检查和抽查，才能保证公共卫生的质量。

公共区域管理人员应注重检查员工的工作动态和操作细节，包括是否正确使用清洁剂和清洁工具等方面，这是保证卫生质量的关键。

任务二:地面、地毯的清洁保养方法

1.大理石地面

大理石又称“云石”,其实际为碳酸钙的晶体。云石漂亮的光亮色泽由云石内部所含的矿物质形成,不同的云石,其密度及韧性亦有很大区别,但因其主要成分相同,故保养方法相同。

(1)日常清洁保养方法——推尘

需用的清洁工具及清洁剂:静电(吸尘)剂、尘推。操作方法:

①将尘推横放在地上,以直线方向或呈阿拉伯数字“8”字形推尘,推尘过程中尘拖不可离地。

②当尘拖沾满灰尘时,应用刷子在垃圾桶上将尘拖刷干净,再用以继续推尘,直至地面清洁。

③若尘拖失去粘尘能力,需用静电剂处理过后再用。

④尘推头需经常送到洗衣房清洗。

(2)计划清洁保养方法——打蜡

需用的清洁工具及清洁剂:地推、蜡拖、抛光机、轧水车、聚酯类蜡水或液体蜡。操作方法:

①用尘推将地面清洁干净。

②将蜡水注入蜡拖内,压干多余蜡液,用直线方法将蜡落于地面。也可以将蜡水注入清洁的水桶内,把清洁地拖浸入蜡水内,用轧水车压干至地拖不滴水为合适,以“8”字形方向将蜡落于地面上。

③待蜡面完全干后(约30分钟),再重复上述方法一遍。

④待前两遍蜡风干后,用上述方法落面蜡两遍。

⑤待面蜡风干后,用抛光机进行打磨,直到出现要求的效果为止。

工作时应注意:

①必须先将地面清洁干净后落蜡。

②落下一层蜡前要保证上一层蜡已经干好。

③若用不同的蜡水,则要分别使用蜡拖。

日常保养过程中,每天用抛光机进行喷磨即可。但需要定期打蜡,常用的方法有,在已清洁的地面上,用蜡拖落两层封蜡,然后再用喷磨的方法加两层面蜡。

2.地毯

地毯的分类依据纤维类型不同划分为:动物纤维(如丝及羊毛)、植物纤维(如棉及麻)、人造纤维(如尼龙)。

(1)日常清洁保养方法

清洁地毯有很多方式,对于一些较大的垃圾,一般使用扫帚进行清洁,而对于非常小的垃圾(如:灰尘),则必须用吸尘器。使用吸尘器还可以将地毯中的害虫吸出,而且吸尘的过程也达到了使地毯变干燥的目的。

(2)计划清洁保养方法——干洗法、湿洗法

◆干洗法:

需用的清洁工具及清洁剂:电子打泡机、洗地机、软尼龙擦、吸尘器、水桶。操作方法:

①用吸尘器对地毯彻底吸尘。

②按照标准配比勾兑地毯清洁剂,然后注于电子打泡机内。

③将电子打泡机置于洗地机上。

④用干泡机均匀擦洗地毯。

⑤待地毯完全风干后,彻底吸尘。

工作时应注意:

①机洗不应该过于频繁,会使地毯毛变硬。

②需要技术人员进行操作。

③当停下机器时,应将其移离地毯面放置。

◆湿洗法:

需用的清洁工具及清洁剂:洗地机、吸尘机、软尼龙刷、水桶、低泡清洁剂。操作方法及注意事项与干洗法相同。

(3)保养地毯的一般原则

①吸尘是保养地毯的首要程序,吸尘工作做得越好,要清洗地毯的次数就越少,对地毯的保养就越好。

②在使用任何清洁剂时,要先试一下清洁剂对地毯的影响,以免地毯变色,切忌假设清洁剂对地毯无损。

③避免使用过热或过冷的水清洗地毯(洗化纤地毯可用水温稍高)。

④避免使用过高的酸性或碱性清洁剂。

⑤不要将太多的清洁剂置于地毯上。

⑥不要试图一次将很脏的地方洗净,应待地毯干后再重新清洗,直至干净。

(4)地毯清洁保养中易遇到的问题

①在准备去掉污点之前,应分析和检测污点属于何种污迹,错误的处理方法会使污点永难除掉。

②应知道地毯的织物属于何种成分,以便选择无伤害性的去污剂,保存织物纤维的说明书或者标签,以备日后需要。

③在准备去掉地毯污迹前用去污剂或药水先在不明显的角落试一点，看地毯是否变色或褪色。

④应用冷水或温水——绝不可用热水稀释清洁剂。

3. 墙面的类型及清洁保养方法

(1)大理石墙面

每天用鸡毛掸清洁表面浮灰以做好日常清洁；喷适量蜡水于毛巾上，擦拭墙壁，以达到计划清洁保养目的。

(2)贴墙纸墙面

定期用吸尘器对墙面进行吸尘清洁是对贴墙纸墙面最常用的清洁保养方法，要注意转换吸尘器吸头。

要经常对其进行检查，如发现脏迹要及时擦除。对耐水墙纸，可用牙刷蘸取中、弱碱性清洁剂擦洗，再用干抹布吸干即可；对于不耐水墙纸可用橡皮或用毛巾蘸些清洁剂拧干后擦拭，总之要及时清除污垢。

【小结】

本模块重点介绍了清洁器具和清洁剂的相关知识，讲述了如何对客房、公共区域进行清洁保养以及在清洁保养过程中如何进行质量控制等方面的内容。应该认识到，要为客人创造一个清洁、舒适、安静的居住环境，应正确地使用清洁器具和清洁剂，以科学的程序和方法为指导，制定合理的、严格的标准加以控制。在这一过程中，还要注意对细菌和虫害的控制，操作过程的安全保护等环节，在为客人提供干净、舒适环境的同时，保证客房正常的工作秩序，使客房各项工作都能有序开展。

【复习思考题】

1. 如何看待客房的清洁保养工作？

2. 如何选用客房的清洁设备和清洁剂？

3. 实地调查两家酒店，调查客房及公共区域清洁保养中存在的突出问题是什么？给出解决方案。

4. 如何加强对酒店大理石、地毯的清洁保养？

【推荐阅读】

1. 杨翊：《地毯清洁设备使用中英注意的一些问题》，载《清洗世界》2003 年第 19 期。

2. 王志伟：《2007 年度广州市星级宾馆客房卫生质量检测结果及分析》，载《热带医学杂志》2008 年第 8 期。

模块三　客房服务管理

【课前导读】

对客服务工作主要是指服务人员面对面地为客人提供各种服务，满足客人提出的各种合理的要求。客人住进饭店后，客房是否清洁卫生、装饰布置是否美观大方、设备用品是否齐全、服务项目是否周全、服务人员是否热情周到，是否能向客人提供亲情服务，在一定程度上反映了饭店整体的服务水平，这也是衡量饭店服务质量高低的主要依据。

【学习目标】

知识目标

1. 了解客房对客服务模式的特点；
2. 掌握客房部对客服务项目的内容及有关工作程序；
3. 熟知标准化服务和个性化服务的内容。

能力目标

1. 能担任楼层服务员做好楼层对客服务工作；
2. 能担任楼层服务员做好个性化服务提供，会搜集宾客信息，能提供管家服务；
3. 能担任客房服务中心负责电话接听、客史档案管理工作；
4. 能处理客人投诉。

【案例导入】

服务员小龚第一天上班，被分在饭店主楼12层做值台，由于她刚接受过三个月的岗前培训，对做好这项工作充满信心，自我感觉良好，一个上午的接待工作确也颇为顺手。

午后，电梯门打开。“丁当”一声走出两位港客，小龚立刻迎上前去，微笑着说：“先生，您好！”她看过客人的住宿证，然后接过他们的行李，一边说：“欢迎入住本饭店，请跟我来。”一边领他们走进客房，随手给他们沏了两杯茶放在茶几上，说道：“先生，请用茶。”接着她又用手示意，一一介绍客房设备设施：“这是床头控制柜，这是空调开关……”这时，其中一位客人用粤语打断她的话头，说：“知道了。”但小龚仍然继续说：“这是电冰箱，桌上文件夹内有‘入住须知’和‘电话指南’……”未等她说完，另一位客人又掏出钱包抽出一张面值10元的外汇券不耐烦地给她。霎时，小龚愣住了，一片好意被拒绝甚至误解，使她感到既沮丧又委屈，她涨红着脸对客人说：“对不起，先生，我们不收小费，谢谢您！如果没有别的事，那我就告退了。”说完便退出房间回到服务台。

此刻，小龚心里乱极了，她实在想不通：自己按服务规程给客人耐心介绍客房设备设施，为什么会不受客人欢迎？

【课堂思考】

1. 怎样的服务才是优质的服务？

2. 我们如何开展对客服务？

项目一 对客服务的内容和程序

任务一：客房对客服务的模式

客房部要根据饭店的具体情况及所针对的客源市场客人的需求，考虑多种因素，选择恰当的服务模式，为客人提供尽可能全面的服务。客房部采用什么样的对客服务模式，会在一定程度上影响客人的满意程度。

1. 对客服务的模式

目前，国内饭店客房主要有楼层值台服务和客房服务中心两种模式为客人提供服务。

(1)楼层值台服务模式

该模式是在客房楼层设立服务台，配备专职服务员为客人进行服务的形式。这是我国饭店客房服务中最基本、最传统、最普通的一种模式。这种服务模式的优点主要有：

①在服务过程中，能有机会与客人面对面，较好地显示服务的人情味，给客人以亲切感。

②楼层服务台能及时掌握客房的使用情况，有利于客房销售工作。

③有利于对楼层的安全管理。由于每个楼层服务台均有服务员值班，因此，对楼层中的不安全因素能及时发现、处理，能及时解决客人的疑难问题。

但这种模式也有不足之处：

①管理点分散，服务质量较难控制。

②花费的人力较多，劳动力成本较高。

③与客人接触机会过多，使客人有被“监控”之感。

(2)客房服务中心服务模式

随着我国国际饭店管理模式的引入,我国饭店业逐步出现了客房服务中心服务模式。这种模式在加强对客服务工作的统一指挥、提高工作效率、强化服务人员的时效观念等方面都有积极的意义。

客房服务中心模式的优点主要有:

①降低劳动力成本,提高工作效率

由于对客服务的沟通方式由客人找楼层服务员,转变为打电话找客房服务中心服务员,原来的楼层值台人员就可省去,降低了劳动成本。另外,因为这种形式的用工数量较小,更容易对员工进行培训及管理,便于统一指挥、调度,使对客服务工作更专业,服务质量也得以更加有效地控制。

②营造宽松入住环境,提供针对性服务

客房服务中心服务模式给客人营造了一个自由、宽松的入住环境,减少了楼层服务对客人的干扰。另外,由于客人的要求由专门的服务人员上门服务,因而,能让客人得到更多的个人照顾。

除了提供电话服务以外,客房服务中心还承担着客房与其他部门、客房部内部的信息传递、工作协调、出勤控制、钥匙管理、遗留物品管理、资料汇集等工作。这样一来,使服务信息更加通畅,人力、物力分配更加合理,有利于形成专业化的客房服务队伍。

然而,在认识这种形式优势的同时,我们也发现,客房服务中心服务模式也存在不足。诸如给客人的亲切感较弱,服务的直接性不强,服务的及时性也受到影响,并且在某种程度上影响了住客的安全感。

除了上述两种模式外,有些饭店采用既设立客房服务中心、又设立楼层服务台的综合模式,将对客服务细节做得更加细致,弥补了这两种模式的不足,提高了客房对客服务的质量。

2.选择对客服务模式的依据

(1)客源的类别与层次

通常情况下,涉外饭店和以商务客人为主的饭店,多采用客房服务中心的模式;以会议、团体客人为主的饭店采用客房楼层值台的方式;特别豪华的饭店为进一步提高其服务规格,会在楼层提供值台服务,该楼层的服务人员被称为管家。他们所提供的服务项目和服务规格,更多和优于一般的值台服务。因此,在选择客房服务模式之前,应先对自己饭店所面对的客人类型进行分析。

客房的住客类别主要有:

①旅游团队客人

以游览、参观为目的,行动统一,进出饭店时间有规律。在服务中应根据其进出饭店的时间，作好服务准备，并在服务过程中保证效率。努力地为客人创造一个良好的居住环境，使他们能有充足的精力、愉悦的心情完成旅行活动。

②商务散客

这类客人消费能力较强，经常出入于高星级饭店，因此，对饭店设备设施的要求很高，喜欢住高档客房，对服务质量要求高。

③休闲度假客人

这类客人一般住店时间长，消费水平较高，喜欢房间布置得有家庭气氛，服务要求较多，他们还喜欢丰富多彩的娱乐活动，并希望得到热情随和而非中规中矩的服务。

④政务客人

政府官员入住，服务及接待工作的标准要求很高，重视礼仪，店外活动较多，服务要求一般由随行人员传达给客房，且经常会出现一些即时性需要，要求客房尽快作出反应，安排妥当。他们住店期间不希望服务人员过多地进入房间，对安全要求极高。

随着饭店业的发展，客人的需求会呈现更复杂化、多样化的趋势，需要饭店从业人员不断地总结经验，准确把握客人的需求，才能为客人提供优质服务。

(2)饭店的硬件条件

①饭店的安全监控系统

安全监控系统完善的酒店，其客房大多采取客房服务中心模式；反之，则采用楼层服务台模式。

②饭店的垂直交通问题

饭店在选择服务模式时，首先要考虑到服务的垂直交通问题。许多饭店在建筑设计时没有考虑到员工电梯，或电梯数量严重不足，如果设立客房服务中心就会影响对客服务的效率。

③饭店的通信条件

为保证客房的对客服务质量，则需确保客房服务中心与楼层服务员的沟通及时。为此，采用客房中心服务模式的饭店常采用内部寻呼系统，而对于未配备上述设施的客房，则只能通过楼层服务台模式给予满足。

④饭店的建筑风格

客房是集中于一幢建筑内，还是分散在各个小楼或别墅内。不同类型的建筑形式对服务模式有不同的要求，应分别对待。

(3)饭店的安全条件

饭店所在地区的治安情况及本饭店的安全设施是否完备，也是在选择服务模式时应考虑的条件之一。安全性高，安全设施完备的饭店，采用客房服务中心的模式较为合适；反之，则采用楼层值台的模式较好。

(4)劳动力成本

从成本的角度考虑，饭店还要根据当地劳动力成本的高低，去选择服务模式。一般在经济发达地区劳动力成本较高，采用客房服务中心的模式较为可行；反之，则采用楼层服务台较合适。

3. 对客服务模式的发展趋势

从国际上饭店客房服务的发展趋势上来看，饭店对客服务模式方面将会出现以下趋势：

(1)客房服务中心模式将逐步取代楼层值台服务模式.

(2)夜班客房服务中心服务员与客房区域夜班服务员的岗位合二为一。服务员在去楼层服务或巡视时，电话转移到总机或总服务台，由其代为接受客房服务电话。

(3)中、小型饭店客房服务中心的职能，将由饭店总服务台取代。

任务二：楼层对客服务的内容和程序

构成饭店客房服务的要素有两个方面：一是满足客人物质享受的要求，即为客人提供一个舒适的住宿环境。二是满足客人精神享受的要求，即提供优质多样的服务。客房对客服务主要是围绕客人抵店、住店、离店三个环节来确定服务项目和规程的。为更好地体现优质服务，大多数饭店都制定了对客服务规范以及服务程序。

1. 贵宾服务

贵宾接待是饭店接待工作的重点。客房部在接待过程中应注意以下问题：

(1)及时传递信息

保持信息畅通和及时，是做好对客服务工作的一个重要环节，在贵宾接待工作显得尤为重要。《贵宾接待通知单》是客房部接待贵宾的主要信息来源，也是接待工作的依据，客房部管理人员将针对通知单中的信息制定措施，并及时传达给有关人员，以使接待准备工作充分、全面。

(2)注意细节，精益求精

饭店的管理和服务水平的高低，往往见于细节之中，因此，在接待贵宾过程中要特别注意细节、精益求精。例如给贵宾房选用新的印刷品、棉织品及其他用品；对房间进行彻底细致的清扫，完成所有计划清洁项目，必要时，甚至要对地毯进行彻底清洗；将电视频率调到客人的母语频道；由于检查的人员较多，在贵宾抵达前应进行地毯吸尘、家具设备除尘等工作。

(3)确保员工用姓氏称呼客人

客房服务中心将贵宾通知单放在醒目的位置,贵宾的姓名和房号写在相关岗位的告示板上,保证每一位员工能熟知,并能在见到客人时准确使用。

(4)提供有针对性的服务

首先,客房部管理人员应在客人入住前,认真查看《客史档案》和《贵宾接待通知单》,针对客人的具体情况进行服务准备。其次,在给客人提供服务的过程中,要善于观察客人的生活细节,提供相应的服务。例如,早晨床上有床罩说明客人夜里冷;开好的夜床没有用而用其他床,说明客人喜欢另一床的位置等。如果服务员不注意研究客人的需求,那这些信号就不能引起重视,客人的需求也不能得到满足。

训练有素的客房服务人员决不会放过这些细节,他们在按照客人的实际情况提供服务的同时,会将这些情况汇报给上级主管,并写进《客史档案》,以争取最大限度地满足客人的需求。

(5)尽量不打扰客人

因过多地关心客人而造成对客人的打扰,是在接待贵宾中常出现的一个问题。由于是重要客人,楼层服务员会首先清扫他们的房间,而饭店的贵宾晚上应酬较多,早晨起床可能会相对迟一些,这就造成了对客人的打扰。

主管、经理过多的进房检查是另一种打扰的表现,加上服务员进房送报、补充用品等,进房的次数高达十几人次,这对于客人来说是无法接受的。因此,对贵宾客房的清洁、检查的时间和次数一定要掌握好,既要保证客房的清洁,又要不打扰客人。

(6)服务适度

有些饭店的客房管理人员过分地重视贵宾,从而过多地提供了一些不必要的服务,反而引起客人的不满。除了上述过多的打扰外,还存在着过于频繁地更换一次性消耗物品等问题。对客人而言,他们大多数认为自己所使用过的物品是干净的,服务员完全没有必要把刚刚用过一次的物品换掉,这反而给客人以浪费的感觉。因此,客房对客服务要适度。

(7)协助前厅部选好用房

接待贵宾中常见的另一问题,是客房服务员根据前厅的安排准备好了客房,而管理人员检查时却发现该房因某些问题而不能使用,其结果是浪费了宝贵的准备时间。从理论上讲,所有可供出租的客房都应处于百分之百的完好状态,而对于运行时间较长的饭店来讲,做到这一点却非常困难。因此,客房部管理人员应对饭店客房的完好状况非常了解,为前厅部的选房提供帮助。

2.会议服务

在饭店功能中,会议设施及其服务愈来愈受到饭店管理者和客人的重视,各饭店都设计了不同数量、不同形式、不同大小的会议室以满足客人的此类需求。

会议室的布置及配套服务,应根据会议形式及客人的需求来确定。

(1)会议分类。常见的会议种类有会见、会谈、签字仪式、讲座、专业会议等。

(2)会议前的准备工作。会议前的准备工作是会议服务的首要和必要程序。为了提供令客人满意的会议服务,会议服务人员必须先了解清楚会议类型、会议时间、到会人数、会议性质、会务联系人,同时还应了解提供何种饮品、果品以及特殊要求等。

(3)会议过程中的服务。会议过程中的服务有:迎接会议客人入场;上茶及香巾;会议中间定时续水(或饮料);更换烟灰缸;会议结束时,送别客人等。

(4)会议服务中的注意事项。楼层应保持安静,无关人员应回避;服务人员应配合保安人员做好安全服务;会议过程中的更茶续水应根据客人需求进行,不宜过于频繁,动作要轻。

3.房间清理服务

整理房间是对住客提供的一项主要服务内容。为了尽量少地打扰客人,最大限度地保证客人的私人空间不被干扰,在大多数饭店的客房都采用"二进房"(即白天的客房清扫和晚间的客房夜床服务)的形式提供此项服务。

当然,在实际的服务过程中,具体的服务次数并非固定不变。如遇到客人提出相应需求,服务员则会随时进房予以提供,做到定时和随时相结合。特别是宾客在房内会客或用餐结束后,更需及时提供房间整理服务。

4.洗衣服务

客人住店期间,经常需要洗烫衣服。客人衣物洗涤方式一般可分为水洗、干洗和熨烫三种。客房内放有《洗衣登记单》和洗衣袋。服务员在取洗衣袋时,首先应检查《洗衣单》上填写是否全面,如客人的姓名、房间号、送洗日期、送洗衣物的名称和件数等。其次,应检查口袋里有无物件、纽扣有无脱落、有无严重污点和破损等。如发现问题应及时向客人提出,并在洗衣单上注明,以免发生不必要的麻烦。

服务员在收集衣服后,要妥善放置在楼层工作间,并通知洗衣房员工收取。洗衣房员工到楼层收取时,需要在《客房部洗衣记录》上签收。当衣物送回时,客房部服务员需要检查并在《送衣单》上签收。

服务员须将洗烫完毕后的客衣及时、准确无误地送进客房。对于"请勿打扰"及双锁房的客人,服务员不可打扰,要将客衣妥善存放在工作间。并将"衣物已洗好"的说明卡从门隙处塞进房或电话留言,通知客人衣物已洗烫完毕,客人可随时通知服务员送进房。

洗烫衣物在时间方面是有要求的，一般来讲，上午十点以前收取的，应于当日下午送回，被称为“即日回”洗衣服务。另外，如客人急用，饭店也可提供“快洗服务”，但要加收快洗费用。

5. 饮料服务

为了方便客人，在客房小冰箱内，都放置一定数量和品种的饮料及佐酒小食品。在柜面上则放置一些玻璃器具、杯垫、纸巾、调酒棒、饮料收费单等。客人饮用后在《饮料收费单》上签字即可。

客房服务员在每天进房清洁房间时，清点小冰箱内的饮料数量，并核对客人填写的饮料收费单。然后将收费单的第一联留给客人，第二联转交前厅收银处记账、收款，第三联则由客房部汇集后填写《食品耗用报告》。服务员在完成上述工作后，须及时将食品饮料按规定的品种数量进行补充，补充时要注意检查保质期限。对于用过的杯子、纸巾、杯垫、调酒棒等要进行更换。

6. 擦鞋服务

根据住客需要，饭店一般都提供擦鞋服务。饭店的擦鞋服务有三种：一是在客人的房间内放置擦鞋纸套或擦鞋器；二是在饭店大厅摆放自动擦鞋机；三是人工代客擦鞋。客人根据具体情况，选择适当的擦鞋服务。

提供代客擦鞋服务，应在客房内放置标有房号的鞋篮，并在《服务指南》中告知客人代客擦鞋的服务方法。客房服务员一般只替客人擦拭深色皮鞋，对客人交来的浅色或特殊皮革的鞋，不可乱擦，征询客人同意后，交由专业人员处理。此项服务通常为免费服务。

7. 物品租借服务

物品租借已成为客房部的一项重要的服务项目，饭店可供租借物品的种类，取决于饭店的服务标准和客人的要求，一般可借用的物品有硬枕、暖水袋、冰袋、体温计、麻将、电熨斗等。

在饭店的《服务指南》中，应标明可供借用的物品名称和租借方法。客人在借用和归还物品时都必须办理相应手续，并应告知宾客，在离开饭店前归还借用的饭店物品。

8. 拾遗服务

客人在住店期间或离店时，难免会发生遗失物品的情况。为帮助客人找回遗失物品，饭店应有完整的拾遗处理的规定程序。

客房部是处理客人遗失物品的负责部门。一般来讲，在店内拾到的客人遗失物品，统一由客房部处理。客房部建立《客人遗失物品登记表》，详细记录拾到物品的地点、时间、物品名称、拾物人的姓名等信息，并将物品妥善安置保管。

失主认领物品时,应将客人提供的信息与实物进行认真核对,确定无误后,客人出示证件,办理领取手续,并请失主在物品领取单上签字。

9.加床服务

加床服务是客房部提供的服务项目之一。有时客人会直接向楼层服务人员提出加床的服务要求,客房部服务员应礼貌地请客人到总台办理有关手续,不得私自向客人提供加床服务。

客房服务员接到总台有关提供加床服务的通知后,应立即在工作单上做好记录,将所需物品送至房间。同时还须为客人增加一套客房棉织品、杯具、茶叶及易耗品等。

任务三:客房服务中心对客服务的程序和标准

客房服务中心是客房部对客服务的窗口,是内外信息传递的桥梁。客房服务中心通过接听客人电话统一调控对客服务工作,并承担部门客史档案的建立与维护、钥匙收发、客用品租借、遗留物品管理、客房报修等各项工作。

1.接打电话的礼仪和规范

(1)做好接打电话前的准备。准备好电话记录本和笔,停止一切不必要的动作,使用正确的姿势。

(2)三声之内接起。迅速接听电话,在2或3声铃响之间。不要让客人等候时间太长,也不要太快接听,否则致电者会被吓一跳;如果电话超过4次铃响以后才接起,一定要向对方说一声致歉的话:“对不起,让您久等了。”

(3)主动问候,报岗位或部门。让对方感觉到你是非常乐意帮助他(她),在声音当中能听出你是在微笑。如果想知道对方是谁,应礼貌地询问“对不起,请问您贵姓,(您说一下全名好吗)?”而避免说“你是谁?”说话声音要清晰,语调要温和适中。

(4)重要信息要重复确认,如房号、姓名、时间、交办事项等,并做好记录。要经常使用正确的称谓来称呼客人,以表示对对方的尊重。在听对方冗长的谈话时,也必须有所反应,如使用“是的”“好的”等来表示仍在倾听。

(5)须搁置电话或让宾客等待时应给予说明,并致歉。

(6)转接电话要迅速。需要转接电话时,要让对方知道此电话将转给谁,同时转电话时也要将情况告诉接电话的人。

(7)感谢对方,并礼貌地结束电话,等对方放下电话,自己再轻轻挂断电话。

2.客史档案的建立与维护

饭店在与客人互动的过程中,必须重视客户资料的收集和整理,对客户的类型、角色、购买产品、喜好禁忌、报价及折扣、行为决策都要有所研究并区分,连同客户的基本信息要及时储存到客户信息系统中，方便以后的价值分析和产品设计，提供针对性服务。客房服务中心作为客房部的信息中枢，担负着宾客信息的收集、传递、使用等管理工作。

(1)客史档案的分类

①一般客户档案。通过查询信息系统，了解客人的姓名、性别、类型、用房喜好、消费习惯等资料，以便在接打电话及对客服务时提供针对性的服务。

②常客、VIP、特殊客户档案。提前了解特殊客户的信息，供客房服务人员作好接待准备；在住店期间，将客人的各种信息进行收集，如喜欢的房间、床的软硬度、枕头的偏好、饮料茶水、水果喜好、易耗品使用情况、灯的亮度、洗衣习惯、房间温湿度要求、物品摆放习惯等，并将信息及时录入、传递给相关人员。

(2)客史档案的管理

①客房服务中心负责客房信息的核对录入，确保信息的准确性和连贯性，保护客人的隐私并避免信息的外漏和滥用；

②设计《顾客偏爱问卷》正面征求意见，对采集到的宾客信息要确认核对，随时更新，确保信息的可靠性、时效性、完整性；

③提高信息的传递使用效率。如客人在店生病或发生意外时，客房服务中心要持续跟进，以方便提供针对性的服务；

④加强员工培训，提高员工观察、倾听、沟通的技巧，把客人相关的细节汇总到客史档案里；

⑤制定适当的引导鼓励政策，提高员工搜集信息的效率。

任务四：行政楼层的服务与管理

行政楼层(Executive Floor)也称为“商务楼层”，是大型高档酒店利用客房楼层某层的全部或一部分集中设置面向高端客人的豪华客房群。客房装饰布置豪华讲究，家具、日用品品质高档，服务更具有个性化，又被称为“酒店的店中店”。

入住行政楼层的客人一般是高级别的商务客人、政府官员或其他社会名流等高消费群体，消费能力强，注重饭店地理位置及形象，对服务(如快捷洗衣、烫衣服务、商务中心的秘书服务、高速信息服务等)要求高，要求相对独立，不被打扰。

1. 行政楼层的功能设置

(1)小型服务台

行政楼层设有小型总服务台，由专人为入住商务楼层的客人办理入住和离店手续，并提供问询、留言服务。

(2)商务中心

行政楼层的商务中心内设有电脑、复印机、传真机、电话等，并有受过专业训练的服务员提供打字、翻译、传真、复印、秘书及委托代办等多项服务。

(3)会议室

行政楼层一般设有小型会议室、洽谈室，为商务客人的正式洽谈及会议提供场所和服务。休息室还可为商务客人会客、休息、阅览报刊等提供理想的场所。

(4)行政酒廊

行政酒廊作为行政楼层的主要特色之一，可为客人提供早餐、欢乐时光、下午茶和全天供应的饮料，设置备餐间，面积与行政楼层客房数相匹配(城市商务型饭店，行政楼层餐饮区域座位数约占行政楼层客房数的 1/3)，是供客人放松和休憩的场所。

2.客房设施设置

行政楼层的客房比普通楼层的客房面积更大，提供的各项用品更加完善和舒适。

(1)卧室

①卧室大屏幕电视可储存和播放来访者留言以及金融、股市及气象等信息，甚至可以随时显示客人在店内消费的账单；

②设有电子保险箱，并与客房警报系统联网；

③配备便于工作的各种办公用品，部分酒店客房内还配有传真机、激光打印机、高级音响、无线电话及多媒体电脑等，能提供视频会议、IP 语音通话等服务；

④附设写字台电话，且有"一键式"呼叫管家服务按钮；

⑤客房配置，如家具、布草、客用易耗品在种类或质量上高于普通楼层客房，统一采用高端品牌。

(2)卫生间

①通常设有独立的淋浴装置；

②设有具有保健功能的按摩浴缸，帮助客人消除疲劳、恢复体力。

3.服务项目

行政楼层客人包括各种各样的高消费群体，追求个性化服务和灵活的服务项目，对酒店智能化技术要求较高，希望拥有完美舒适的住宿体验。酒店要针对客源的消费特点，注重客户信息的搜集和利用，配备高素质员工，做好配套的服务。通常，酒店针对行政楼层客人会提供以下服务项目：

(1)委托代办服务；

(2)接送服务；

(3)免费早餐及下午茶服务；

(4)康乐服务；

(5)免费洗衣；

(6)延迟退房；

(7)技术支持服务；

(8)管家服务。

相关链接：

南京金陵饭店行政楼层

金陵饭店是南京城市的"中心地标"，1983 年开业，是中国现代酒店的先行者，先后荣获"全国最佳五星级饭店""中国饭店业民族品牌先锋""中国最佳商务酒店""中国十大最受欢迎酒店"等称号。"金陵饭店"品牌享誉中外，东西方文化交相辉映，细意浓情的服务在国际酒店业备受赞誉。

位于第 22～35 层的金陵行政楼层，可俯瞰古城美景，各种关怀备至的奢华服务，时尚快捷的智能科技让宾客拥有至尊体验。金陵行政楼层包括：金陵豪华房、商务房、公寓套房和豪华商务套房。下榻的贵宾可享受多重礼遇以及特别款待：

1. 房内登记入住/快速结账服务，全天候私人礼宾和管家服务；

2. 入住金陵行政楼层尊享：金海湾价值 147 元丰盛的中西式自助早餐或行政酒廊中西式早餐；

3. 行政酒廊全天服务：休憩及无限量饮品(7:00～23:00)；惬意下午茶：丰富饮品及精美小食(10:00～17:00)；晚间欢乐汇：多种鸡尾酒及佐酒小吃(17:30～20:00)；

4. 免费欢迎鲜花、水果和报纸；

5. 免费房内有线/无线宽带上网；

6. 享受全新推出的"享梦金陵"睡眠关爱计划，搭配金陵订制床上用品；

7. 每次入住可免费使用小型会议室两小时(视会议室状况而定)；

8. 入住期间每天可免费熨烫衣服一套男士西服/女士套裙或洗熨衬衣一件(每日 16:00 时前不收取加急费用)；

9. 七折优惠使用商务中心特选项目；

10. 免费使用室内游泳池、健身设施、健身球和瑜伽垫；

11. 免费成为"金陵贵宾"会员，并享受各种积分奖励计划；

12. 可延迟退房至下午四时离店(视房间状况而定)。

金陵商务房

金陵豪华房(一)

金陵豪华房(二)

服务员整理客房

项目二　如何提供优质客房服务

任务一:客房优质服务的基本要求

客房服务是饭店服务的主体之一,客房部对客服务水准的高低,在很大程度上决定了客人对饭店产品的满意程度。这就要求客房部为客人提供真诚主动、礼貌热情、耐心周到、准确高效以及个性化的服务。

1.客房优质服务的构成

(1)礼貌、积极的服务态度

服务态度是提高对客服务质量的基础。它取决于服务人员的主动性、积极性、创造性以及服务人员的素质、职业道德和对本职工作的热爱程度。

在客房服务中,良好的服务态度表现为热情、主动、礼貌地为客人提供服务,是通过一定的形式向对方表示尊重、谦虚、欢迎、友好等的一种方式。在服务过程中应注意,礼节偏重于礼仪,礼貌偏重于语言行动。礼节与礼貌相结合,才能培育出良好的客房服务氛围,为能对客人提供优质服务作好准备。

(2)服务中要保证灵活的技巧与合理的方式

服务技巧是提供优质的对客服务,提高服务质量的技术保证。

客房服务员在为宾客提供服务时,为保证服务质量和效率,应采用科学的操作方法和作业技能。服务技巧作为服务质量的重要组成部分。其基本要求是:掌握专业知识,加强实际操作训练,提高技术水平,充分发挥服务的艺术性,包括接待艺术、语言艺术、动作表情、应变处理等。提高服务技巧水平关键是要做好服务人员的专业技术培训工作。

服务方式是指饭店采取什么形式和方法为客人提供服务,其核心是使客人感到舒适、方便、安全。服务方式随客房服务项目而变化,客房服务项目分确定性服务项目和非确定性服务项目两大类。确定性服务项目是指在服务指南中明确规定的对每个住店宾客服务过程中均能得到运用的项目。非确定性服务项目,是由客人依据各自需求提出时提供的,不是针对每一位客人实施的。

服务项目反映了饭店的功能和为宾客着想的程度。客房服务质量管理必须结合各个服务项目的特点,从住店客人活动规律和心理特点出发,认真研究每一个项目对应的服务方式,只有这样才能保证服务的高质量。

(3)整洁的客房环境

客房的清洁卫生是体现饭店管理水平高低的重要方面,整洁的客房环境也是客人对客房的最基本需求,因此,清洁卫生也成了评价客房服务质量的重要指标。

客房的清洁卫生是一项非常重要并极为琐碎的工作。要保证此项工作执行到位,除需制定科学的环境卫生清扫规程来指导实际工作以外,还应制定严格的清洁卫生检查标准,只有这样才能实现环境管理的目标。

(4)服务效率

服务效率是服务工作的时间概念,是提供某种服务的时限。服务效率在对客房服务进行评价的诸项因素中,占有重要的位置。因为,等候对于外出旅行的人来说,易产生一种心理不安定,存在着不安全感,所以,客房服务要尽量减少宾客的等候时间,就要讲求效率。

通常,服务效率的表示方法有三种:一种是用工时定额来表示的固定服务效率,如用0.5小时打扫一间客房等;第二种是用时限来表示的服务效率,如加急的客衣洗涤在3小时内完成等;第三种是有时间概念,但没有明确的时限规定,是靠客人的感觉来衡量的服务效率,如设备坏了报修后多长时间来修等。

服务效率在客房服务中占有重要的位置,因此,应制定出用规程和具体时间来确定的效率标准。

2.对客优质服务的基本要求

(1)真诚主动,礼貌热情

真诚是员工在对客服务中服务态度的最直接表现形式。因此,在客房服务过程中,首先要突出"真诚"二字,只有这样才能实现由任务式服务向情感式服务转化。

主动则会使服务在真诚的基础上变得更加自然、亲切。主动服务来源于细心,即在预测到客人的需要时,就予以提供,把服务工作做在客人开口之前。如:发现客人不舒服,及时建议客人请医生诊治等。

除此之外,礼貌热情也是处理好对客关系的重要手段。这在服务人员的外表上表现为整洁的仪容、仪表;在语言上表现为自然得体的词语、悦耳动听的语调。客房服务员应做到:客来热情欢迎,客住热情服务,客走热情欢送,还要把微笑贯穿到服务的全过程。

(2)耐心周到

客人数量众多且需求多样,这便在服务员的服务过程设置了各种各样的问题。这要求服务员,必须摆正心态,耐心地、持之以恒地做好对客服务工作。如服务员应留意宾客用品的摆放,尽量保持不动,以方便客人使用。服务人员还要掌握客人在客房生活其间的心理特点、生活习惯等,通过各个方面对客人进行照顾、关心,从而为客人创造舒适的住宿环境。

(3)尊重隐私

客房从功能上讲,是客人在外期间实际意义的"家外之家"。另外,客房服务人员给客人提供的服务持续时间最长，与客人的生活接触得最为紧密，因此，尊重客人的隐私是客房服务员应具备的重要素质。

在尊重隐私方面，客房服务人员要有私密服务意识，不打听、不议论、不传播、不翻看客人的个人物品。

(4)准确高效

准确高效就是为客人提供快速而准确的服务。高效率的服务是现代快节奏生活的需要，也是优质服务的重要保证。在客房服务过程中，等待时间过长是最容易引起客人投诉的因素之一。客房部应对所提供的服务在时间上进行量化，依据实际情况制定合理、科学的标准，以保质保量地做好对客服务工作。

3.对客优质服务的质量保证

为保证提供优质的客房服务，客房部应建立服务质量体系予以保证。

(1)服务结果标准

主要指客房为保证服务最终质量所提出的具体要求。如大堂地面必须保持的卫生清洁程度、房间木制家具表面的光亮程度等。

(2)服务程序标准

程序是服务各环节的顺序，它既保证服务工作的有序性，又保证了客房服务工作整体的完整性。例如客房接待服务的四个环节，即客人到达前的准备工作；客人抵达时的迎接工作；客人住店期间的服务工作；客人离店时的结束工作。其中，每一个环节又可进一步细分出很多具体的步骤和要求。如果这个程序中有一个环节或步骤出现问题，都会使客房服务的最终质量受到影响。因此，确定客房服务程序的标准是保证服务质量的重要措施。

(3)服务效率标准

服务效率标准是对客服务的时效标准。是保证客人得到及时、快捷、有效服务的前提条件，也是客房服务质量高低的重要体现。如客房服务员给客人提供输送服务的时间应限制在5分钟以内、清扫一间客房的时间是30分钟等。

(4)服务设施、用品标准

服务设施、用品标准是饭店为客人提供使用的各种设施、用品的质量、数量标准。设施、用品是客人在住店期间直接使用的，设备设施的完好程度，一次性用品的质量，这些都会对客人的生活产生直接影响，也会影响到客人对客房产品的评价。

(5)服务态度标准

服务态度标准是对服务人员在面对客人提供服务过程中，对态度、举止和礼仪等方面作出的规定。如服务员提供服务时应站立、接待客人时要微笑等。

(6)服务技能标准

服务技能标准是对客房服务员应具备的服务素质和应达到的服务操作水平所制定的标准。包括饭店内各个部门的服务人员应达到的服务水平、语言能力,应具有的服务经验和应掌握的专业知识等。如:在擦拭房间百叶窗时,如何操作可使质量最高、速度最快。

(7)服务语言标准

服务语言标准是指饭店规定在对客服务的各种场合中所使用的服务用语。使用标准化语言既可以提高服务质量,保证服务的准确性,同时也可以增强服务的亲和力,提升服务效果。

(8)服务规格标准

服务规格标准是针对不同类型的客人所制定的不同服务规格。例如:在VIP房内如何放置鲜花、水果;如何根据客人的《客史档案》布置房间等。

(9)服务检查标准

此标准是对前述服务规范的贯彻执行,也是饭店服务质量体系的必要构成,它主要是通过各种事先制订的量化标准开展的。检查工作一般采取服务人员自查、领班专职检查、主管抽查和经理抽查的方式进行。

(10)服务事故处理标准

在我们追求高质量的服务的同时,不可避免地会遇到诸如客人投诉之类的服务事故。客房对于发生的服务质量事故,首先应考虑制定事故处理的具体措施,通过各种形式的对客补偿来挽回影响。其次,还应制定对责任人的处罚标准,以起到警示作用,以防止类似事件的再度发生。

在制定上述标准的同时,要做好客房原始记录管理工作,为进行质量控制提供依据,这也是控制服务质量的一项有效措施。这种记录具有经常性、广泛性和真实性的特点,对管理人员掌握接待服务具体情况、提高客房管理水平有重要作用。

任务二:如何提供个性化服务

个性化服务是有针对性地满足不同客人合理的个别需求的服务。是客房优质服务的组成部分。

个性化服务起源于海外发达国家。西方饭店业在近百年的发展过程中发现,在真正面对客人提供服务时,仅有规范化的服务仍不能满足客人的需求。因为标准化的服务只能满足大多数客人的基本需求,而不能满足客人更深层次的个别需求,这些深层次的需求是即时的、灵活多变的。饭店经营者认识到,要实现客人最大限度的满意,服务员必须要站在客人的角度,因客人之需而随机应变,个性化服务由此产生。

个性化服务的提供体现出服务员的主动性,而发自内心地与客人的情感交流以及设身处地地揣摩客人的心理,便成为发现个性需求的重要途径。

1.个性化服务的主要内容

个性化服务的内容很广泛,归纳起来有以下几个方面:

(1)灵活服务

这是最普通的个性服务。由于客人的民族习惯、宗教信仰、生活习惯和嗜好的不同,他们的需求千差万别。不管是否有相应的服务规范,只要客人提出合理的要求,客房就应尽最大努力予以满足。同时,对这样的需求,服务员应准确记录下来。

(2)意外服务

这不是客人原有的需求,由于客人住店过程中不可避免地会发生意外,如住店期间患病或受伤、贵重物品遗失等。此时"雪中送炭"式的个性化服务,在客人最需要帮助时及时到位,这体现了饭店的管理水平和员工的服务素质。

(3)"惊喜"服务

凡是能满足客人心理需求的任何服务,都将为客人带来极大的惊喜,这要求饭店服务人员有强烈的服务意识,主动揣摩客人心理,服务于客人开口之前。

个性化服务与规范化服务并不是两种对立的不同的服务。规范化服务是基础,个性化服务则是规范化服务的延伸、再细化。在实际的服务过程中应注意,在强调个性化服务的同时不能放弃或弱化规范化服务的作用。当某些个性化服务成为大多数客人的需求时,就应将这部分个性需要纳入规范化服务的范畴,使之成为新的规范内容,以不断提高服务水平。

2.提供"个性化"服务过程中应注意的问题

从市场竞争或是满足消费者需求的角度出发,我们认识到了客房开展"个性化"服务活动的必要性。但与此同时,也发现了不少问题,影响到了其积极效果的发挥。

(1)过分关注"客体个性",忽视发挥"主体个性"

客房管理者在经营过程中逐渐地认识到,"个性化"服务能使客人获得最大限度的满足。于是将吸引客人这一目标的实现,全寄希望于满足客人的不同需求上。要求服务员关注客人的饮食、起居等各个方面,寻找"个性化"服务的切入点去取悦客人。

这时却遇到了难题。首先,客人的流动量太大,我们不可能每一个都看清楚;其次,客人的"个性化"需求也是在不断地变化,致使费力不少但收效甚微。在我们寻找上述问题答案时,不妨看一看最近市场上出现的一种新产品——主题饭店。在门口驻足,人、车川流不息,一派热闹景象。究其原因,不难发现,能将客人牢牢吸引住的成功之处就在于它所特有的鲜明主题,即其充分发挥了“主体个性”。因此说,客房在经营过程中,要想取得好的业绩,除了要盯住“客体个性”去“迎合”之外,也应深挖“主体个性”去“吸引”,只有这样才能在激烈的市场竞争中争取主动。

(2)在服务过程中过分关注“个性化”,忽视“标准化”

管理人员意识到“个性化”服务对提升满意度方面的重要作用后,便在经营过程中大打“个性化”服务牌,把大量甚至是主要的精力放到了它上面。此时我们却发现,作为基础的“标准化”服务被抛到了脑后,以如此的状态,“个性化”服务对我们的服务质量会有多大程度的提高。

(3)我们在认识上,一味强调个体“个性”,忽视群体“个性”

依照认识问题时的习惯,我们都会习惯于将认识的对象由大到小地进行分类,先是大类,再是小类,最后是个体,这样会使我们的认识简单而准确。而我们在认识客人“个性”,或是按照“个性”为客人服务时却没有这样做。我们直接盯紧每一位客人,看其个体之间的不同,却很少将客人划分类型,从大的方面进行差异分析。

如果改变一下方法,先将客人的类别区分开,总结出各类型客人的特点,其实这时我们“个性化”服务已经提供了一半,在此基础上再针对个体的不同稍作加工,这岂不是既能降低我们工作的难度,又能增强“个性化”服务的效果?一举多得!

(4)对“个性化”服务只强调提供,忽视程度控制

我们许多服务人员,在工作过程中只是一味地注重“个性化”服务的提供,却忘了告诉他们这项服务活动的开展也要有程度上的要求。

一位客人出差住进某饭店,客房提供了由苹果、香蕉和橘子组成的果盘。入住不久,他的一位朋友携小孩拜访,小孩对果盘内的香蕉“情有独钟”,一口气全部吃光。待晚餐结束回到房间,他惊奇地发现,盘中的水果只有香蕉了,苹果和橘子不见了。这样的现象在许多酒店都有。其原因并不复杂,是我们提供了“个性化”服务的结果。服务员进入房间发现,客人的香蕉被吃光了,而其他水果没动,便得出结论:客人喜欢香蕉。于是便出现了上述结果,不了解饭店的客人会认为是客房的“规矩”便不再张口,了解饭店的客人会体会到这是服务员的“好意”便也不张口了。这种情形下,客人到底是满意还是“有苦说不出”便不难界定了。

“个性化”服务在竞争中争取客人的积极作用显而易见,但我们在实际运用中存在的认识上的误区也不可忽视,我们应当及时改进,以使其发挥出更大能量。

任务三:贴身管家服务

24 小时贴身管家服务,英文称为 Butler Service。Butler 起源于 18 世纪的英国皇室,是专门为皇室家族成员提供和管理服务的人员,他们既亲自为皇室提供服务,同时又负责指挥和协调其他服务人员为皇室提供服务,这种传统一直延续到今天。

"管家服务"是更专业和私人化的一站式酒店服务,它是集酒店前厅、客房和餐饮等部门的服务于一人的服务,代表了一种追求极致的服务精神。下榻酒店的贵宾将得到一位指定的专业管家专门为他(她)服务。贵宾的一切服务需要,诸如:机场接送、拆装行李、入住退房、客房服务、清晨叫早、订餐送餐、洗衣、订票、安排旅游和秘书服务等,都由这位贴身管家负责。这种更加个性化的服务极大地方便和满足了酒店贵宾的需求,管家式服务已经成为高星级酒店体现高品位、个性化服务的特征,成为国际酒店业竞争发展的主流趋势。

1."贴身管家"应具备的素质及服务特点

五星级饭店的"贴身管家"要求非常高,要在饭店工作至少 3 年以上,要有熟练的两门外语对话能力,还得是个"当地通"。例如,除了照顾客人的生活细节,"贴身管家"更要兼当客人的"业务助理"。管家会替客人向工商、税务等部门沟通、咨询信息;推荐并预订地方特色餐厅以供客人商务洽谈等。

经过专业训练,有极高的素质和丰富的生活知识,熟知各种礼仪。包括:如何向客人递送报纸、与客人站立谈话时的距离、如何为客人挂衣服和穿衣服等等。

"服务在客人开口之前",具有专业超强的服务意识。对于饭店管家来说,良好的服务意识和应变能力很重要。因此,他们会提供个性化的服务。比如冬天的房间比较干燥,身体不好的客人会容易流鼻血,管家就会在客人的房间放加湿器,再在床头柜上事先放上一杯水;有位客人在枕头下垫了毯子,第二天管家立刻更换了高一些的枕头;发现床头柜上有报纸,第二天,管家会在原处为客人多准备一份……这些细节,为的是让客人一进饭店就如同回到了家一样。

一对一,24 小时待命。"管家式服务",讲究的是"一对一",也就是说一名服务员专门为(对)一名客人服务。当重要客人入住时,饭店就会提供"24 小时管家式服务","贴身管家"会住在客人的隔壁房间,客人住几天,管家也就在饭店待几天。这是为了保持服务的连续性,因为服务员换班,不利于为客人提供周到的服务。

(1)事先备课:住客喜好预先知

接待每一位客人,饭店管家都必须事先"备课",掌握尽可能多的"个人档案”，了解他们的日常喜好和习惯。比如接待台湾新党主席郁慕明先生时，得知郁先生喜欢吃甜食、西式早餐、喝柠檬水、现磨咖啡；晚上喜欢看报纸、电视新闻；与朋友交谈时爱喝工夫茶等特点，均事先备好。一位外国小伙子无意中说了一句“想尝尝中国普通人家的饺子”，服务员于是带了一份自家做的饺子送给他……

(2)“火眼金睛”，留意观察，不放过任何“蛛丝马迹”

细节体现是贴身管家服务的一大特点。客人的种种信息，有的是事先通过各种渠道获得，有的则是靠管家的“火眼金睛”观察。比如，有的客人习惯用矿泉水洗脸，饭店就会为他们多准备一些矿泉水。

2.“饭店管家”的真正含义

在国外，素质最高的英国管家都是受聘于世袭贵族和亿万富翁，手下管理着一支包括家庭教师、厨师、保镖、花匠、裁缝、保姆等的家庭服务队伍。他们都经过专业训练或世袭，有极高的素质和丰富的生活知识，熟知各种礼仪。也就是说，管家不只是一个服务者，更接近一名管理者，而饭店中的“管家”，出于人手和成本的限制，是不可能达到这一步的。饭店中的管家服务主要是有针对性地对一部分客人提供人性化和定制化的服务。贴身管家推出的所有额外服务，除了必要的交通费等程序性费用外，饭店不会向客人收取任何附加费用。这是因为贴身管家提升了饭店的总体档次，无形之中创造了效益。

北京国际俱乐部、上海瑞吉红塔酒店、昆明饭店的 24 小时贴身管家服务已作为服务品牌推向市场，赢得较好声誉。

进一步扩大服务对象范围，更加“本土化”是饭店贴身管家服务未来的发展方向。

在客房接待服务过程中，总会发生一些矛盾和问题，这就需要客房管理人员做好协调工作。

客房部的协调分内部协调和外部协调。内部协调是指协调客房部内部各岗位、各环节之间的关系，使其配合默契，共同完成客房接待任务。外部协调是指协调与客房其他部门之间的关系，保证物资供应、设备运行等环节畅通，为优质服务创造条件。

相关链接:

某酒店管家日记

1. Birthdays 客人生日	26. Previous Complaints 此前投诉内容
2. Anniversary 客人周年纪念日	27. Complaint This Time 本次入住投诉
3. Special Occasion 特殊事件	28. Physical Handicap 身体残疾
4. Repeat Guest 熟客	29. Allergies 过敏
5. Level of English Spoken 英文水平	30. Usual Game Played 喜爱的游戏
6. Languages Spoken 使用语言	31. Likes 喜爱的人或物
7. Suite Preference 套房设置偏好	32. Dislikes 厌恶的人或物
8. Preferred Setting of Suite 套房陈设偏好	33. Golfer 是否打高尔夫球
9. Butler Last Visit 上次入住的管家	34. Food Preferences 饮食偏好
10. Tea/Coffee Preference 茶/咖啡偏好	35. Drink Preferences 酒水偏好
11. Unpacking Requested 行李开包要求	36. Breakfast Time 早餐时间
12. Requests Packing 行李打包要求	37. Breakfast Standing Order 早餐常规订单
13. Wardrobe Care 衣橱护理	38. Dietary Requirements 饮食需求注意
14. Laundry Requirements 衣物洗涤要求	39. Preferred Restaurants 餐厅偏好
15. Pillow Type 偏爱枕头类型	40. Preferred Restaurant Table 餐桌偏好
16. Wine Preference 红酒偏好	41. Suite Dining Preferences 套房就餐偏好
17. Fruit Preferred 水果偏好	42. Time Villa Breakfast Served 别墅早餐
18. Music Preferred 音乐偏好	43. Spa User Spa 水疗用户
19. Movies Watched 电影偏爱	44. Smoker/Non Smoker 吸烟/非吸烟人士
20. Flower Preferred 花卉偏好	45. Cigarette Type 香烟类型
21. Magazines Read 杂志偏好	46. Cigar Type 雪茄类型
22. Newspaper 报纸偏好	47. Computer User 电脑用户
23. Preferred Amenity 客用品偏好	48. Equipment Brought on Visit 随行设备
24. Toiletries Preferred 卫浴用品偏好	49. Company Name 公司名称
25. Specific Requests 特殊要求	50. Home City 家乡城市
客人联系地址、电话及 E-mail,个人相片	未来的预订、名片、遗留物品

任务四:客房服务创新

饭店业快速发展的同时,饭店间的竞争也在不断加剧。在高档酒店硬件设施高度同质化的今天,如何在软件服务上有所创新和突破,通过小投入换取大收益,无疑会让酒店取得事半功倍的效果。酒店如何创新,创出特色和差异,打造饭店独特的竞争力,值得所有酒店管理者及员工一起去思考和实践。

1.创新的原则

(1)客户需求是创新之源

饭店与市场的连接点是客户的需求,有宾客的需求才有市场。酒店应不断研究顾客的需求变化和具体内容,做好相关信息、数据调研分析,结合行业标准和政策法规,不断促进产品升级。

(2)服务理念是创新动力

创新源自细节,细节创造感动,多从顾客的角度发现问题、寻找问题,不光想客人之所想,还要想客人之未想,挖掘并满足客人的潜在需求,给客人惊喜,让客人铭记。

(3)全员参与是创新之本

在酒店内部形成创新的环境和文化,制定相应的奖励政策,管理人员带头垂范,加强培训学习,不断提高员工的业务水平和综合能力,鼓励所有员工积极参与,激活全员创新热情。

2.客房服务创新思路

(1)提高客房核心产品的舒适度

客房是客人住店期间停留时间最长的地方,客房的舒适度直接影响了客人入住酒店的体验。关注客房核心产品,提高产品舒适度,充分体现人性化,是各家酒店创新要考虑的。如许多高星级酒店近年来纷纷在改善床品质量上大做文章,推出“枕头菜单”供不同的客人选用、增加小型健身器材缓解客人旅途劳累等做法都收到了较好的反响。

相关链接:

各大饭店集团对客人的“睡眠关爱”

喜达屋(Starwood)集团下的威斯汀(Westin)饭店品牌经过近两年的努力,已把“天堂之床”(Heavenly Beds)的客房打出名气。喜来登所有客房中均配有喜来登独有的“甜梦之床”(Sweet Sleeper),并铺有豪华床单、豪华羽绒被、精选羽绒和低过敏性枕头以及定制床垫,为宾客打造尊贵的睡眠体验。

希尔顿(Hilton)集团在美国洛杉矶饭店推出自己的特色概念——“睡得香客房”(Sleep Tight)。这一客房中用加厚的床垫,高雅而又不透光的艺术窗帘,闹钟铃响时台灯自动开启，按个人生活习惯设置的生物钟可调灯箱等。而希尔顿集团的另两种客房新产品分别为“健身客房”(Health-Fit Room)及“精神放松客房”(Stress-less Room)。客房内增设一系列设施，例如按摩椅毯，放松泉池、瑜伽术教学录像带等。希尔顿集团曾在全美 8 家饭店推出一间样板房，每间投入 1500～5000 美元，观察市场反应。客人的反馈意见是新奇、舒适、印象深刻，有益于身心健康，睡眠效果好，为此乐意支付较高价格。

著名的雅高集团在巴黎的 Sofitel 这一高档品牌的饭店中率先尝试“高科技好客房”的创新，这是雅高集团的第一间创新客房。在这一新概念客房中导入了“芳香系统”，并由床头计算机显示屏告知住店客人该客房将提供多种任意选择的香型以及每种香型对人体的作用。住店客人可以根据自己的需要以及计算机显示屏的提示，选择自己喜欢的香型，并通过按键，让香味释放出来并散发在客房中。客人在这些特殊配方的香味“熏陶”中既得到一种保健的治疗，又因香味投其所好而睡得香甜。

北美，皇冠假日酒店提供“优质睡眠”服务，入住客人可以免费使用“睡眠专用箱”，专用箱内存放着眼罩、耳塞、催眠曲 CD 等。

洛杉矶四季酒店为客人量身定做了“完美睡眠”服务，该服务由医生、饮食学家及有关专家发起，客人入住即可免费用餐、享受 SPA、使用保健枕头、接受针灸治疗、冥想以及一些睡眠的临床试验，眼罩、耳塞、暖脚炉、加湿器甚至泰迪熊等有助睡眠的物品应有尽有。

世纪皇冠假日酒店，在总统套房提供熏衣草的精油和蜡烛，熏衣草本身具有安神、镇定作用，目前还在研究一种熏衣草喷雾，未来可以直接喷在枕头上。

(2)创新服务内容和方法

除了客房设施和产品的创新外，客房软件服务项目的内容和方法也要进一步创新，在行业标准的要求下，针对客人不同的年龄、性别、身份以及时令等提供不同的服务。如酒店经常为宾客送上水果盘，但许多水果并不是客人爱吃的水果，所以造成了许多浪费，如果设立“客房水果超市”就能有效地解决这一问题，如通过事先让客人把喜欢的水果勾划出来，服务人员按需配送，即可赢得客人满意。

下面一组图为 2011 年在山东旅游职业学院举办的全国旅游院校“酒店服务技能大赛”中参赛的部分院校设计的别具一格的主题夜床。

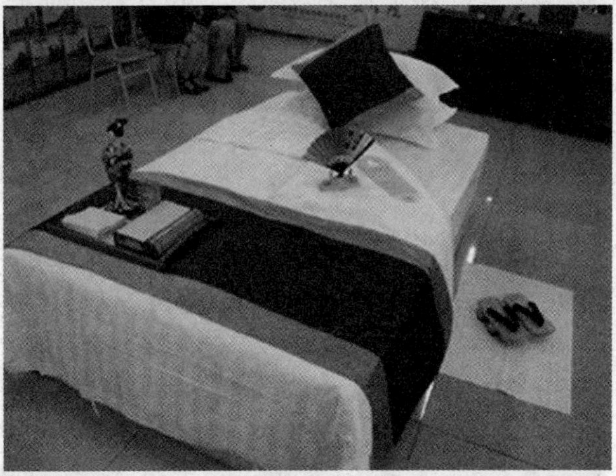

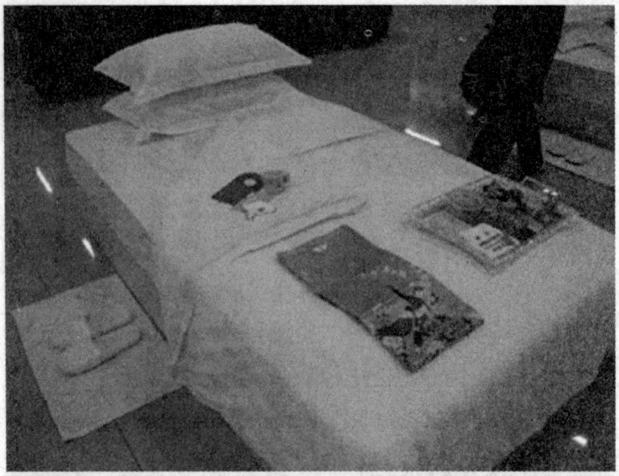

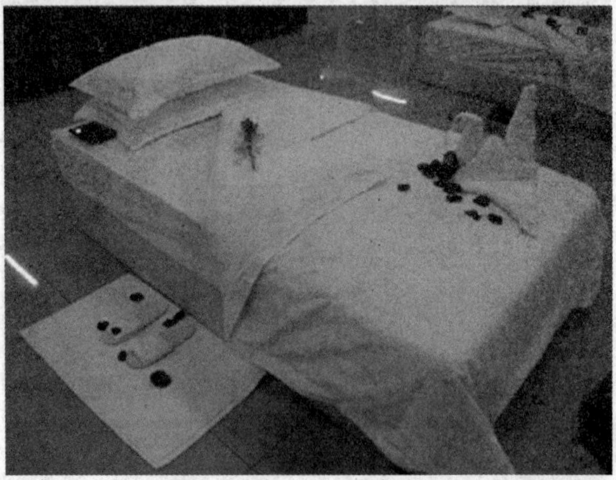

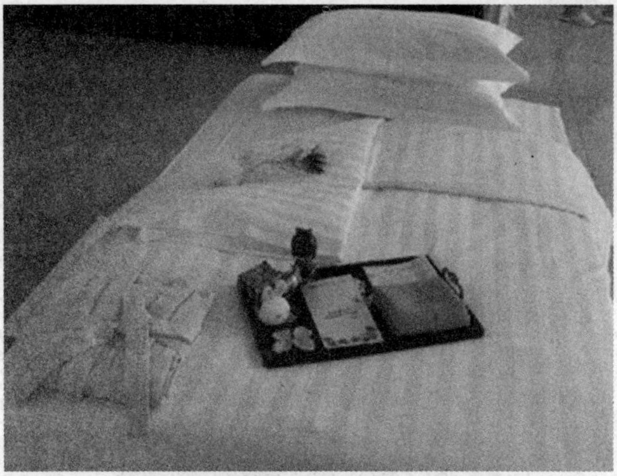

(3)不断完善服务细节

细节决定成败,把小事做细,鼓励更多的微创新,让客户从点点滴滴中感受到酒店对他们的呵护,感受到酒店的用心。

以下是不同酒店在细节上的创新之举,值得各个酒店借鉴和学习。

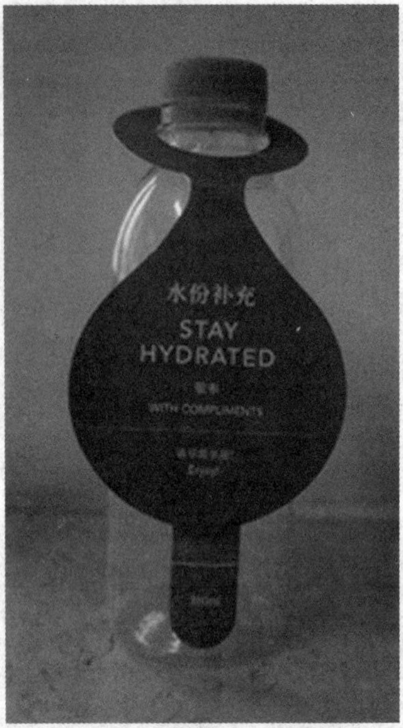

不用于其他酒店“免费”或“赠饮”的表述，用“敬奉”充分表现了酒店对客人的尊重。

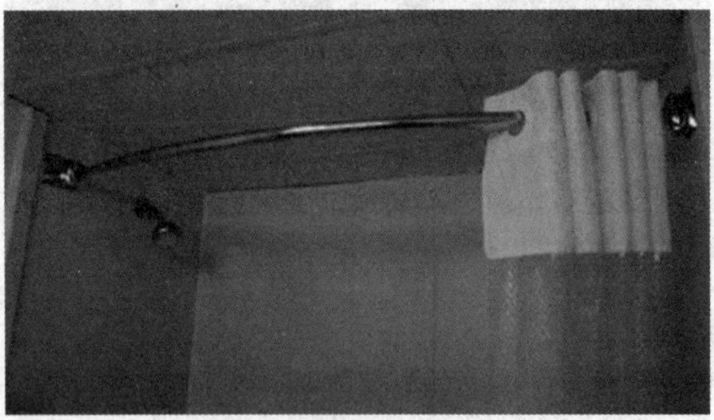

外弯的浴帘杆让客人的洗浴空间更宽大舒适。

房内“便利店”满足客人所需。

客房里的“水果说明书”帮助客人了解更多美食。

——图片摘自《余昌国博客》,搜狐网,2011 年 4 月 8 日

创新不是对原有服务和管理的全盘否定,而是一个扬弃的过程,要根据酒店的实际,创出特色和差异,对服务过程进行全方位管理和控制,打造酒店独特的竞争力。

案例：

青岛海景花园大酒店的“服务文化”

青岛海景花园大酒店是原国家计委4个系统内疗养院（青岛、大连、北戴河、烟台）其中之一，1986年开始筹建，1989年投用至今。1994年，国家由计划经济向市场经济转轨，疗养院也被要求转变经营思路。1996年12月，酒店更名为青岛海景花园大酒店。2001年被评为五星级酒店，酒店共有客房304套，是一座非常美丽的花园别墅式酒店。长期以来，酒店因其细微的情感服务备受国内外宾客的赞誉，前往交流学习的各行业专家学者也络绎不绝。在全国知名旅游网站携程网组织的消费者评选最佳酒店活动中，海景花园大酒店被评为服务单项第一名，综合评价第二名，在全国性评比竞赛中也获得了多项荣誉，创造了中国酒店业的神话。

海景“亲情一家人”的服务品牌已经深入人心，探索出了一条成功的有中国特色的饭店管理之路。2011年，青岛海景花园大酒店入选了《哈佛商业评论》案例，这在国内高星级饭店尚属首家。了解海景的人，到过海景的人，印象最深刻的应该就是两个关键词：文化、服务。海景选择了文化制胜的发展道路，海景强大的企业文化成为海景的灵魂，而其最重要的文化就是服务文化。

经营理念：把客人当家人，视客人为亲人，客人永远是对的；

酒店宗旨：创造和留住每一位客人，把每一位员工塑造成有用之才；

服务的三层境界：让客人满意，让客人惊喜，让客人感动；

忧患意识：一个无法达到顾客期望和满足顾客需求的酒店，就等于是宣判了死刑的酒店；

海景精神：以情服务，用心做事；

核心竞争力：以文化为内涵，以顾客为导向的亲情服务；

企业成功要诀：追求顾客的需求，追求顾客的赞誉。

“亲情一家人”的服务理念就是要求员工把客人当家人、当亲人，从情感上贴近顾客，推崇个性、细致、情感化服务，不仅满足客人的一般需求，而且还要满足顾客的个性需求；不仅满足顾客的物质需求，而且还要满足顾客的心理需求。

优质服务的四部曲：①热情接待你的顾客；②想在你的顾客之前；③设法满足顾客需求；④让顾客有一个惊喜。

“热情接待顾客”，是优质服务表现的开始，是基本态度；“想在顾客之前”，就是在顾客抵达或开口之前，预测或构想服务项目和内容；“满足顾客的需求”，就是采取行动满足顾客开口的要求和我们预测的需求，这是最关键的一步；“给顾客一个惊喜”，是我们服务追求的最后结果。酒店只有在细微和个性化服务上下足工夫，才能给顾客以惊喜。

海景个性化服务的要素即理念+信息+速度，信息反馈机制是海景提供优质服务的重要保障和前提，是有别于其他酒店的重要管理方法。理念是个性化服务的基础，信息是个性化服务实施的前提，速度是个性化服务顺利完成的保障，海景信息反馈机制确保了其个性化服务的实施。海景信息反馈方针五个字，即“查、看、听、问、用”。查，就是查客史，提前按客史作好准备；看，就是察言观色，预测客人的需求，将服务做到客人开口之前；听，就是要在每天规定的量化工作里面将收集到的、听到的信息尽快上报，抓住一切机会提供服务；问，就是多与客人、同事、领导进行询问沟通，了解更多的讯息和要求，尽最大努力去完成；用，就是用上面搜集到的信息给客人提供惊喜、感动的服务，缔造高忠诚度的客人。为此，海景花园特设“信息反馈部”，专门负责客户信息的传递和反馈，对客户关系维护起到积极作用。

海景花园的“信息反馈部”在客户信息管理中发挥着至关重要、统领全局的作用。员工在各个岗位发现的客人的各种显性的、隐性的、潜在的需求信息被快速地整理出来并反馈到各个岗上，其他岗位员工获得这一信息后，要针对性地开展各种服务。如客房员工通过在客房发现了客人有治疗腹泻的药物，会及时上报给“信息反馈部”，信返部会快速地将这一信息传递到餐厅、康乐、总台等相关的岗位上，如果自助餐厅员工看到了该客人到餐厅用餐，将即刻开展针对性服务，如给客人上加热的食品，而避免生冷的食品，给客人上烤蒜，告知食用后可改善腹泻的情况，让客人大为惊喜和感动。又如餐厅的员工得知随父母到餐厅用餐的小朋友过生日，会按照“在店过生日客人礼遇”为客人服务，赠送蛋糕、小礼物、寿面，并把这一信息及已经开展的服务活动上报给信返部。信返部会将信息及时发布，客房服务员会即刻启动客房个性化服务，在房间里布置卡通气球、贺卡，当孩子回房后，客房服务员会推着蛋糕、点着生日蜡烛、带着礼物、唱着生日歌到房间给孩子祝福，让家长和孩子出乎意料，印象深刻。

酒店为客人做一件好事不难，难的是每个部门协同一致、始终如一地为客人做好事，这会让客人信赖并依赖酒店，自然就会成为酒店最忠诚的客户。海景的信息反馈机制确保了酒店众多部门在同一平台上为客人提供高水平的服务，极大地赢得了客人的认可。

任务五：客房投诉处理的程序与方法

1. 投诉概述

简单地说，投诉就是服务对象对服务工作表现出的不满。投诉不仅可以来自饭店的客人，而且还可以来源于社会舆论、工作中的合作者。

服务对象对服务管理工作的期望与他所得到的实际感受之间的差距是投诉

产生的主要原因。当期望值大于实际感受值时，他就会产生不满，引发投诉。这种不满越大，投诉的级别也就越高。

根据服务对象的不满程度，投诉可以分为以下三种：

(1)建议性投诉

这种投诉不是投诉人在心情不佳的情况下产生的，而是随着对服务工作的赞誉而发出的。

例如，“今天的菜很好，就是餐厅温度高了些。”餐厅温度高就是一种建议性的投诉。在日常工作中这种投诉很容易为我们所忽视，从而错过了改正工作的最佳时机。

(2)批评性投诉

投诉人心怀不满，但情绪相对平静，只是将这种不满告诉投诉对方，不一定要对方作出什么承诺。

例如：饭店常客王先生对营销部员工说：“我早就说过，我不喜欢房间里放什么水果之类的东西，可这次又放上了。另外，我已经第十二次住你们饭店了，可还不能在房间内办理登记入住手续。你们现在生意好了，有没有我这个穷客人都无所谓了。”

(3)控告性投诉

服务对象已经被激怒，情绪激动，要求作出某种承诺。

很明显，控告性投诉并不是一个小小不满引起的，而是我们对服务对象的建议性和批评性投诉没有引起足够重视、采取及时的补救措施、不断发展而成的。控告性投诉发生后，我们会花费更大的成本来进行补救。

2.常见客房投诉及原因分析

常见的客房投诉归纳起来主要有以下几方面：

(1)对安全问题提出的投诉

嘈杂的声音，频繁地自由出入客人的房间，骚扰电话，安全设施不齐全或不能正常发挥功效等因素都会引发客人对安全方面的担忧，从而形成投诉。

(2)对房间卫生状况不满而提出的投诉

随着人们对健康的关注，清洁卫生也愈加为人重视，因此，卫生问题也成为客人选择饭店时最关注的问题之一。床上或浴盆中一根细小的毛发，水杯上一个遗留的唇印或是茶渍，地面上细小的杂物都可以引起客人的反感而提出投诉。

(3)对房间设备设施的投诉

设备设施的运行情况，也是客房产品质量的重要组成部分。客人会因为电视画面不清晰、电话有杂音、水龙头水流过小、下水道堵塞、空调不工作等原因产生不满而向饭店提出投诉。

(4)对员工工作效率的投诉

客人的服务请求得不到及时回应或满足也是客人提出投诉的主要原因。如退房时查房速度过慢等。

(5)对员工工作态度的投诉

员工的工作态度是客房客人获得心理满足的重要途径,员工的工作态度可以直接表现在客人面前,因而它也成为客人对服务进行评价的重要因素。客人可以通过服务员的一举一动、一个表情、一个眼神甚至一句话来判断你对他服务态度的好坏。

投诉虽伴随饭店的经营而不可避免地存在,但他对客房的经营活动会产生较大的负面影响,因而作为客房的员工应予以充分重视,并最大限度地避免或降低影响的程度。

3.正确看待客人投诉

是不是客人投诉就意味着饭店的管理已经非常糟糕?是不是客人投诉就等于饭店要遭受经济损失?是不是客人投诉就意味着饭店要失去客户?当然不是。持上述观点的人只是单纯地把客人投诉看成是洪水猛兽,看成了是客人对饭店的全盘否定,导致他们听到投诉就心惊胆战,其实这是一种极为片面的认识。

投诉的发生是饭店经营过程中的一种正常现象。虽然饭店在经营过程中都会努力地追求服务与管理的零缺陷,但在经营中是不可能真正实现的。这是因为顾客的需求是多样的、变化的,并且对饭店服务质量好坏的评价主要取决于顾客的主观感受。所以,投诉在一定的时间和环境中是必然存在的。

有统计资料显示:投诉客人的大多数会成为饭店的回头客。因为这些客人认为饭店服务管理有不足,但他对饭店有信心,希望并相信饭店会改进服务。因此,作为饭店管理者来讲,应该把客人投诉看成是客人给予我们改正错误的机会和完善工作的动力。

投诉是衡量饭店服务与管理现状的一杆标尺,是饭店改进管理工作的推进剂。由于有了投诉,才会使饭店服务与管理者能够看到自己工作中的不足,才会使他们产生危机意识,才会促使他们时刻保持清醒的头脑,不断地改进工作。

任何事情的发生都可以产生双向的、不同的影响效果。这关键取决于我们看待问题的态度是否正确,是否是站在积极的角度去分析问题、解决问题。如果我们在日常工作中能够正确地看待和处理好客人的投诉,那么客人投诉就不可怕。

4.客人投诉处理

正确认识投诉,更要正确处理投诉。这是使投诉能够真正起到化干戈为玉帛作用的重要环节。

(1)饭店处理客人投诉的原则

①不争论原则

这就要求我们,即使客人错了,也应抱着宽容的态度,不与客人争辩。因为只要我们站在客人的角度想一想,就不难发现客人自有他的道理。

②隐蔽性原则

处理投诉时不仅要尊重当事人,而且还要注意尊重其他客人,即处理客人投诉时应尽可能减少对其他客人的影响。

③及时性原则

投诉的处理应注重效率。只有这样才能够使客人感到饭店对他的尊重,对他投诉的重视,才能使客人看到饭店勇于改正自己错误的诚意。

④补偿性原则

补偿性原则是指给予客人适当的情感或物质补偿。特别应该指出的是,不是所有提出补偿要求的客人都只是希望从物质上得到赔偿的。作为饭店管理者应该清楚地认识到,对于那些由于我们的工作失误而受到利益侵害的客人来说,首先想要得到的是饭店给予他们精神上的慰藉,是想通过投诉的方式赢得饭店给予更多的尊重,而绝非只是经济上的补偿。

(2)处理投诉的主要环节

①认真倾听。让客人感受到你的诚意。

②适时询问,做好记录。让客人感受到你对他本人及他所反映问题的关注。

③提出可行的解决方案,对于不能立即解决的事情一定要给出解决的具体时间。

④立即行动。高效率的工作最能证明你对客人投诉的重视,最能反映饭店知错就改的决心。

⑤及时反馈,做好记录。要将投诉处理、整改的结果及时反馈给顾客、上级及相关部门。

⑥跟踪检查,杜绝类似事件的再次发生。在处理客人投诉之后,管理者还应及时对所发生问题进行更深入的调查,找出问题的关键成因并采取措施,如修订质量标准、工作程序,进行针对性培训等,同时做好跟踪检查工作,使饭店服务管理质量不断提升。

【小结】

客房服务开始于对服务模式的选择,好的客房服务模式既能最大限度地满足客人需求,又能体现出饭店的经营特色。在此基础上,结合客人需求以及饭店自身情况,才能科学地确定服务项目和具体的服务内容。

客房服务的质量反映了客房的管理水平，在设计服务质量标准时要综合考虑会对其产生影响的因素，运用合理有效的方法，最终实现服务质量的稳定。

【复习思考题】

1. 客房服务模式有哪些？各自优、缺点是什么？

2. 客人住店期间的客房服务有哪些？

3. 贵宾接待时应注意哪些事项？

4. 客房服务质量保证体系包括哪些内容？

5. 个性化服务的含义和内容是什么？

6. 如何处理投诉？

7. 如何提高客房整体服务水平？

8. 了解总结一下各个酒店客房服务和管理上有哪些新的创新。

【推荐阅读】

1. 黄铁鹰：《海底捞你学不会》，中信出版社 2011 年版。

2. 宋勤：《酒店新文化——青岛海景花园大酒店的管理和服务》，中国计划出版社 2001 年版。

3. 范运铭：《客房服务与管理案例选析》，旅游教育出版社 2005 年版。

4. 王立新：《酒店应用客户关系管理存在的问题及其解决对策》，载《华东经济管理》2006 年第 4 期。

模块四　洗衣房运行与管理

【课前导读】

洗衣房是酒店客房部的一个后勤保障部门，同时也是直接为客人提供洗衣服务的一线部门，洗衣房不单只要保证酒店员工制服的整洁穿着，更要保证楼层、餐饮等布草的高效率高质量的供给，洗衣房管理水平的高低直接关系酒店服务质量。

本模块主要对酒店洗衣房和布草房的运行管理进行全面介绍，涉及洗衣设备、洗涤剂、工作流程、布草管控等具体内容。

【学习目标】

知识目标

1. 了解洗衣房的功能布局，熟悉洗衣房设施设备的配置和用途。
2. 熟悉洗涤剂的各类和用途。
3. 掌握棉织品的辨识及储备标准。

能力目标

1. 熟识洗衣房的运行程序。
2. 掌握布草的管理方法，能够有效进行成本控制。
3. 掌握洗涤流程及各种污渍的去除方法。

【案例导入】

一位客人的网上点评

某酒店召开服务质量分析会，宾客关系主任马丽把近一周客人在网上的点评作了分类汇报，其中一条让在座的管理者印象深刻："从酒店刚开张那会儿就几次入住在贵酒店，感觉不错，价格合适，设备新，宽带速度很快，这是很大的优点。但随着时间的推移，酒店变得越来越差，最明显的是毛巾，发灰发硬，很多还有破损毛边，上次一个枕套上竟有头发和没有去除的污渍。我不知道你们是怎么洗涤的，更不知道你们是怎么使用的，会不会有员工像网上爆料的那样把它当抹布擦马桶和地板。想想都心有余悸，我不会再选择你们酒店了。"

【课堂思考】

布草的好坏是否关系到宾客住店的舒适度？如何解决这一问题？

项目一 洗衣房的运行与管理

任务一：洗衣房设备用品的配置

洗衣房主要负责酒店棉织品、员工制服和客人衣物的洗涤与熨烫。有些酒店洗衣房因规模和资源的剩余，还会兼营店外的洗涤业务。因洗衣房运行成本较高，有很多酒店也不再设置洗衣房，而是将洗衣业务交由专门的洗衣公司负责。

1.设立洗衣房应考虑的因素

(1)酒店的规模。酒店规模的大小是考虑是否设置洗衣房的一个重要因素。通常规模大的酒店，布草的日常洗涤量较大，考虑到外洗费用、质量难以控制、布草损耗大及周转速度慢等因素，一般会设置洗衣房。小型酒店通常布草洗涤量少，考虑到资金、场地、人员、技术力量等方面的因素，一般店内不设洗衣房。通常四、五星级酒店会自设洗衣房，而经济型酒店均为外洗。

(2)酒店的场地。洗衣房占地面积较大，如果酒店空间允许，可以考虑设置洗衣房，如场地受限，通常不予考虑。

(3)酒店的资金。洗衣房投资比较大，酒店在决定是否设置洗衣房时，需要考虑酒店的资金状况及投入产出关系。

(4)酒店的技术。洗衣房技术性较强，酒店应考虑自身的技术力量及有无专业的洗衣技术人才来确定是否设置洗衣房。

(5)本地洗涤业的社会化程度。如酒店所在地洗涤业的社会化程度较高，酒店可采用与店外洗衣公司签订长期洗涤合同的方式，由洗衣公司负责酒店的洗涤业务。

2.洗衣房的布局

选择洗衣房位置时，不仅要考虑能源供应、噪音、排污等基本的功能要求，而且还要兼顾运输、环境等方面的因素。洗衣房的内外布局方便合理，才能确保操作流程顺畅、产品质量合格。

洗衣房的内部布局通常根据其工程流程及操作的方便性进行划分：脏布草分拣区、脏衣物处理区、水洗区、干洗区、熨烫折叠区、办公区等。

(1)脏布草、脏衣物处理区。通常在洗衣房入口处设置脏布草、脏衣物的分拣区，对脏布草进行分类、点数、称重；对脏衣物进行检查、分类、打码。

(2)水洗区。通常设在脏布草、脏衣物处理区旁。一般酒店洗衣房会配有不同容量的洗脱机若干台,分别洗涤不同重量的布草,以便节约能源。洗脱机旁通常设有烘干机。

(3)熨烫折叠区。通常设在水洗区旁边,以便对洗过、烘干的布草进行熨平、折叠。熨烫折叠区通常配有烫平机、折叠机。

(4)干洗区。通常在洗衣房内单独划出,将所有与干活有关的设备放置在一起,如干洗机、光面熨衣机、绒面熨衣机、人像熨衣机、抽湿机等。机器熨烫和人工熨烫部分相对集中在一起,最好靠近出口处。

(5)内部办公区。通常设在进出口处,办公区内设有洗涤用品储存室。

3.洗衣房的设施设备

酒店应根据自身规模、资金来源、洗涤业务等来配备洗衣场的设备工具,并合理使用,提高工作效率。

(1)洗脱机。洗脱机是洗衣房的主要设备,它担负着布草、制服及湿洗服装的洗涤,整个洗衣房一半甚至三分之二的洗涤量要靠它来完成。因此,这类设备在洗衣房里的配备无论是数量还是规格都会比较多和全。全自动洗脱机目前是酒店洗衣房首选机型,操作方便,可按预选定的工作程序,自动进行注水洗涤、漂洗、脱水、排水、中脱、高脱甩干等工作。洗脱机主要用于洗涤床单、枕套、毛巾等布草,容量大小有30～150公斤不等。条件允许的情况下,最好能配备大、中、小容量不同的机型,以便满足不同数量的布草、衣物的洗涤需求,以便合理利用资源,节约费用。

(2)烘干机。经水洗脱水后的布草和衣物仍含有水分,若直接整熨,比较耗时、耗力。烘干机通过固定速度,正反转运转,可将毛巾、浴巾、浴服、工装、床单等布草彻底烘干。

(3)烫平机。专门用于熨烫床单、被套、台布等面积较大的棉织品。新一代的烫平机只需人工将脱水后的棉织品平整送入烫平机传送带,机器便自动熨平、熨干并且进行折叠,有些机器在折叠时还可以辨别布草的洗净度和破损情况,不符合要求的会自动剔除。

(4)干洗机。干洗机主要是洗涤一些不能进行湿洗的衣物,如西装、领带、羊毛衫以及高级外套等。所谓干洗就是将衣物放进四氯乙烯的溶剂里,靠溶剂来去除油污或污渍,由于溶剂里几乎不含水分,所以称之为干洗。干洗的溶剂是反复使用的,用过后的洗涤剂经过高温蒸馏又变成洁净的洗涤剂,可重复使用。因此,一台干洗机的运行是否正常,其蒸馏的性能也是一个重要的指标。干洗机洗涤衣物与水洗机相比各有优点,干洗能对一些不能水洗的织物进行洗涤,而且会处理得很好,但总的来说,干洗的去污能力不如水洗好,而且洗涤成本也大大高于水洗。

(5)人像熨衣机。人像熨衣机外观像人体的形状，通常用于一般衣物的熨平，如西服、夹克、运动衣、T恤等。将需要熨烫的衣物套在人像机的外面，开动蒸汽按钮，就会有大量的高温湿蒸汽由里往外喷射，起到拉伸定型衣服的作用。机器人型套袋的肩膀、胸部、腰、下摆等处均可以按需要调节，使用较为方便。

(6)绒面蒸汽夹机。夹机表面包裹着一层布套与垫子，一般使用的均是进口的耐高温布和耐高温棉。可用于熨烫整理西服、套装及各种服饰。此款机器可以熨烫大部分衣物，因此又有万能夹机之称。

(7)光面蒸汽夹机。光面蒸汽夹机与绒面蒸汽夹机不同之处就是，上部烫板没有布套，底板的垫子也相对较薄，主要熨烫一些能耐高温和可直接加热的纤维织品，对纯棉、混纺或某些化纤织物的熨烫效果比较好。

(8)打码机。打码机专用于衣物的编号打码，是以加热的形式将不干胶打压到衣物上，打压的同时将编号印在不干胶片的正面，快速形成编号。

(9)去渍台。去渍台上配置能喷出高速、高温湿蒸汽的喷枪。衣物在洗涤前如有不易除去的污渍，均要先在去渍台去污，然后再放入洗衣机里洗涤。使用时脚踩机器底部的踏板，控制蒸汽、压缩空气和抽湿，利用台面上配置的冷枪或蒸汽枪进行去渍，去渍、干燥相结合，速度非常快。

随着科学技术的不断革新与发展，以及当前全球对低碳环保、绿色节能的需求，更大容量、更低能耗、更强洗涤效果已成为洗涤设备发展的方向。

任务二:布草洗涤剂

目前，酒店洗衣房使用的布草洗涤剂主要包括强力洗涤剂、通用洗涤剂、彩漂剂、氯漂剂、油污乳化剂、中和剂、上浆剂、柔软剂等等。这类洗涤剂与普通家用的洗涤剂在配方及原材料的使用上有较大差别。比如强力洗涤剂主要用来洗涤酒店餐饮台布、厨师工服等重污垢的织物，是一种去污力非常强的洗涤剂，可有效清除动植物油类污渍，洗后衣物光洁雪白。

1. 布草洗涤剂的主要种类及用途

(1)碱性洗涤剂

①强力洗涤剂，主要洗涤厨衣、台布、餐巾等重污垢织物。其 pH 值为 11～12，水温应控制在 65℃～85℃之间。

②通用洗涤剂，主要洗涤制服、床单、毛巾等轻污垢织物。这类清洁剂的 pH 值为 8～11，洗涤水温应控制在 40℃～85℃之间。

③客衣洗涤剂，主要洗涤酒店客人衣物、贴身衣物等轻污垢织物，其 pH 值为 7～11，水温应控制在 60℃左右。

(2)中性洗涤剂

①乳化剂，主要用于洗涤厨衣、台布、工程服等油渍较重的衣物，一般需要配合通用或强力洗涤剂使用，水温要求60℃～85℃之间。

②柔软剂，洗涤毛衣、毛巾、衬衣等织物时，加入柔软剂起到中和作用，可以改善织物洗后的手感、柔软感，降低粗糙度，同时又能起到润滑和消除静电的作用。可以同中和酸一起使用，但应注意避免柔软剂用量过大，否则会使白色织物发黄，吸水性下降。

③衣领净，主要用于洗涤各类衣物的袖口及衣领，可以有效去除人体分泌的油脂。

④丝毛洗涤剂，主要用于洗涤毛料及真丝类高档织物，洗涤后不影响织物的光泽和弹性，同时具有一定保养衣物的作用

(3)酸性洗涤剂

①中和酸剂，可以中和在洗涤过程中的残留在织物中的碱，抑制水中的铁对织物的附着力，调整织物洗后的酸碱值，使洗出的织物pH值达到弱酸，有效防止发灰，使洗后织物的光泽洁白鲜艳，增加寿命。

②草酸，主要用于处理因洗涤失误导致发黄的布草。

(4)漂白剂

漂白剂在洗涤过程中主要起到去渍、消毒和维持白度三个作用。织物上的污垢在洗涤过程中大部分被洗涤剂去除掉了，但仍有少部分色素性污垢需要漂白剂去除。漂白剂分氧化型和还原型两大类型，酒店常用的氯漂和氧漂都属于氧化型漂白剂，但使用的方法有些不同。

①氯漂，专门用于漂白白色涤棉或纯棉布草，使白色布草更白同时起到消毒杀菌作用。但是需要注意的是，氯漂使用如果控制不好，容易造成织物强度的下降。

②彩漂粉(氧漂)，主要用于漂洗有颜色的布草或白色布草，氧漂相对于氯漂较为温和，对织物的色牢度和强度破坏很小，因此被广泛使用。

(5)其他类洗涤剂

①软水剂，主要起到软化水的作用。对于高硬度水质地区，如果不能安装软水设备，只能在洗涤织物时添加软水剂，以便有效中和水中的钙镁铁离子，快速完成软化水的作用。经过软化的水，可以有效防止布草发灰或发黄变色。

原则上软水剂应在洗涤的每个步骤都加入，但在实际操作过程中很难做到，所以通常只在主洗和漂白步骤中先于其他原料加入。

②浆粉，主要用于洗涤程序的最后处理步骤，对厨衣、衬衣、台布进行上浆处理，使织物坚挺美观、改进手感并阻止、延缓污垢进入织物内部。通常浆粉和中

和酸剂一起使用。

2. 水质对洗涤质量的影响

水是洗衣房内不可缺少的洗涤介质，水质直接影响布草的洗涤效果和洗涤剂的选择。

水质是指水及其所含的杂质共同表现出来的综合特征。水中的钙镁离子含量的多少，决定着水的软硬程度。当水的硬度≤100mg/L 时，可不采取软化措施。

用硬水进行洗涤时，钙、镁离子会在织物上沉积，使白色织物产生发灰现象，影响手感和白度，使有颜色的织物色彩度暗，失去鲜艳感，而且手感粗糙；当水中的铁受热时，会形成铁锈（氢氧化铁），沉积在织物上，成为一些棕色的斑点，也会使白色织物整体变黄，使颜色织物色彩变淡。而且硬水会比软水消耗更多的洗涤剂。通常情况下，水的硬度每增加一度，每吨水将增加皂剂 120～150 克。因此向洗衣机提供优质的软水洗涤，是非常重要的。

目前，酒店洗衣房常用的硬水处理方法有两种：

(1)软水剂处理法。该方法简单经济，由专业人员测定水质后，根据水质硬度加入适量的软水剂，即可保证洗涤效果。

(2)软水装置软化处理法。具备条件的洗衣房，可以安装一套能满足水量供应的软化水装置，以保证软化水的供应。这种方法虽然投入较大，但是效果显著。

水中除了钙镁离子对织物影响很大外，水中的铁对织物的影响也非常大。一般洗衣房要求水中铁的含量要＜0.1PPM，当铁质含量高于 0.1PPM 时，铁质会在洗涤过程中残留于布草中，如再对布草漂白就会损伤布草纤维。一般采用酸处理的方法或在中和过程中加入除锈酸剂两种方法应对。

任务三:洗衣房的运行

酒店洗衣房每天要洗涤大量的布草、员工制服以及客人衣物，洗涤任务繁重，因此必须科学合理地设计各类织物的洗涤流程，保证酒店的正常运营。

1. 洗衣房的运行流程(见图 4-1)

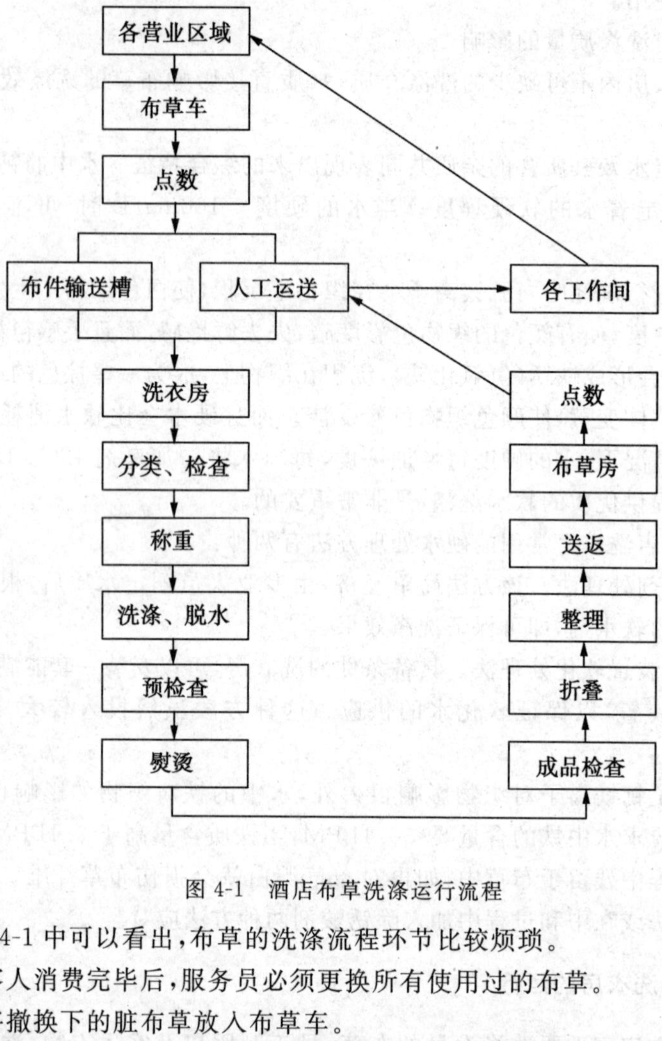

图 4-1 酒店布草洗涤运行流程

从图 4-1 中可以看出,布草的洗涤流程环节比较烦琐。

(1)客人消费完毕后,服务员必须更换所有使用过的布草。

(2)将撤换下的脏布草放入布草车。

(3)如酒店设有布草槽,可对脏布草点数后,打包放入布草运输槽即可。如酒店没有设布草槽,则需由服务人员点数后将布草运送至洗衣房。需要注意的是,运送布草需要有专用的布草车,防止布草的二次污染或划伤。

(4)将布草运送到洗衣房。

(5)根据布草的种类、污染程度与洗涤方式进行分类。

(6)根据洗脱机的容量,布草进行称重后投放。

(7)对布草进行洗涤。

(8)整理各类布草,对布草进行预检,剔除未洗净的布草返洗。

(9)将布草进行压烫处理。

(10)对折叠好的布草进行检查(通常折叠好的床单很难再检查,因此预检非常重要)。

(11)对不能自动折叠的布草进行人工折叠(如巾类布草)。

(12)根据不同要求整理各类布草,每10件打一捆。

(13)送回布草房分类、上架存放。

(14)各部门服务员到布草房以"脏换净、一换一"的方式,领回相应数量和种类的布草。

(15)服务员将布草运回各营业区域工作间,使用时领取即可。

2.布草的洗涤程序

布草洗涤是一项专业性、技术性很高的工作,不仅要求把布草上的污渍彻底清洗,而且还必须延长布草的使用寿命。因此,要想达到理想的效果,必须采用科学的洗涤方法和合理的洗涤程序。

(1)洗涤前布草分类

首先在洗涤前对布草进行分类处理,以便使洗涤具有针对性。

①按布草污垢程度分类。根据布草在使用过程中的污垢程度,通常床上布草属轻污类,毛巾属于中污类,餐饮台布、口巾属于重污类。可以依据污垢的不同种类,洗涤过程中采用专用的去渍剂处理这些特殊污垢。重垢布草如果与同类的一般污垢程度布草一起作常规处理只会引起大量的返洗而造成浪费。

②按布草质地分类。如纯棉床单、涤棉床单等必须分开处理。一般同等污垢的床单,纯棉的比涤棉的要耗用更长的时间、更高的温度,洗涤用品的用量比例也略大。因此按布草质地分类处理有利于提高生产率和节约成本。

③按布草颜色分类。不同颜色的布草一起洗涤的话,可能会引起相互污染。

(2)去渍处理

去渍是指应用一些化学药品及正确的机械作用,去除常规水洗与干洗均无法去掉的污渍的过程。去渍工作要求具备一定的操作技能和专业知识。

(3)冲洗和预洗

冲洗和预洗是指利用水和机械作用力的作用,尽可能地把被洗织物上的水溶性污垢冲离织物,为主洗去污奠定良好基础。对于中、重污垢的洗涤一般要采用冲洗步骤。预洗是指加入适量洗涤剂的一个预去污过程(由于水的表面张力作用,只用水并不能充分润湿污垢)。针对特别严重的污垢,预洗是必需的步骤。预洗一般可安排在冲洗步骤之后,也可以不进行冲洗步骤直接进入预洗过程。

(4)主洗

此过程是以水为介质,以洗涤剂的化学作用、洗衣机的机械作用,以及适当的洗液浓度、温度、足够的作用时间等因素密切配合，组成一个合理的洗涤去污环境，来实现去污目的。

(5)漂白

此过程是主洗去污的补充步骤，主要去除主洗步骤中不能完全去掉的色素类污垢。在这个步骤中主要使用氧化性漂白剂或者氧漂剂。因此在操作中应严格控制水温在65℃～70℃之间，而且要控制洗液pH值在10.2～10.8，同时根据污垢类型及织物结构严格控制好投放量。

(6)漂洗

漂洗是一个扩散过程，可以让织物中残存含有污垢的洗液成分向水中扩散。在这过程中施以一定的温度，一般在30℃～50℃之间。高水位使洗液浓度迅速降低，从而达到清洗目的。

(7)过水和脱水

利用洗衣机滚筒高速旋转时产生的离心力，使滚筒内织物含水量最大限度地减低，这个过程对设备性能要求比较高。

(8)过酸中和

洗涤中通常使用的洗涤剂呈碱性，虽然经过多次清洗，也不能保证没有任何碱性成分存在。碱性物的存在对洗涤物的外观、手感都会造成一定影响。利用酸与碱发生中和反应，就可以解决这些问题。

(9)柔软

柔软过程为可洗过程，一般根据需要设定。柔软处理是属于后处理过程，不是去污过程。

(10)上浆

上浆步骤主要针对餐厅的台布、餐巾、厨师制服等棉制品或混合纤维织物。上浆后能使被浆织物表面挺括，防止起毛，同时也在被浆织物表面结一层浆膜，对污垢渗透有一定的阻碍作用。

布草洗涤过程中，通常会碰到一些问题，如布草洗涤洗净度不够、布草洗涤后出现破损等一些问题。这些问题，可能由布草本身质量所造成，也可能是由于设备本身和洗涤设备操作人员所造成，或是它们之间综合因素所造成。

3.影响洗涤质量的五要素

(1)洗涤温度

通常人们认为洗涤温度越高去污的效果就越好，但是在实际工作中往往需要控制温度，不同的洗涤剂在相应的温度区间内，才会发挥最佳效果。洗涤温度的设定还应考虑不同织物的承受能力。

(2)洗涤机械力

洗涤机械力来自洗衣房滚筒的转动，产生水的冲击力达到去除织物上的污垢的目的，但不是水位越高越好，应考虑机器的核定装载量及水位高低的要求。同时，还应考虑织物的易损、耐磨度等问题。

(3)洗涤时间

在一定的温度下，洗涤剂的作用和洗涤机械作用都需要相应的时间才能完成。一般情况下洗涤时间越长，去除污垢效果越好，不过还要考虑被洗织物的结构、织物的染色牢度以及污垢的污染程度，否则，洗涤时间过长会使脱离织物的污垢再次吸附沉积在织物上，造成织物发灰、色泽发暗，增加织物的磨损程度，浪费能源。所以洗涤时间的确定要考虑洗涤机械力、洗涤剂等因素。

(4)洗涤剂

洗涤剂作用在织物上，具有润湿、渗透、乳化、溶解污垢的作用，应根据污垢的种类选择相应的洗涤剂和洗涤程序，以达到最佳的去污洗净目的。

(5)洗涤程序

洗涤程序就是在洗涤过程中正确合理地运用洗涤剂、洗涤时间、洗涤温度及洗涤机械力的系统运行完成洗涤目的。

洗涤过程中如果能正确合理地运用洗涤温度、洗涤时间、洗涤剂、洗涤机械力等五要素就会达到去污洗净的目的，同时也会减少破损，延长布草使用寿命。

4.洗涤过程中的注意事项

(1)无论是干洗机、洗脱机，还是烘干机，均有它的特定容量，洗涤时应严格按指定的洗涤容量进行，装机量一般为洗衣机容量的70%～80%，尽量不超载，以免影响机械力的有效发挥。

(2)床单、被罩等布草洗涤后出现小洞或撕开等破损现象。破损的状况通常有：

①有规律的小洞。如每隔一组经线或纬线有一处破损小洞。对于有规律的小洞，一般问题出在布草本身，例如床单在编织过程中，漏掉一组经线或纬线，导致在其洗涤过程中极易出现破损小洞，但是小洞不是单独存在，而是呈规律性的一组小洞。出现这种情况，应与布草提供商共同分析解决。

②单个小洞或是小范围内没有规律性的一组小洞。除了可能是设备本身所造成外，还有可能是人为造成。设备本身可能是装布草的转笼内部漏水孔处有未清理干净的毛刺。转笼内部连接处焊接得平滑与否均会导致布草破损，尤其是对毛巾、浴袍类破损尤为明显。同时由于转笼在高脱过程中，离心力较大，将会导致转笼口产生一定的变形，当变形达到一定量时，转笼口、布草、门体会有一些擦碰。此时将会导致布草出现单个小洞或是一组不规则的小洞，甚至将布草

撕裂。一般在小洞周围某个方向上有挤压的痕迹时,就可以断定是此类问题。

除了设备原因外,不正确的操作也可能导致出现小洞的破损问题。如洗涤时加料时间不对,布草沾到腐蚀性的化学品而未立即冲洗;洗涤前的分检工作不很认真,布草中夹带了尖锐的或硬的杂物,洗涤时布草不停地在转笼中翻滚而受到磨损,如台布中包裹的牙签或小餐具就可能会使台布在洗涤后出现小洞。

③洗涤后布草出现撕裂、破损、边及角破裂、变薄、颜色变混浊等现象。除了上面提到的设备本身可能造成的原因外,布草的有效使用寿命是很重要的考虑因素。

因目前行业内没有"关于布草寿命及损耗"的相关规定,对于四星级以上酒店的一个参考标准。通常各类棉织品在使用到八成左右陈旧程度时就需要更换新棉织品。棉织品的洗涤次数为:全棉床单、枕套 120~150 次;混纺床单 180~220 次;毛巾类 110~140 次;餐饮台布、口布 120~140 次。具体洗涤标准因每个酒店的设定标准不同而有所区别。

5.常见污渍的处理方法

(1)酒精饮料(不包含红酒)。用一块吸收力强的布,轻按要处理的地方,以便尽量吸收多余的液体。再用海绵沾少量一半温水与一半药用酒精混合液擦拭。

(2)咖啡。混合酒精与等量的白醋,将一块布浸湿后小心地轻按污垢处,再用一块吸收力强的布按干。

(3)血渍。尽快先用湿布擦沾血的部位以吸收多余的血。轻轻用未稀释过的醋擦在污点上,再用冷水擦拭。

(4)奶油、油垢、酱汁等。先用汤匙或刀将衣物表面多余的油渍括除,再拿一块布泡在干洗专用的清洁剂中,然后轻轻擦拭污垢。

(5)巧克力、奶咖、茶等。先用沾满白色烈酒的布轻按污点的四周,再以处理咖啡的方式进行。

(6)蛋、牛奶。先用沾满白色烈酒地布轻按污点,再使用沾满稀释白醋的布重复一次。

(7)果汁、红酒。用布沾酒精与水的混合液,比例为 3∶1,轻按污点。

(8)口红、化妆品、鞋油等。用沾满松节油或白色烈酒的布擦拭。

(9)白色衣物上的顽渍很难根除,这个时候取一个柠檬切片煮水后把白色衣物放到水中浸泡大约 15 分钟后清洗即可。

(10)圆珠笔划痕。将浓度不小于 75 度的医药用酒精均匀地倒在划痕上,放进加入漂白剂的清水中,再加少许洗衣粉,浸泡 20 分钟,冲洗即可。

任务四:布草房的运行

在酒店经营活动中,洗衣房可以根据酒店实际情况决定是否设置,但布草房是必须设置的,其主要功能是负责酒店所有布草、制服的洗涤交换,全酒店布草、制服的盘点、报废、添补和更新等业务,保证酒店布草、制服的及时供应。

1.布草的收发

布草收发员根据《布草交接单》上送洗的布草种类和数量,准备相应的干净布草,与服务员核对点数,并在《布草交接单》上签字确认。

2.制服的换领

制服房根据员工身材准备一式两套制服,按照部门做好编号,将编号写在制服上。一套制服交员工自己保管,另一套由制服房保管。员工更换制服时应采取"以脏换净"原则,并填写《员工制服更换登记簿》。

3.布草的修补加工

从洗衣房返回的所有布草和制服,布草房员工应仔细检查是否有破损,可以修补的破损都由缝纫工做必要的修补。不能修补或无法净的污渍,都要经客房部经理鉴定后,方可作报废处理。

4.布草的盘点

按酒店规定日期对各部门的布草进行盘点。盘点时就对所有布草进行清点,包括储存在工作间、配入房间、工具车和洗衣房洗涤、布草房存放的布草。盘点时间通常安排在晚间,防止因布草流动造成漏盘和重盘。

项目二 布草管理

任务一:布草的辨识与选择

酒店布草通常划分为餐饮布草、客房布草和其他布草。布草不仅是客人在酒店日常生活的必需品,同时,布草的质量以及其对室内气氛、格调、环境的调节,也会在很大程度上影响客人的舒适感,关系到客人对酒店的评价。

另外,布草在酒店投资中所占比例较大,因而布草的管理控制水平也直接影响酒店的成本投入及利润获得。

1.布草的分类

(1)餐饮布草:台布、口巾、香巾、桌裙、椅套等。

(2)床上布草:被罩、床单、枕套等。

(3)卫生间布草:方巾、面巾、浴巾、地巾、浴衣等(四巾一衣)。

(4)其他布草:窗帘、纱帘、浴帘、毛毯、棉被、保护床垫等。

2. 布草的选择

选择布草时应注意在整体和谐中突出特点的原则,即需要考虑它与环境的协调性及功能性的特点。因此,选择布草时除了考虑质地、价格等因素外,还应注重与环境局部装饰与整体风格的统一。

(1)布草选择的质量指标及参数

被罩、枕套的质量主要取决于以下指标及参数:

①纤维质量

织物纤维应选择长且均匀为宜,这样的纱条干好、强力高,布草表面平整,并会在使用中表现出耐洗、耐磨的优点。

②纱的捻度

捻度越强,则不宜起毛,强度也比较好。

③纺织密度

密度高即经纱与纬纱间隙小且均匀,这样的织物比较耐用、强度就高。用作床单的织物密度一般在 288 × 244 根/$10cm^2$,高级的可超过 400 × 400 根/$10cm^2$。

④制作工艺

这一指标主要体现在卷边上,卷边要平整,缝线平直。通常,床单和枕套的针脚密度应分别达到每 5cm16 针和 28 针。

⑤纤维质地

常用的床单和枕套的质地有棉质、人造纤维及棉与人造纤维混纺(人称"混纺")。棉质床单或枕套柔软透气,吸水性能好,使用舒适,但易起皱不耐用;人造纤维不具有棉质的优点,但具有耐磨、耐用、耐洗涤的特点;混纺吸取了二者的优点,因而目前是客房布草选择较多的材料。

(2)布草选择的规格指标及参数

①被罩

被罩的规格依棉被规格确定,一般应在去掉缩水率后多出 15～20cm,有飞边的应将飞边去掉。

②床单

床单要比床垫大,去掉缩水率后应比床垫多出 80～100cm。

③枕套

枕套的宽度要比枕芯多出 5～10cm,长度要多出 15～20cm。

但在酒店的实际经营过程中,未必一定硬套参数,稍大一点的与稍小一点的折中,这样可以方便操作及布草管理。

(3)巾类布草选择的质量指标及参数

①毛圈数量和长度。毛圈多而且长,则柔软性好,吸水性佳。但是毛圈太长又容易被钩坏,故一般毛圈长度为3mm。

②纱织密度。毛巾是由地经纱、纬纱和毛经纱组成。地经纱和纬纱交织成地布,毛经纱则与纬纱交织成毛圈,故纬线越密则毛圈越牢固,抽丝的可能性也越小。

③毛巾边。毛巾边应牢固平整,每根纬纱都必须能包住边部的经纱,否则,毛巾边很容易磨损、起毛。

④缝制工艺。与床单和枕套一样,也要查看其折边、缝线、针脚等。

(4)巾类布草选择的规格指标及参数

①方巾

主要为客人擦手之用。其尺寸规格有20cm×20cm、26cm×26cm、28cm×28cm、30cm×30cm以及33cm×33cm等,重量一般在55克左右。

②面巾

主要为客人擦脸之用。其尺寸规格有32cm×76cm、34cm×78cm以及32cm×92cm等,故形状类似于我们平时用的毛巾,重量一般在140克左右。

③浴巾

主要为客人进行室外游泳后擦水和遮体之用。其尺寸规格有51cm×102cm、56cm×112cm、61cm×122cm、68cm×137cm、76cm×152cm以及96cm×132cm等,重量一般在600克左右。

④地巾

主要是垫于卫生间浴缸或浴房前面,起到防滑、保温之用。其尺寸规格有40cm×70cm、50cm×70cm以及50cm×80cm等,重量一般在350克左右。

任务二:布草的管理与控制

酒店的布草是酒店产品的重要组成部分,布草的质地和外观,会对客人的感受形成直接影响,因而,布草在一定程度上决定着酒店的服务水平。同时,布草的投资会在酒店的总投资中占有较大比重,且布草容易损耗,因此,搞好布件管理,从经济效益上看也是十分重要的。

1.依据运行实际,合理确定布草配备量

布草的配备数量应依据各酒店的洗涤设施条件以及洗涤要求予以确定。

有些酒店有自己的洗衣房,洗涤周转速度较快,则需要布草的量可以稍小一些;而有些酒店没有自己的洗涤设施,布草需要外出洗涤,周转速度相应减慢,则需要布草的量要稍大些。但一般来说,无论哪种情况,在用布草的量不能小于三套。另外就是，客房为防止因布草损坏而影响开满房间时的周转使用，客房则会在原来的基础上准备上半套或一套以备用。

布草的投放数量除要考虑上述因素外，还应考虑酒店的洗涤要求。现在大多数酒店为响应绿色环保倡议，在客房中向客人提倡布草“一客一换”或定期更换的做法，这样一来可以在很大程度上减少布草的投放量。这样的情况下，一般投放 2～2.5 套即可。

2.确定年度损耗率

损耗率是指在一定时间内布草因磨损而更换的比例。酒店应依据质量要求、洗涤工艺以及布草质量等因素确定损耗率。损耗率的核定必须合理，如果过低会影响到酒店产品质量，但如果过高则会抬高酒店的经营成本。

损耗率的确定首先要考虑布草的洗涤寿命，不同质地的布草有着不同的洗涤寿命。例如，棉质床单的耐洗次数为 200 次左右，而混纺床单大于此数。其次是要考虑酒店的规格，不同档次的酒店对布草的使用标准是不同的。例如，豪华型酒店对布草的要求较高，六成新便需要淘汰；而普通酒店则可能要到破损才淘汰。再者就要考虑洗涤工艺的水平，洗涤工艺对布草的使用寿命影响极大，洗涤剂的浓度、水的温度、洗衣机的转速等因素均会影响到布草的使用寿命。

3.加强存放管理

布草的存放是布草管理的重要环节，做好布草的存放工作首先要将布草分类放置，即将同类布草集中存放，这会方便于布草的数量控制。

另外，布草存放的地点要注意通风干燥，防止因受潮而泛黄或发霉而影响布草的正常使用。

4.加强收发环节管理，核准数量，保证质量

(1)先进先出，平均使用

为使布草在使用中保持大致相同的磨损程度，一定要注意布草的收发控制，先收回的先发放使用，避免即洗即用，从总体上延长布草的使用寿命。

(2)核定数量，对等更换

在布草收发环节中，一般依据收回的数量来确定发放的数量，并且对数量的清点要力求准确。对于因开房率提高等因素而需要增加领用量的情况，要请相关的负责人签字确认，并在事后及时回收。

5.建立布草报废和再利用制度

(1)明确标准，严控报废

布草在经过一段时间的使用后，会因为磨损而报废。在确定布草报废这一环节中，应制定合理的标准。既要防止标准太低而影响客房整体的卫生质量，也应防止标准太高而使客房的成本率提高。

一般来讲,布草需报废的主要原因有:布草破损、有无法清除的污迹以及统一调换等。

(2)严格履行报废手续

布草的报废应有严格的核对手续,防止布草报废的随意性。

(3)报废布草的处理

对于报废的布草应先洗涤干净,并作明标记,或是集中存放,或是改做其他用途。

6.规范布草使用

客房应规范布草的使用环节,坚决杜绝不正当使用,如将面巾当抹布使用等,一旦发现类似情况,应进行严格处理。

另外,对客人也应加强监督,如果发现类似情况也要及时劝阻。

7.定期盘点

为加强布草控制,应注意定期进行盘点。盘点工作应在客房部内部或配合相关部门开展。通过盘点了解布草的使用和存储情况,以便发现问题,及时处理。

任务三:布草流行趋势

长期以来,我国酒店布草用品都是千篇一律,近年来,餐饮台布、口布从形状、质地、色彩都有较大变化,更主要的是,越来越多的酒店意识到台布、口布的装饰作用,选料设计时都是与装修、风格相搭配。相对于餐饮布草、客房布草的变化相对较小,仍以白色或素色为主,纹样也局限于条纹、格子以及简单的几何图案,面料多以纯棉锻纹或锻纹提花为主。

随着宾客越来越个性化的需求,酒店布草也出现了一些变化,家居化是酒店纺织品近年来发展的一个方向。许多原本只在家庭出现的个性化的拖鞋、浴衣、睡衣、长毛绒地垫、电话套、靠垫套、床尾垫等也逐步在酒店亮相,这些时尚、个性化的布草产品一出现就受到许多客人的青睐。以浴衣为例:传统的割绒毛巾浴衣,污渍不易洗净、容易掉毛,不适合夏天穿,而且价格较高。当前流行的华夫格浴衣(因采用高档全棉蜂巢组织面料,表面酷似华夫饼干,所以叫华夫格浴衣),具有穿着柔软舒适、适宜一年四季穿着、耐洗、不掉毛、高档华贵、价格便宜等优点,因此深受星级酒店欢迎。很多高档酒店的纺织品越来越体贴细致,越来越多的大提花面料甚至于染色印花面料也出现在了酒店客房里。

酒店布草不仅要求纺织品本身的每一个独立的部分与整个系列相配套,而且必须与室内的整个环境氛围相配套。如客房里的床上用品、沙发、地毯、窗帘、睡衣、浴巾等既要系列化,也要与地毯、窗帘、沙发、床上用品之间在色调、图案上也彼此呼应。

酒店布草还应体现不同风格下的人情味、趣味化、品质化的设计，摆脱以往酒店陈旧的设计套路，根据总体定位风格进行纺织品的风格化设计，关注消费人群的多样化，将消费人群定位细分，使布草与消费人群相得益彰，赢得市场。

附录：

国际常用洗涤标识及说明

随着科学的发展，世界各国的纺织业越来越发达，新颖面料不断涌现，许多高级衣料也应运而生，对服装的洗涤也带来相应的严格要求和多样化。因此不少国家要求在服装上缝缀正确的洗涤指示牌，以免因洗涤方法不妥而使服装受损。目前国际上通用的洗涤方法指示牌皆以英文字母和符号表示（见表 4-2）。

表 4-2　　国际常用洗涤标识及说明

手洗须小心	只能手洗	℃ 可用机洗	毛洗 30 中性 可轻轻手洗不能机洗 30℃以下洗涤液温度	40 水温 40℃机械常规洗涤	40 水温 40℃机械作用弱常规洗涤	40 水温 40℃洗涤和脱水时强度要弱
50 最高水温 50℃，洗涤和脱水时强度要逐渐降弱	60 水温 60℃机械常规洗涤	60 最高水温 60℃，洗涤和脱水时强度要逐渐降弱	不能水洗，在湿态时须小心	可以熨烫	熨烫温度不能超过 110℃	熨烫温度不能超过 150℃
熨烫温度不能超过 200℃	须垫布熨烫	须蒸汽熨烫	不能蒸汽熨烫	不可以熨烫	洗涤时不能用搓板搓洗	A 适合所有干洗溶剂洗涤

续表

F 仅能使用轻质汽油及三氯三氟乙烷洗涤，干洗过程无要求	F 仅能使用轻质汽油及三氯三氟乙烷洗涤，干洗过程有要求	P 适合四氯乙烯、三氯氟甲烷、轻质汽油及三氯乙烷洗涤	P 干洗时间短	P 低温干洗	P 干洗时要降低水分	不能干洗
可以在低温设置下翻转干燥	可在常规循环翻转干燥	可放入滚筒式干衣机内处理	不可放入滚筒式干衣机内处理	弱 可以用洗衣机洗，但必须用弱档洗	不能使用洗衣机洗涤剂	悬挂晾干
30 中性 使用30℃以下洗涤液温度，机洗用弱水或轻轻手洗，用中性洗涤剂	40 使用40℃以下洗涤液温度，可机洗也可手洗，不考虑洗涤剂种类	弱 40 使用40℃以下洗涤液温度，机洗用弱水流，也可轻轻手洗，中性洗涤剂	60 使用60℃以下洗涤液温度，可机洗也可手洗，不考虑洗涤剂种类	95 使用95℃以下洗涤液温度，可机洗也可手洗，家用洗衣机不可承受	平摊干燥	阴干
滴干	C1 可以氯漂	不可以氯漂	可以拧干	不可以拧干	衣物需挂干	衣物需阴干

【小结】

本模块重点介绍酒店洗衣房和布草房的运营与管理。首先，就洗衣房布局及设备用品的配备原则作出详细介绍，使学生对洗衣房总体概况有所熟悉。再次，介绍了洗衣房常用洗涤剂的用途及使用方法，同时介绍了洗衣房和布草房的运行流程，便于学生全面、系统地了解相关业务知识和流程，初步掌握布草选择、配备的方法。

【复习思考题】

1.简述设立酒店洗衣房应考虑的因素。

2.简要说明布草洗涤剂的主要种类及用途。

3.简述水质对洗涤质量的影响。

4.简述布草洗涤的程序。

5.简要说明布草的管理与控制。

【推荐阅读】

支海成主编:《客房部运行与管理》,旅游教育出版社 2003 年版。

模块五　客房安全管理

【课前导读】

客房安全管理包括客人的人身、财产、心理安全以及员工和饭店的安全。新形势下，客房安全面临着更复杂、更巨大的考验，做好安全防范，加强安全管理，是客房运行与管理中的重要内容。

【学习目标】

知识目标

1. 了解客房安全的重要意义。

2. 了解客房安全管理的主要任务。

3. 掌握客房安全管理的特点。

能力目标

1. 掌握主要安全隐患与事故的排查处理。

2. 掌握客房职业安全防护的方法。

【案例导入】

火眼金睛，心思缜密，时刻关注客人安全

某年夏日，一名女子独自入住某酒店，入住酒店时神情忧郁，办理入住手续时并未询问打折及其他优惠事宜，问清房价后直接以全价刷卡入住，表现与其他宾客略有不同，前台管理人员发现这一情况后及时将这一信息传递至客房部，请客房人员多加关注客人。客人入住后，一直长时间在酒店外海滩上漫步，神情抑郁，情况汇总后管理人员进一步派专人跟进了她的吃住行及娱乐活动，并且对她打进打出的电话做了记录，并根据总机的电话记录时间进行分析，并不时安排服务员以清洁卫生、做夜床等形式对其状态进行跟踪和监控，终于在第三天上午发现了异常。打电话至房间没有人接，服务又没有见到客人出门，管理人员便破门而入，发现女子躺在床上，口吐白沫，昏迷不醒。酒店及时派人将客人送医院抢救，终于挽救了她的生命。事后经查，原是该女子因失恋遂产生轻生的想法，来到酒店意欲自杀，想再看一眼世界后结束生命，幸亏被酒店及时救起，当时已服下60余粒安定片，如再耽误时间，就可能回天乏术了。

还有一次，一位客人在外面吃了许多海鲜，回来后跟服务员说有点头疼，要服务员送点开水，服务员送开水时，发现客人有点醉态的样子（其实是病态），服务员离开房间后，不是像平常一样不管不问了，而是过十分钟想再问候一下客人，不想客人房间占线，随之服务员又待会打了几次电话，均是占线的情况。细心的服务员跟总机说明了情况，总机查明是电话没有挂好。职业的敏感让服务员感觉有异常，服务员随即来到房间，敲门没有客人回应，开门进房后发现客人痛苦地抽搐在床上，便立即送往了医院急救。经查实，客人是得了一种罕见的蛋白质过敏症，这位姓杨的客人事后非常感谢这位服务员的细心和责任心，说自己就是医生，知道这种病的厉害，它发作得较快，如果处理不及时，就会有生命危险，如果不是服务员及时发现采取救助，后果不堪设想。这位客人事后给酒店写了很长的感谢信，并登报致谢。

——摘自《安全案例》，百度文库，2010年5月18日

【课堂思考】

上述两个案例，均反映了酒店安全防范的一些新形式，客房服务人员在保证优质服务的同时应加强哪些环节的安全防范工作？

项目一　客房安全管理

任务一：正确认识客房安全

饭店对客服务质量的好坏直接决定着饭店经营成果，而顾客人身和财产安全则是饭店对客优质服务最基本的保障，是整个饭店管理工作中最为重要的方面之一。

客房是饭店客人活动最主要场所之一。在实际经营过程中客房具有易燃物品多、人员流动大等特点，并且涉及客人、饭店、员工等多方利益。因此，预防、控制与处理安全问题成为客房部管理的重要内容。

1.客房部安全管理的重要意义

(1)客房安全直接关系到客人生命财产安全，进而影响客人对饭店的满意程度

顾客满意是饭店的服务宗旨，而客房安全则是客人满意的最基本条件之一，也是招徕新顾客留住老顾客的基本前提。客房安全是客人对客房部工作的最基本要求，如果客房的安全得不到保证，就无从谈及顾客满意。安全的客房产品不仅会使老顾客不断的光顾饭店，同时，由于这种良好的安全形象具有辐射作用，

还会因此吸引更多的新顾客。

(2)客房安全直接关系到饭店营业收入和经济效益

从饭店经营的角度来考虑,饭店只有保证客人在饭店的人身和财产安全,才能有客人满意、声誉提高的基础,进而不断地增加客源,增加饭店的营业收入和经济效益。

但一旦饭店发生失窃、火灾等安全事故,不管其他项目的服务质量有多好,也会出现“老顾客更换门庭,新顾客望而却步”的局面。因此,安全问题会造成饭店现实的和潜在的收益损失。

(3)客房安全直接关系到客房员工的切身利益

在现代管理理念中,饭店员工是内部顾客,饭店首先应该做到内部顾客满意,因为内部顾客满意是外部顾客满意的基础。如果客房员工始终处于各种安全事故层出的环境中,经常发生工伤、偷盗等事故,我们很难想象他们能够有一个良好的工作状态。在这种情形之下,员工不但不可能全身心地投入到工作中,反而会选择离开,甚至会与饭店形成对立,直接影响到饭店的发展。

2.客房安全管理的主要任务

(1)做好安全培训和宣传工作,培养员工良好的安全意识

安全管理最主要的是防患于未然,从员工入手进行宣传、教育是做好安全事故预防工作的重要举措。首先,在新员工入职之初,必须进行严格的安全知识培训,使其成为入职教育的必修课程,这样既增强了员工的安全意识,也提高了处理安全事故的能力。其次,安全教育要贯彻工作始终,客房部要定期对员工进行安全培训,并通过各种形式进行宣传,或是进行必要的安全演习,保证员工安全意识不松懈,安全思想不麻痹,从思想上预防安全事故的发生。

(2)制定并严格执行客房安全操作规程和管理制度

规范的工作程序和健全的安全制度是客房安全最基本的保障。客房部只有全面制定各类操作规程,如火灾处理制度、失窃处理制度等,员工才能有的放矢地预防事故的发生和处理既发事故。

规程和制度的建设固然重要,但更重要的是要严格执行这些规程和制度,只有这样,才能真正保障饭店经营过程中各环节的安全有序。

(3)客房安全和对客服务完美结合

在保证饭店客房安全的同时,必须保证良好的对客服务质量,二者之间是辩证统一的。做好客房安全工作本身就是最好的对客服务形式之一,而良好的对客服务又是以客房安全为基础。如果客房经常发生安全事故,再好的服务也不能体现其价值;相反,如果仅仅为了客房安全,而不顾及客人对服务的要求,安全工作执行得再到位,也没有意义。

3. 客房安全管理的特点

(1)复杂性

酒店是一个开放型的小社会，客人来自四面八方，“顾客就是上帝”“客人永远是对的”等经营理念已为众多饭店接受，饭店既要热情接待每一位进店的客人，又要防止犯罪分子乘虚而入，给安全管理工作带来很大难度。饭店宾客通常会携带较多现金和财物，正成为犯罪分子进行犯罪活动的目标。如果饭店在安全管理上出现漏洞，不法分子就会乘机作案。

在饭店发生的各类安全事件中，有很多案发原因与宾客安全意识薄弱有关，如将贵重物品不存放在前台，而是随便放在客房内，令犯罪分子有可乘之机；让三陪女进房，结果是引狼入室，招来杀身之祸。1997 年，发生在东莞某四星级酒店的凶杀案，就是住客随便为冒充服务员的歹徒开启房门。还有不少饭店安全事故的肇事者就是客人自己。例如，1985 年发生在哈尔滨天鹅饭店的特大火灾，究其原因是一位美国客人酒后卧床吸烟；1988 年在广州花园饭店因一对香港夫妇在客房燃放烟花而险些酿成大祸。宾客素质参差不齐，以及安全意识的淡薄，成为了饭店安全的隐患。

从饭店出现的盗窃案件来看，内部员工作案、内外勾结作案也占了相当大的比例。饭店员工在日常工作中有机会接触到饭店和客人的钱、财、物，如果他们的自身修养不足，会令饭店的安全管理工作防不胜防。

从近几年破获的案件中分析，犯罪分子越来越趋向于高智商、懂高科技的专业犯罪团伙，他们往往身着名牌服装，以大款形象入住高级豪华饭店，对饭店相当熟悉，以至饭店安全管理人员放松警惕。这类犯罪分子作案时，有明确的分工，开一道磁卡密码锁只需几秒钟，且不留下任何蛛丝马迹。2001 年，在广西南宁，破获了一个由四人组成的专门在酒店作案的犯罪团伙，他们能复制信用卡、房门磁卡，两年之内，作案 34 起，案值超过 100 多万元。

另外，饭店尤其是一些老饭店，为了压缩空间，取得更高的经济效益，在建设中要求房间小一点，楼道窄一点、矮一点，通道少一点，致使火灾隐患突出。

影响客房安全的因素非常广泛。对客房安全的长期性、复杂性和艰巨性一定要有足够的认识，在思想上一定要警钟长鸣。

(2)预防性

客房安全工作应以预防为主，消灭安全隐患于萌芽状态，甚至是杜绝隐患的发生。一般地，客房的各种安全隐患在发生之前，都会有各种征兆，只要安全意识强，安全管理制度健全，并长期认真贯彻执行，就可以在很大程度上减少安全事故的发生，保障饭店和顾客的利益不受损害。预防性维护工作应该是部门年度工作整体中的一个部分，预防性维护工作开展要纳入到部门整体工作计划之中并对计划要求认真执行。"安全第一，预防为主"这一消防指导方针要时刻牢记心中，将预防作为安全工作的关键。

案例一：

房间物品失窃案

某酒店早上7:45左右楼层夜班服务员小王接房务中心电话，1702房客人要茶叶，小王接报后及时拿了茶叶要送到1702房。在经过17楼电梯间时遇见一客人，客人说："我要去吃早餐，把茶叶放房间内就行，我没有带房门钥匙。"小王答应着便来到了房门前，在将要打开房门的时候，客人好像记起了什么事情便跟随着进了房间。"服务员，我房间电话好像不好用，你看一下。"小王简单调试后与客人一起离开了房间，并将房门锁闭。8:10左右，一客人从1702房间打电话至总台，说房内丢失了物品。

事发后，保安全员及时调取酒店监控录像，了解了整个事件经过，原来早7:201702房间客人高先生离开房间去用早餐，7:40有两男子到17楼走廊转悠并在1702房门口窥探。7:42一男子用楼层走廊服务电话给房务中心打电话说要茶叶，7:48服务员小王到1702房间门口敲门，其中一男子站在走廊给小王说话。小王打开房门后，走廊内男子随小王跟进房间，后另一男子又迅速闪入房内。7:50前一名男子及服务员小王一起离开房间，7:53后一名男子背包从房间离开并迅速乘电梯离店。8:05 1702房间高先生用完早餐返回房间，发现财物丢失，便拨打了总台和"110"报警电话。

评析：通过1702房失窃案，我们可以看出现在发生在酒店的安全事件，作案人员偷窃手段越来越高明，方法越来越巧妙，善于利用服务员的麻痹思想，在工作人员交接班或班组人员薄弱的时间段作案，这应引起我们所有酒店人员的重视。

1. 各部门应严格执行工作程序：前台、总机及房务中心等相关岗位做好客人信息的保密处理，有外来人员查询客人的信息或房号时，首先要征得住店客人的同意，不得直接透漏；客房楼层严格规范执行为客开门程序，客人需要进入房间时（除客人自己用钥匙打开房门），客房服务人员在任何情况下，均应不卑不亢地确认客人的真实身份，在身份符合后，才可请客人进入客房。

2. 客房部进一步加强住客房及空房的管理，服务人员在离开房间时必须检查卫生间及壁橱，防止可疑人员藏匿。

案例二：

605房间离奇失窃案

12月的一个清晨，一阵急促的电话铃声打破了往日的平静，605房间的客人说房间放的手机、钱包丢了，服务员问是否放错了地方，是否有其他人进房，客人回答说都没有。这倒奇怪了，605房间客人一个人住，且没有其他人进入房间，为什么睡了一夜后，房间的物品就丢失了呢？

接到服务员的汇报后，值班经理和保安人员迅速赶到605房间并查看了监控录像，房间除客人外确实没有其他人进入，经过对房间的仔细检查，在房间衣柜里找到了谜底，原来房间衣柜内放置的保险柜后有一个隐藏的大洞，保险柜现在已被推到了一边，下面还铺着一个毛毯。发现这一重大线索后，保安人员迅速打开了隔壁的604房间，此时房间住客也早已是人去楼空。询问服务员，604房间此前两天均为DND状态，没有让任何人进入，原来盗贼正在利用相邻房间的这种格局酝酿一起入室盗窃案件。

评析：这一案件可以看出，犯罪分子在酒店作案的手段越来越高明和专业化，应引起酒店各层的重视和堤防。客房应加强对DND房间的监控和管理，对客人连续不让进入的房间，客房部和安全部应加强沟通，重点监控，每日尽可能对每间房进行检查，以防止犯罪分子在酒店房间内进行犯罪活动。同时，楼层服务人员日常工作时还要做个有心人，多听、多看、多问、多想，及时发现、汇报各种异常情况，把各种隐患消除在萌芽状态。

(3)服务性

客房安全工作的最终目的之一是给住店客人提供安全保障，即为客人创造安全的生活和工作环境。这是客房部工作的重要内容，也是对客服务工作的重要方面。例如，在遇到住客顺手牵羊带走客房内物品时，应尽量避免正面要求检查客人行李，而采取委婉手段，让客人主动放回带走的客房物品，既顾全了客人的面子，又避免了饭店的财产损失。

任务二：客房安全设备的配备

饭店要做好安全管理工作，离不开先进的安全防范设施设备。目前饭店常见的安全设施设备有以下五大系统：

1.电视监控系统

电视监控系统主要由摄像机、录像机、手动图像切换装置、电视屏幕等组成。电视监控系统是饭店主要的安全装置，除了安装在饭店大厅及公共场所之外，通常作为客房部主要的安全装置，用于发现可疑人员或不正常现象，以便及时采取措施，对犯罪分子也可造成心理威慑，给饭店的安全提供保证。电视监控的位置主要有：

(1)楼层过道。在楼层过道安装监控探头，一般采用中、长焦镜头。

(2)客用电梯。客用电梯空间小且又是封闭的，一旦出现紧急意外事件，受害人难以求援，安装监控探头便于对电梯内发生的可疑现象进行跟踪和取证。一般采用视野宽阔的广角镜头。

2.安全报警系统

自动报警系统是由各种类型的报警器连接而成的安全网络系统，主要设置在饭店财务部、收银处、贵重物品寄存处以及商场消防通道等区域。用于防盗、防火、防爆报警。

我国饭店常用的报警器有：微波报警器、红外线报警器、超声波报警器等远程报警系统，以及声控报警器，微动式报警器、磁控式报警器等。

3.自动灭火系统

该系统由多种火灾报警器、灭火器、防火门、消防泵、正风送风机等组成，是饭店安全必备的设施。

4.通信联络系统

通信联络系统是指以安全监控中心为指挥枢纽，通过呼唤机等无线电话通信器材而形成的联系网络，使饭店的安全工作具有快速的反应能力。

5.房间安保系统

(1)电子门锁系统

该系统对饭店的安全管理能起到很好的作用，加强了对“智能”盗窃团伙的防范。目前的电子门锁系统已得到进一步改进，即在电子锁上安装自动破坏解码器的装置，当犯罪分子将解码器插入电子锁时，该装置就能将解码器毁坏并报警。

(2)窥镜

窥镜安装在房门上端，为广角镜头，便于住客观察房间的外部情况。

(3)保险箱

保险箱供客人存放贵重财物。

随着高科技的发展，将会有更多的高科技成果应用在酒店的安全管理上。而只有人防和技防相结合，软件和硬件同时抓，才能构筑有效的安全屏障。

任务三：客房安全制度

为确保安全工作真正落到实处，保证客房安全和饭店的正常营业，必须制定一套可行的客房安全制度，一来规范饭店员工和顾客的行为，防止安全事故的发生；二来当发生安全事故时，能够有效地平息。

1. 客房部安全管理制度

(1)客人住宿要凭本人有效证件。有效证件包括:中华人民共和国居民身份证;中国人民解放军军人证;港、澳、台胞回乡证;护照等。

(2)客房要设置"请勿卧床吸烟"提示、放置"宾客安全须知"、贴放"紧急疏散图"等。

(3)禁止住店客人使用自备的电热器具。

(4)长住客人要履行长住登记手续,调换住宿人员要经店方同意,不许私自留宿,使用自备电器要得到店方允许,并由饭店进行电器线路安装。

(5)客房钥匙要专柜存放,专人管理。领取钥匙要办理严格的登记手续,严禁工作人员将客房钥匙携出店外。

(6)住店客人领取房间钥匙,要严格检查其住房卡或钥匙领取凭证。

(7)客房卫生间须采取有效防滑措施,浴缸应配备防滑垫,并配有提醒客人"小心滑倒"的标志。

(8)住客退房离店后,服务人员要认真检查房间内有无遗留的火种等安全隐患,完成上述工作后方可再搞卫生。

(9)客房服务人员要有明确的责任区,不得随意串岗。打扫房间要"开一间,清一间;完一间,锁一间",认真填写登记表,记录进出时间。

(10)客房服务人员不得把住店客人情况向外泄露。

(11)万能钥匙要专人保管,专人使用,每次使用应登记备案。

(12)客房楼层要安装监视系统,实施24小时监控,并辅以保安巡逻。

2. 客房钥匙控制制度

为保证客房安全,严格的钥匙控制措施是必不可少的。客房钥匙丢失、随意发放、私自复制或被偷盗等都会带来各种安全问题。

(1)建立严格的钥匙领用制度

每天上班时,客房主管、领班及服务员回到服务中心来领取客房钥匙,服务中心员工应严格记录下钥匙发放情况,如领用人、领用时间等,并由领用人签字。归还时则应填写归还人及时间。

(2)钥匙使用要有严格的规范

①客房服务员在工作时,如遇自称忘记带钥匙的客人要求代为开门时,应注意核实身份,绝不能随意为其开门,如不能核实其身份的,请客人到前台办理相关手续。

②服务员清扫房间时,不可同时开几间。

③服务员保管好自己的钥匙。客房服务员掌握的客房钥匙,不能随意丢放在工作车上或插在正在打扫的客房门锁上,而应将客房钥匙随身携带。

3. 客房安全巡视制度

客房部管理人员、服务人员以及安保部员工对客房区域的巡视也是保证客房安全的一个有力措施。在巡视中,应注意有无可疑人员,有无不应该进入客房区域的饭店员工。注意房门是否关上及锁好,如发现某客房的门虚掩,可敲门询问,如客人在房内的话,提醒他注意关好房门;客人不在房内的话,就直接进入该客房检查是否有不正常的现象,未发现异常则直接将门关上。即使房内情况正常,纯属客人疏忽,事后也应由安保部发一道通知,提请客人注意离房时锁门。

4. 安全培训制度

(1)要对全体员工进行消防知识的教育,达到知防火知识、知灭火知识、会报警、会自救逃生、会协助消防队扑救火灾的目标。

(2)要对全体员工进行防治安全事故的教育,提高防范意识,掌握防范技能。

(3)要对全体员工进行职业道德和法规法制教育,杜绝和减少内部员工作案。

(4)对新进店职工进行岗前安全培训,对在职职工进行定期安全知识教育和考核,督促对安全有特殊要求的工作人员及时参加主管机关组织的培训并取得合格证书,坚持持证上岗规定。

(5)对义务消防队、保安人员进行专业技能培训和安全形势教育。

(6)教育本部门人员礼貌待人,寓安全保卫工作于服务中,使安全工作成为服务工作的重要组成部分。

项目二 客房主要安全隐患与事故处理

任务一:火灾的预防与应急预案

1. 火灾种类

按照不同物质发生的火灾,火灾大体分为四种类型:

A类火灾:固体可燃材料的火灾,包括木材、布料、纸张、橡胶以及塑料等。

B类火灾:易燃液体、易燃气体和油脂类火灾。

C类火灾:带电电气设备火灾。

D类火灾:部分可燃金属,如镁、钠、钾及其合金等火灾。

2. 客房火灾原因

(1)电器着火

酒店的主要能源是电,电线入网,用电设备多,整个酒店就像是一个大的带电体。用电设施不完好、线路老化、人员操作失误都易造成电器线路短路起火。

电器线路和电器设备的管理使用不当，是造成酒店火灾的头号原因，占70%以上，造成这种情况的原因主要有顾客在客房内私自使用高功率电器(如电饭锅、电炉等)；客房内电器设备因安装不良或者一次性使用时间过长，导致短路或者元件过热；顾客在灯罩上烘烤衣物等。

如2005年6月10日，广东省汕头市华南宾馆由于电气线路发生短路故障引燃可燃物，造成特大火灾事故。事故导致31人死亡、28人受伤，过火面积2800平方米，直接经济损失81万余元。

(2)吸烟造成火灾

这是造成火灾的重要形式。宾客卧床吸烟或酗酒后吸烟；宾客乱扔未熄灭的火柴和烟蒂；服务员将未熄灭的火柴和烟蒂倒入垃圾袋或吸入吸尘器等情况均会引起火灾。

(3)其他原因着火

如宾客将易燃易爆物品带进客房；员工不按安全操作规程作业等均会造成火灾。如2011年春节，位于沈阳黄金地段的东北第一高楼皇朝万鑫酒店发生大火，大火迅速蔓延并烧至通顶，起火原因是燃放烟花引起。

3.火灾的预防

(1)配备消防设备和器材

饭店应在客房建设中安装整套消防系统，主要包括报警器、灭火器和防火设备等。

①报警器。在客房区域中，一般要配置各种报警装置，以确保火灾的及时发现，报警主要可分为烟感报警器、手动报警器和热感报警器。

②灭火器材。在客房区域中，为了防止火灾事故，需要配备喷淋装置、消防栓和灭火器。对于各种灭火器材，除要齐全配备外，还需要定期检查，保证其正常使用。

③疏散、逃生装置。在客房内显著位置摆放中、英文两种文字对照的应急疏散指示图、安全须知等安全提示标志。另外，客房应备有专用逃生电筒、防毒面具等，以备万一之需。

(2)制定火灾预防措施

①对客人加强防火宣传，提高安全意识。

②通道和出入口不得堆放物品，以保证在紧急状态下，能迅速疏散客人。

③饭店使用、储存的易燃易爆等危险物品，应当单独存放，专人管理。

4.火灾事故的处理

(1)发现火情时的处理

①立即使用最近的报警装置，如立即打破手动报警器玻璃，发出警报。

②用电话通知总机,并讲清着火地点和燃烧物质。

③迅速利用附近合适的消防器材控制火势,并尽力将其扑灭。

④关闭所有电器开关。

⑤关闭通风、排风设备。

⑥如火势已不能控制,则应立即离开火场。

(2)听到报警信号时的处理

①服务人员首先要能辨别火警信号和疏散指令信号。

②服务人员听到火警信号后,应立即查看火警是否发生在本区域。

③无特殊任务的服务人员应照常工作,保持镇静、警觉,随时待命,同时做好宾客的安抚工作。

④除指定人员外,任何员工在任何情况下都不得与总机房联系,全部电话线必须畅通无阻,仅供发布紧急通知。

(3)听到疏散信号时的处理

①迅速打开安全门、安全梯,有步骤地组织宾客疏散。

②在疏散时,要通知宾客走最近的楼梯,千万不能使用电梯。

③紧急疏散时,客房服务人员应帮助宾客通过紧急出口离开,特别要注意照顾伤残住客的撤离。

④发现门下有烟雾冒出,应先触摸此门,如很热勿开门,但房内如有住客,应立即进房营救。

⑤各楼梯口、路口都要有人把守指挥,以便给客人引路。

⑥待客人撤离至指定地点后,客房部员工及前厅服务人员一起查点宾客。

(4)火灾逃生要领

①以手背试触房门温度,门板烫手表示门外火势很大,不可开门。

②门板不热,也可以背向门板方式缓缓开门。(因恐门板过厚,传热不易)以眼睛斜看门缝外是否有大火浓烟,若有,则立刻将门关上,不可开启。

③打开房门后,先探视走廊左右有无迎面冲逃之人,以防互撞受伤。

④逃生中途遇有浓烟,则尽可能将身体放低,必要时匍匐前进,面部贴近地面。(因空气对流关系,地面往往会有20～30cm之空气层)

⑤逃至楼梯遇有浓烟或视线不佳,则反过身来,以上楼梯姿势下楼,脸部贴近地面,如此重心较低,不易被他人推挤而摔倒甚至踩踏。

⑥绝对不可搭电梯逃离火场,以免因停电、烧损而困在井道上。

(5)受困在房间时应采取的步骤

①速用湿布塞住门缝以防浓烟渗入,并将门板洒水予以冷却。

②打电话给总机或消防队,说明被困地点(房间号码)请求前来救援。

③超过三楼高度时，绝不可用跳楼方式逃生。若情况危急，可以绳索或将床单、窗帘结成绳索绑住固定物后，从窗口爬下。

(6)善后处理工作

①安全疏散后，客房部要清点员工和客人，检查是否全部撤出危险区域，防止遗漏。

②视情况与自来水公司、煤气公司、医院等单位联系。

③通知餐饮部视情况准备食品饮料，安排好疏散客人的临时生活。

④在火灾扑灭后，应及时关闭自动水喷淋阀门，更换损坏的喷头或其他消防设备，并使所有的消防设施恢复正常。

(7)应急救火工作中需要注意的事项

①当火情由饭店自己组织力量可以扑救时，不惊动消防机关。

②在实施疏散计划时，将客人按一路纵队排列从防火梯疏散，千万不要乘电梯，一定要防止不知火情危险的客人再回到房间。

③检查疏散情况，检查内容包括：床上、卫生间是否留有未听到疏散通知的客人；是否留有行动不便的客人；是否留有未熄灭的烟头和未关闭的灯；主要出入口是否畅通。客房服务员每检查一个房间，就用粉笔在门上标注记号，表示此房已检查。

④当检查完所有房间和公共区域并证实没有客人后，客房服务员立即随其他人员一道撤离。

任务二：客房防盗

1.客房失窃类型

(1)饭店财物失窃

饭店客房中有很多物品，包括浴巾、毛毯、床罩等，容易被客人顺手带走，客房部员工必须注意这类物品的丢失。客房物品的防盗工作主要以预防为主，一旦丢失，在询问顾客时要十分谨慎，以防伤害到顾客的感情。

(2)宾客财物失窃

首先，要提醒顾客将贵重物品和现金交给饭店保存，以防止意外的发生。其次，加强客房钥匙管理和客房巡查制度。一旦发生顾客物品丢失，饭店应采取措施，积极帮助客人寻找，或依照客人要求报警。要尽量减少客人损失，同时降低对饭店的负面影响。

2.客房失窃的原因

(1)员工内盗

客房员工的行窃行为是客房失窃重要原因，且很难防范。因此饭店必须把好员工招聘关，避免低素质员工的流入，同时加强饭店员工的思想教育工作，提高员工的道德水准。

(2)宾客盗窃

这主要是指住店客人中的一些不法分子进行的行窃行为。

(3)外来人员盗窃

这指是社会上的一些不良分子进入饭店，寻得安全防范漏洞进行的行窃行为。

3.盗窃事故的预防

为有效防止失窃事件的发生，应针对不同的失窃原因采取相应的预防措施。

(1)防止员工偷盗行为

客房部的员工平时接触饭店和宾客的财物，因此，客房部应从实际出发制定以下有效防范员工偷窃的措施：

①聘用员工时，严格进行人事审查。

②制定有效的员工识别方法，如通过工作牌识别员工。

③客房服务员、工程部维修工、餐饮部送餐服务员出入客房时应登记其出入时间、事由、房号及姓名。

④制定钥匙使用制度。客房服务员领用工作钥匙必须登记签名，使用完毕后将其交回办公室。

⑤建立部门资产管理制度，定期进行有形资产清算和员工存物柜检查，并将结果公之于众。

⑥积极开展反偷盗知识培训和对偷盗者的教育。

(2)防止客人偷盗行为

客房部制订科学、具体的“宾客须知”，明确告诉宾客应尽的义务和注意事项。也可以采取以下措施：

①在饭店用品上印上或打上饭店的标志或特殊标志，使客人打消偷盗的念头。

②制作一些有饭店标志的精美的纪念品：如手工艺品等，给客人留作纪念。

③做好日常的检查工作，严格管理制度，杜绝客人的不良企图。

(3)防止外来人员的偷盗行为

①加强楼层进出口控制及其他场所的不定时巡查。

②加强安全措施，对于摆放在公共场所的有价值物品，要注意保护。

③注意来往人员携带的物品，对于可疑人物尤其要高度重视。

4.失窃事故的处理

饭店宾客的财物被盗以后，宾客直接报警的，由公安部门负责处理，饭店提供相关协助即可。宾客未向公安报案,而是向饭店反映丢失情况,由饭店全权负责处理。

(1)一般失窃

宾客反映客房失窃时,如果是一般失窃,应先请宾客回忆一下丢失物品原放的位置,是否用过后放在别处。特别是细小的东西,很容易掉到枕头下、床下、沙发底或沙发接缝等地方,在征得宾客同意后帮助查找。

(2)重大失窃

当顾客丢失物品价值较大,应立即保护现场,并报告安全部门,必要时要将宾客的外出、该房间的来访等情况提供给有关部门,协助调查处理。具体程序是:

①当值服务员,应在第一时间向保安部报案,并向当值楼层经理汇报。

②保安部在接到报案后,应在第一时间由一名主管级以上人员前往现场处理。

③当即询问客人以及有关当事者并作记录。

④保安部调查时,客房部及各部与案件有关联系者、当值人员不得离开。

⑤保安部如发现窃案成立,应在8小时内做好自侦工作,如发现无力进行自侦,即向公安部门报案。

⑥保安部如发现案件成立条件不足,应告知饭店值班经理,由值班经理向客人解释。

⑦如客人坚持案件成立,可告知客人去公安机关报案,保安部予以协助。

⑧对客房及其他部门发生之失窃案,保安部应在24小时内写出报告。

⑨对抓获现行窃案,本部应立即展开调查,监控其他涉嫌分子,由管理层决定自行处理或移交公安机关处理。

⑩对失窃案涉及的酒店员工,应谨慎处理,注重事实依据,并有详细的调查报告。

任务三:其他安全隐患与事故处理

1.客人伤病的处理

由于饭店配备专业医护人员的数量极少,所以应选择合适的客房部员工接受有关急救知识及技术的专业训练。在遇到客人伤病的时候,能协助专业医护人员或独立地对伤病客人进行急救。饭店还应备有急救箱,箱内应装备有急救时所必需的医药用品与器材。

任何员工在任何场合发现有伤病的客人应立即报告,尤其是客房部的服务员及管理人员,在工作中应随时注意是否有伤病客人。

一旦接到有伤病客人的报告，客房部管理人员应及时与专业医护人员或受过专业训练的员工联系并到现场，实施救助。如伤病情况不严重，经处理后再送客人去医院。如病情严重，应在进行急救的同时将其送到医院去治疗，绝不可延误时间。

事后应由客房部写出客人伤病事故的报告，列明病由、病状及处理方法和结果。该报告除呈报饭店总经理室外，还应存档备查。

2.醉酒客人的处理

醉酒客人的破坏性较大，轻则行为失态，随地呕吐，重则危及生命。客房服务员遇上醉客时，头脑应保持冷静，根据醉酒客人的不同情况处理。一般应采取以下措施：

(1)对较轻的醉客，应适时劝导，安置其回房休息。

(2)对因醉酒而大吵大闹的客人要留意监视，一般不予干预，应报告楼层经理及保安部。

(3)对随地呕吐的醉客要视情处理，对呕吐过的地面应及时处理。

(4)对倒地不省人事的醉客，应与保卫人员配合将客人搀扶至客房，同时报告楼层经理，在对其进行服务时，切不要单独进入醉酒客人房间。

(5)对醉客的纠缠不休要礼貌回避，不要刺激客人。

(6)如醉酒客人严重破坏物品或伤害他人行为，要通知保安人员出面干预。

(7)夜班人员应注意观察醉酒客人动静，以防客人发生伤害或造成火灾等意外事故。

3.客人死亡的处理

客人死亡是指宾客在饭店内因病死亡、自杀、他杀或原因不明的死亡。

正常死亡客人的处理规定：

(1)正常死亡需公安机关对尸体做出检验才能定论。

(2)发现住客死亡之后，服务员应立即报告部门领导，迅速通知死者的家属、工作单位、接待单位、同行人员。如是境外人员，须及时通知投保的保险公司。

(3)通知饭店总经理及有关部门的经理，通知前台封锁该房，注意房号保密。

(4)征得死者家属或单位同意后，报公安机关，并接受法医验尸。

(5)尽快将死者转移出饭店，转移时注意避开住客，可选择夜深人静之时从员工梯降到后区出店。

(6)死者的遗留物品应及时整理、清点和记录，作为遗留物品妥为保存，待死者有继承权的亲属或委托人认领并做好领取的签收手续。

(7)前厅部经理应根据调查的结果写出客人在店期间死亡及处理经过的报告，经总经理审阅通过，一份留饭店备案，其余的交给死者亲属及有关单位和人员。

(8)对死者的死因不作随意的猜测和解释,统一由饭店指定的权威人士解答。

(9)请卫生防疫部门严格消毒客房,客人用过的物品和卧具焚毁处理。

(10)国内人员可根据死亡者所留下的证件、电话号码等与其亲属联系,并根据中国法律进行处理;国外人员除以上方法与大使馆或领事馆取得联系外,还要尽可能地根据各国的民族风俗进行处理。

非正常死亡客人的处理规定:

(1)立即报告公安机关。

(2)无论是室外、室内的死亡现场,都必须保护尸体和保护现场的各种痕迹、物证不受破坏。

(3)遇悬挂着的尸体,检查是否还有体温,是否还有脉搏或呼吸,应首先考虑抢救,抢救时可先用剪刀剪断颈部的绳,将人体卸下时避免造成新的伤痕,并将绳保存好;如确认已经死亡,则不要移动尸体,待公安人员到场后进行处理。

(4)如室外遇急救人命、抢救财物、排除险情等必须进入现场或必须移动现场物品时,保安员应尽量避免踩踏现场的足迹和触摸现场的物品,对罪犯留在现场的物品、工具等不要用有浓烈气味的物品遮盖,以免破坏嗅源。

4.遇到自然灾害时的处理

威胁饭店安全的自然灾害有:水灾、地震、台风、龙卷风、暴风雪等。针对饭店所在地区的地理、气候特点,饭店应制定出预防及应付可能发生的自然灾害的安全计划。客房部则应有相应具体的安全计划,内容包括:

(1)客房部及其各工作岗位在发生自然灾害时的职责与具体任务。

(2)应备有各种应付自然灾害的设备器材,并定期检查,保证其处于完好的使用状态。

(3)情况需要时的紧急疏散计划。

5.停电事故的处理

停电事故可能是外部供电系统引起,也可能是饭店内部供电发生故障。停电事故发生的可能性比火灾及自然灾害要大。因此,对有 100 个以上客房的饭店来说,应配备有紧急供电装置。该装置能在停电后立即自行启动供电,这是对付停电事故最理想的办法。在没有这种装置的酒店内,客房部应设计一个周全的安全计划来应付停电事故,其内容包括:

(1)若预先知道停电消息时,可用书面通知方式告知住店宾客,以便宾客早作准备。

(2)向客人及员工说明这是停电事故,保证所有员工平静地留守在各自的工作岗位上,在客房内的客人平静地留在各自的客房里。

(3)用手电照明公共场所,帮助滞留在走廊及电梯中的客人转移到安全的地方。

(4)在停电期间,注意安全保卫,加强客房走道的巡视,防止有人趁机行窃。

(5)防止客人点燃蜡烛而引起火灾。

(6)供电后检查各电器设备是否正常运行,其他设备有没有被破坏。

(7)向客人道歉并解释原因。

(8)做好工作记录。

6.客人遗留物品的处理

饭店管理客人遗留物品的归口部门是客房部,由客房服务中心或办公室负责处理。

要设立物品登记保管制度,详细记录失物或客人遗留物品情况,包括物品的名称、遗留地点及时间、拾获人等。对遗留物品要注明房号、客人姓名、离店时间等。

(1)当客人结账离店时,客房服务员应迅速查房,如发现遗留物品,应立即通知客房中心或直接与前厅部联络;如果是散客的贵重物品,客房服务员可通过前厅部与客人联络;若是团队客人的,则与团队联络员联系;若找不到失主,服务员应立即将物品送至客房中心或指定地点。

(2)房内遗留的一般物品,由服务员在《服务员工作日报表》上"遗留物品"一栏内填写清楚。下班前,在《遗留物品控制单》上填写此物品的房号、名称、数量、质地、颜色、形状、成色、拾获日期及自己的姓名。《遗留物品控制单》一式三份,一份归拾获者,一份随物,一份留底,一般物品要与食品、钱币分开填写。将遗留物品连同填好的表单送至客房中心或指定地点。

(3)早、晚班服务员收集的遗留物品交到客房中心或指定地点后,由当班的中心联络员或专人负责登记在《遗留物品登记簿》上。

(4)钱币及贵重物品经登记后,交主管进行再登记,然后交秘书保管。

(5)一般物品经整理后应与《遗留物品控制单》一起装入遗留物品袋,将袋口封好,在袋的两面写上当日日期,存入遗留物品储存室。

(6)遗留物品储存室每周由专人整理一次。如有失主前来认领遗留物品,须要求来人说明失物情况,并验明证件,由领取人在《遗留物品控制单》或《遗留物品登记簿》上写明工作单位并签名后取回该物。领取贵重物品时需留有领取人的身份证件的影印件,并通知大堂副理到现场监督、签字,以备查核。若认领遗留物品的客人在前厅等候,则由秘书或主管将物品送到前厅。经客人签认后的控制单贴附在该登记本原页的背面备查。

(7)若有已离店的客人来函报失及询问,客房管理人员在查明情况后,亲自给客人以书面答复。所有报失及调查回复资料应记录在相关表格上备查。

①若客人打电话来寻找遗留物品，需问清情况并积极帮助查询。若拾物与客人所述相符，则要问清客人领取的时间，若客人不立即来取，则应把该物品转入待取柜中，并在《中心记录本》或工作日报上逐日交班，直到客人取走为止。

②若客人的遗留物品经多方寻找仍无下落，应向部门经理汇报，饭店对此情况应重视并尽力调查清楚。

③所有的遗留物品处理结果或转移情况均须在《遗留物品登记簿》上予以说明。

7.客人意外受伤的处理

客人在客房内遭受的伤害大多数与客房内的设备用品有关，主要为设备用品本身有故障或是客人使用不当。一旦遇到宾客负伤、生病等紧急情况时，必须向管理人员报告，同时应立即采取救护行动。

(1)开房门发现客人倒在地上时，应注意宾客是否在浴室倒下；是否因病（贫血或其他疾病）倒地；是否在室内倒地时碰到家具；身上是否附着异常东西（绳索、药瓶等）；倒地附近是否有大量的血迹；应判明是否因病不能动弹，是否已死亡。

(2)在发生事故后，应立即安慰客人，稳定伤（患）者的情绪，注意观察病情变化，在医生来到之后告知病情。

(3)服务人员在医护人员来到之前，也可以进行临时性应急处置。如果伤处出血时，应用止血带进行止血，如果不能缠绕止血带时，用手按住出血口，待医生到达后即遵医嘱处理。

(4)如果是轻度烫伤，先用大量干净水进行冲洗；对于重度烫伤，不得用手触摸伤处或弄破水泡，应听从医生的处理。

(5)如果四肢骨折时，先止血后用夹板托住；如果是肋骨骨折，应在原地放置不动，立即请医生处置。

(6)如果头部受了伤，在可能的情况下要小心进行止血，并立即请医生或送往医院。

(7)如果后背受了伤，尽量不要翻身体，应立即请医生或送往医院。

(8)如果杂物飞进眼睛，应立即上眼药或用洁净的水冲洗眼睛。

除此之外，为尽量减少发生客房内的意外事故，在平时的工作中，服务员要增强责任心，细心观察，严格按照岗位职责和操作规程办。管理人员查房时也要认真仔细，不走过场，许多不安全因素就会被消灭在萌芽状态。

8.预防外来侵入和骚扰事件

客房部安全管理工作还要预防外来侵入和骚扰事件，此类事件既影响了饭店的正常营业，威胁着饭店、客人的名誉安全，也干扰客人在饭店中的正常活动与休息。因此，要做好预防工作，防患于未然。

(1)预防外来侵入

为防止住客在客房内遭受外来的侵扰，客房门上的安全装置是十分重要的，包括能双锁的门锁、安全链、无遮挡视角一般不低于160°的门镜、其他能进入客房的入口处的门(阳台门、连通门等)都应能上闩或上锁。

(2)预防骚扰

预防外来的对住客的骚扰，尤其是娼妓骚扰(往往采用打电话式)，是客房安全管理中很棘手的一个问题。不但影响饭店的声誉和正常营业，而且也干扰了客人在饭店中的正常活动和休息，威胁着客人的安全。根据国内外一些饭店的经验，可以采取较为灵活的方法加以控制：

①保安人员和服务人员不动声色地进行监视，一旦有娼妓嫌疑的人准备乘电梯上楼时，保安人员既用对讲机或电话通知楼层服务员，告知其特征，注意对其的“接待”。

②当“客人”走出电梯时，客房服务员可让其办理访客登记手续，并以巧妙方式提问试探，必要时可委婉地请其下楼。

③客房服务员应尽量记住住客和访客，特别是一些可疑者的特征，如发现异常情况及时向管理人员或保安部门报告。

④可在饭店总机房安装电话来电显示器，如发现有相同号码的电话经常打往饭店不同客房时，可采取预防措施。

⑤当客房部员工发现有住客带暗娼进房时，应报告饭店保安部。

任务四：客房员工职业安全防护

1.客房职业安全培训

(1)坚持正确操作

①移动较重的物品，应使用手推车；举笨重的物品时，应先蹲下，平直上身，然后将物品举起。

②如需取高处物品，应使用梯架。

③当进行高空抹窗工作或在公共区域的地板落蜡时，必须放置警示牌，让过往行人小心留意。

④客房清扫中关房门时，要握着门把，而不要扶着门的边缘拉门。

⑤打碎玻璃不能用手捡拾，应先用扫把扫起，再用吸尘器将碎玻璃吸干净。

⑥吸尘器严禁吸水，使用时应先接电源，再启动吸尘器。

⑦化学药品的名称及使用说明应当清楚地标明在容器表面，班组应根据化

学药品的使用手册配备相应的操作工具及防护用品，人力接触化学制品如发生不良反应应即刻向上级汇报。

(2)减少事故隐患

①地面水迹及时擦干，清洁地面时，摆放相应的指示牌。

②不可将手直接伸进垃圾桶或垃圾袋内捡垃圾，清扫卫生间时发现有客人丢弃的剃须刀片，应妥善处理。

③任何带血的布草和垃圾必须单独摆放在袋子中，并及时处理。

④如发现玻璃或镜子崩裂，必须马上向上级报告，并通知工程部立即更换，不能立即更换的，必须要用强力胶纸贴上，以防有坠下的危险。

⑤不稳之台、椅或床，须尽快修理。

⑥放置清洁剂及杀虫剂的仓库应与放食品的仓库分开，并做明显标志，以免弄错。

⑦洗地毯或洗地时，留意是否弄湿电掣及插座，小心触电。

(3)合理使用体力

①利用合理的搬运方法，避免肌肉拉伤。

②不要搬运自己看起来搬不动的物品，翻转床垫或其他重物时，应立即寻求帮助。

2. 客房职业安全管理

(1)合理安排人力

在工作安排时，管理人员科学配置人员，需要搬运移动贵重、沉重的物品时，提前培训，说明注意事项，保证工作顺利进行。

(2)改善工作条件

①改善劳动环境。

②提供高效设备。

③科学设计制服。

④配备劳保用品。

(3)建立健康档案

(4)制定安全措施

制定相应的化学药品使用办法、搬运物品注意事项等工作程序标准，并及时培训员工。

相关链接：

如何避免搬运工作中的伤害事故

1. 按规定穿戴劳保用品，如手套、胶鞋等。

2. 在搬运重物前确保路线畅通，将可能妨碍搬运的物品移开。

3. 搬运物品前应观察一下，看在搬运过程中物品会不会倾倒。

4. 确保在搬运时员工的视线不被挡住。

5. 不要在打滑的地面上搬运物品，那很容易发生事故。

6. 安排两人合作时，尽量选择体力相仿的。

7. 在两人合搬重物时，应事先约定好谁负责，由他在搬运过程中发信号。

8. 尽可能考虑购买一些搬运的器械，如平板车等。

9. 尽量不要在地面上拖物品，而应用车搬运。

10. 充分考虑所用设备的承重力。

11. 在可能的情况下，尽量推而不要拉。

12. 搬运物品时，尽量使物品靠紧身体，物品离身体越远，搬运的难度就越大，员工也越容易疲劳。

13. 在搬运重物时，不要扭动身体；动作不要太快，要慢而匀速。

14. 搬运时保持正确的身体姿势，上身尽可能挺直，这既有益于身体健康，又能避免腰部扭伤。

15. 从地面提起重物时，一定要先蹲下，而不要弯腰。

16. 当把某重物搬到某一平面上时，应先把它放在平面的边上，然后再往里推，要避免直接把重物往里面放，它会使员工的腰部承受很大的力。

17. 当两人合搬一物品上楼梯时，后面的人应面对物品，前面的人可以面对物品，也可以背对物品，但搬物品下楼时，两人都必须面对所搬的物品。

18. 搬运较长物品时，即使物品不重也要两人搬，那可避免撞到别人或设备物品。

19. 要保持手面的干爽，以免在搬运的过程中打滑脱落造成事故。

20. 使用梯子时，不要站到梯子的最高层以保证较好的平衡，确保梯子稳固。

——摘自《客房部的安全与劳动保护》，豆丁网，2010年2月13日

【小结】

饭店对客服务质量的好坏直接决定着饭店经营业绩，而顾客人身和财产安全则是饭店对客优质服务最基本保障，也是饭店管理工作最重要的环节之一。

饭店客房安全工作不仅仅是简单地保障客人的人身和财产安全，还涉及到饭店的经济效益和饭店客房部员工的切身利益。因此，客房部的安全管理意义重大。

客房安全管理工作的任务主要包括：做好安全培训和宣传工作，培养员工良好的安全意识；制定客房安全操作规程和管理制度；客房安全和对客服务完美结合。

客房安全管理的重点在于安全隐患与事故处理，特别是防火防盗等安全事

故。除此之外，在客房中还要正确处理醉酒客人等环节中存在的安全隐患。

最后，为确保安全工作真正落到实处，保证客房安全，客房还必须有一套可行的安全制度，来规范饭店员工和顾客的行为，防止安全事故的发生。

【复习思考题】

1. 客房安全管理的意义是什么？
2. 客房安全管理的特点是什么？
3. 火灾的成因有哪些？
4. 客房防火的主要措施有哪些？
5. 怎样处理火灾？
6. 如何加强客房部员工的安全培训工作？
7. 楼面的防盗措施有哪些？
8. 客房安全设施的配备有什么？
9. 如何处理客人醉酒事故？

【推荐阅读】

1. 张志军：《饭店安全管理实务》，旅游教育出版社 2008 年版。
2. 袁义：《现代酒店安全管理工作的特点分析》，载《商场现代化》2008 年第 21 期。

模块六　客房成本控制及预算管理

【课前导读】

成本费用泛指企业在生产经营中所发生的各种资金耗费。对于酒店而言，成本费用是指酒店在运行过程中发生的可以用资金来衡量的损耗。成本费用是反映和监督劳动耗费的工具，是补偿生产耗费的尺度，同时，成本费用可以综合反映企业工作质量，是推动企业提高经营管理水平的重要杠杆。加强成本管理，降低经营耗费，有利于促使企业改善生产经营管理，提高经济效益。

预算是一种量化的控制技术。作为一种数量化的详细计划，它是对企业未来活动的细致、周密安排，是未来经营活动的依据，数量化和可执行性是预算最主要的特征。因此，预算是一种可以据以执行和控制经济活动的、最为具体的计划，是将企业活动导向预定目标的有力工具

【学习目标】

知识目标

1. 熟悉饭店客房成本控制的基础知识。

2. 掌握客房预算编制的主要内容。

能力目标

1. 掌握客房人力资源成本管理的重点及方法。

2. 掌握客房物资成本的类型及管理重点。

3. 了解预算的类型、组织步骤，并能进行预算编制。

【案例导入】

沃尔玛降低成本系列方法之“物流配送中心的应用”

沃尔玛作为全球最大的零售企业之一，创造了很多企业经营管理的神话。但在企业运行的各类成本中，最昂贵的就是运输部分，所以沃尔玛在设置新卖场时，尽量以其现有配送中心为出发点，卖场一般都设在配送中心周围，以缩短送货时间，降低送货成本。沃尔玛在物流方面的投资，也非常集中地用于物流配送中心建设。

1. 快速高效的物流配送中心

物流配送中心一般设立在100多家零售店的中央位置，也就是配送中心设立在销售主市场。这使得一个配送中心可以满足周边城市销售网点的需求；另外运输的半径既比较短又比较均匀，基本上是以320千米为一个商圈建立一个配送中心。

2. 沃尔玛配送中心的CD作业方式

配送中心的一端是装货的月台，另外一端是卸货的月台，两项作业分开。看似与装卸一起的方式没有什么区别，但是运作效率由此提高很多。

交叉配送(Cross Docking，简称CD)，交叉配送的作业方式非常独特，而且效率极高，进货时直接装车出货，没有入库储存与分拣作业，降低了成本，加速了流通。

【课堂思考】

通过对上述案例的了解，你如何认识企业的成本费用控制工作？

项目一 客房人力资源成本控制

任务一：客房编制定员的程序和方法

1. 选择服务模式，确定组织机构和岗位设置

客房部的服务模式有客房服务中心、楼层服务台与既设立楼层服务台又设立客房服务中心三种模式。每一种模式都直接影响服务员的配置数量。因此，饭店应根据自身的条件和特点作出正确的选择。

组织机构如何设立与所需配置的员工数量有着直接的关系。如果组织机构的层次多、岗位多，所需配置的员工就多，而客房部组织机构的设立受饭店的规模、等级和客房部工作范围等因素的影响。目前，很多饭店在设立组织机构时，尽可能压缩层次，减少岗位，使组织结构扁平化，从而减少人员编制。

2. 预测各岗位工作量

在确定了客房部的组织机构和岗位设置后，就可以着手预测各岗位的日平均工作量。各岗位的日平均工作量是客房部编制定员的重要依据，综合各岗位工作量和员工的平均工作效率，就可以得出各岗位的编制定员。各岗位工作量的测定需要考虑饭店规模、客房平均出租率、客人平均逗留时间等相关因素。

在日平均工作量的基础上，综合其他因素的影响，可以大致预测出客房部各岗位的基本工作量。这些因素主要有季节，气候，经常性的大型社会、文化、体育活动，各类展览会、展销会、交易会等大型商务活动等。这些变动因素对饭店的

客房出租率和客源结构都有较大影响，会直接影响客房部各岗位的工作量。

3.确定各岗位工作定额

客房部的工作定额是指在一定的物质、技术和管理条件下，客房部员工发挥正常的工作效率，在单位时间内所应完成的标准工作量或为完成单位工作量所消耗的时间。

确定客房部各岗位的工作定额时应综合考虑大部分员工的业务水平和基本素质、客房部的设施设备条件、服务标准以及工作的吸引力等因素。员工的综合素质高，业务熟练，客房部设施设备先进齐全，工作的吸引力大，员工的工作效率自然会高。而服务标准越高，投入的劳动量就会越大，因此要使定额指标与服务的规格标准相适应。

工作定额的确定方法通常有两种：一是经验预测法，二是技术分析法。

经验预测法就是以历史上本饭店或其他同类型饭店实际达到的指标或行业平均水平为基础，结合饭店客房部现有的人员、设备、技术条件，经营管理水平以及所需达到的质量标准，预测劳动效率可能提高的因素，经过综合分析确定劳动定额。这种方法简便易行，工作量小，所确定的定额标准基本能够反映员工的实际工作效率，但这种方法不够细致，定额水平往往过于平均化，缺乏先进性，不能保证充分利用员工的工作能力。

技术分析法就是通过分析员工的操作技术，在挖掘潜力的基础上，对工作各部分、各环节的时间进行观察、测定和计算，根据测定和计算结果来制定或修订工作定额。这种方法操作起来比较复杂，耗时多，成本高，但比较科学，尤其适用于客房部清洁工作的定额制定。在具体操作中，必须注意选择合适的测试对象，他们要有代表性，能够真实反映员工的实际水平。另外，测试手段和方法也必须科学。

技术分析法的计算公式为：

$$劳动定额=\frac{规定时间-(准备时间+结束时间)}{(基本作业+随机服务时间)\times(1+休息系数)}$$

4.确定人员编制

客房部在编制定员时，要以精简高效为原则，既要保证正常运行，又要避免人力浪费。客房部编制定员的基本方法有两种：劳动效率定员法和岗位定员法。

(1)劳动效率定员法

劳动效率定员法是以劳动效率为基础，根据员工的工作量、劳动率、出勤率等因素来确定所需的员工数。凡是实行劳动定额管理并以手工操作为主的工种都可采用这种编制方法，如客房楼层服务员。该方法的计算公式为：

$$定员人数=\frac{工作量}{工作定额\times员工出勤率}$$

(2)岗位定员法

就是根据客房部的组织机构、服务设施设备等因素先确定所需岗位,再根据岗位的业务特点,考虑各岗位的工作量、班次、员工出勤率等,确定各岗位所需配置的员工数量。这种方法适用于管理人员和从事综合服务员工的定员。

[例题]某四星级旅游饭店拥有 480 间客房(均折成标准间计),平均分布在 20 个楼层。其中有 5 个楼层为行政楼层,设有楼层服务台,每天安排两个班次的专职值台员负责对客服务(每班每层 1 人)。其他楼层的对客服务工作由客房服务中心统一调控。各楼层服务员的工作定额为:早班 12 间/人,中班 48 间/人。楼层管理人员设楼层主管岗位,分早晚两班,早班每个主管负责 4 个楼层,中班每个主管负责 10 个楼层。该饭店实行每周 5 天工作制,员工除固定休息日外还可享受每年 10 天法定假日和 7 天有薪假期,假定员工病事假为年人均 10 天。预计该饭店年均客房出租率为 80%。请为该饭店客房楼层各岗位进行编制定员。

解:根据已知条件和上面所介绍的定员方法,计算如下:

①计算员工出勤率

员工年工作日=365-每周固定休息日-法定休息日-有薪假期-病事假

=365-(52×2)-10-7-10=234(天)

员工每年的出勤率=234÷365=64%

②楼层值台员定员人数

按岗位定员法定员:2×5=10(人)

实际需要人数:10÷64%=16(人)

③早班服务员定员人数

按劳动效率定员法定员:(480 间×80%)÷(12 间/天·人×64%)=50(人)

④中班服务员定员人数

按劳动效率定员法定员:(480 间×80%)÷(48 间/天·人×64%)=12(人)

⑤楼层主管定员人数

按岗位定员法定员:

早班:20÷4÷64%=8(人)

中班:20÷10÷64%=3(人)

综上所述,该饭店客房楼层所需员工人数为:

16+50+12+8+3=89(人)

任务二:人力资源调节的方法

对人力资源需求预测和供给预测进行比较后发现,许多组织的人力资源存在着供给与需求的不平衡,其原因很多,表现也不相同。有些是人力资源供求总量的不平衡,有些是人力资源供求结构方面的不平衡。因此,人力资源规划的一个任务就是要制定适当的政策,采取相应的措施调节人力资源供求的不平衡。

1. 人力资源短缺的调节

当企业业务发展或业务结构发生调整时,都有可能产生人力资源短缺的问题。有很多方法可以用来解决人力资源短缺的问题。

人力资源短缺的解决方法:

①充分利用现有人员,提高现有人员的工作效率

- 将员工从人员过剩的部门或岗位调到人员短缺的部门或岗位;
- 对员工进行培训,使其胜任新岗位的工作;
- 在法律允许的范围内增加工作时间;
- 提高员工的工作效率。

②增加雇佣,补充人力资源的不足

- 招聘新员工;
- 招聘临时工或小时工。

③减少人力资源需求量

- 将生产任务转包给其他企业;
- 安装生产设备,用机械生产代替人工劳动。

(1)充分有效地利用现有员工

充分有效地利用现有员工是解决组织人力资源不足最常采用的方法。当组织出现人力资源短缺时,特别是结构性短缺时,可以考虑将员工从人员过剩的岗位转换到人员短缺的岗位。这种做法面临的问题是有些员工缺乏新岗位所需的技能,无法胜任新的工作,这就需要通过对员工进行培训,使员工掌握新技能,适应新工作。

另外,还可以通过改进工作方法和工作程序,制定一系列的激励政策或者改善员工的工作技能等途径提高员工的工作效率。如果人力资源的短缺矛盾并不十分突出,那么可以通过适当增加工作时间的办法加以解决。

(2)增加雇佣,补充人力资源不足

如果组织存在总量上的人力资源缺短,无法通过组织内部员工轮换来解决,或者现有人员的知识、技能都无法适应新的业务发展的需要,那么就必须通过外部招聘、增加雇佣来解决。采取增加雇佣的方法补充人力资源的不足,关键要对劳动力市场人力资源的供给情况有准确的了解。如果企业人力资源的短缺是临

时性的或季节性的，那么企业可以通过雇用临时工或小时工的办法来解决。

(3)减少对人力资源的需求

当企业由于突然间得到一个大订单，造成企业临时性人员短缺，企业无法在短时期内招聘到合适的员工，或者雇佣成本很高时，可以通过将生产任务转包给其他企业，或者通过增加设备，利用机器设备代替人工劳动等途径，减少企业对人力资源的需求。

解决人力资源短缺的各种方法的效果是不同的，如表 6-1 所示。

表 6-1　　避免人力资源短缺的各种方法比较

方法	解决速度	可回撤程度
加班	快	高
临时雇用	快	高
外包	快	高
再培训后换岗	慢	高
减少流动数量	慢	中等
外部招聘	慢	低
技术创新	慢	低

资料来源：[美]雷蒙德·A·诺伊：《人力资源管理》，刘昕改编，中国人民大学出版社 2011 年版，第 186 页。

2. 人力资源过剩的调节

人力资源规划的另一个结果是组织的人力资源过剩。当今，技术迅猛发展，环境变化速度加快，特别是近年来掀起的全球性企业并购热潮，导致市场竞争日趋激烈，不少企业不得不通过减员提高效率，降低成本。在我国随着企业改革的深化，产业结构的调整，很多企业也面临着人员过剩的问题。采取适当方法调节人力资源过剩是人力资源规划的一个重要内容。

在过去相当长的时间内，许多企业都是通过大量裁减雇员的方法来解决企业存在的人员过剩的问题。在 1987～1991 年之间，《财富》杂志所列的 1000 家企业中有 850 家企业解雇过雇员。IBM、P&G、AT&T 等世界著名大公司仅在 1993 年上半年中就解雇员工 353000 人。但是，通过解雇员工调节人力资源过剩常常并不成功。下列一组数据就说明了这一点。

· 90％的公司希望通过裁员降低成本，只有 61％的公司实际降低了成本。

· 85％的公司希望通过裁员提高利润，只有 46％的公司实现了这一目标。

· 58％的公司希望通过裁员提高生产效率，只有 34％的公司实现了这一目标。

·61%的公司希望通过裁员改善公司的服务，实际上只有31%的公司实现了这一目标。

·在被调查的企业中一半以上的企业在一年内又重新添满了被取消的岗位。除此之外，通过解聘或裁员的方法解决人力资源过剩，还可能产生一系列的法律或社会问题。所以，现在越来越多的企业采用代解雇的一些其他方法调节人力资源的过剩。

(1)限制雇用

采取限制雇用政策实际上是通过自然减员的方式减少人力资源的需要。一般情况下，当员工因退休、调离的原因离开岗位，该岗位不再被补充。只有当空缺的岗位会影响到整个组织时，才需要补充该岗位空缺。

(2)减少工作时间

减少工作时间也是解决人力资源过剩的一种方法。但是这种方法更适合于计时工资制的工人。通过减少工作时间调节人员过剩，降低成本。

(3)鼓励提前退休

许多企业通过提前退休的优惠政策，鼓励那些接近退休年龄的员工提前退休，以此减轻企业人力资源的过剩压力。但是这种方法也存在一些问题，一是成本较高；二是会有一些企业还需要的员工也离开企业。

(4)减少工资或限制工资增长

在很多情况下裁员或减员会引起员工和工会的反对，甚至会在全体员工中产生不必要的恐慌。企业可以通过限制工资增幅或者适当减少工资的办法来降低人工成本，提高市场竞争力。

(5)工作轮换或工作分享

组织有时通过工作轮换或工作分享来减少组织内部人力资源过剩的问题，这种方法尤其适用于组织调整或组织内部结构性过剩，通过这种办法，既可以同时解决组织内部人力资源过剩和人力资源短缺的问题，也使员工获得了更多的技能。

(6)裁员

裁员无论对管理者还是对员工来说，都是一次痛苦的经历，所以组织尽量避免通过裁员解决组织人力资源过剩的问题。然而，有些时候组织为了应付强大的市场压力，为了求得良好的发展，不得不进行裁员。

裁员会产生许多问题：裁员会导致关键性人才和技术的流失，公司可能失去那些最能焕发企业竞争活力的员工；裁员还会使留职员工士气低落；实施过裁员的公司，其中大多数最后又不得不重新聘请原来的员工作为顾问，除了直接的雇用成本外，为了替代流失的关键人才的成本花费也很惊人。

管理学家罗伯特·瑞克(Robert Reich)谈到裁员时说:“采取什么样的裁员措施,比是否裁员更为重要。”如果必须裁员,建议采取五阶段的步骤。

第一阶段组织轻易不要动用裁员手段。当不得不裁员时,组织一定要对裁员的利弊作出清楚的预测和分析,对裁员后组织的发展前景有明确的规划。

第二阶段是制订详细的裁员计划。这包括成立裁员领导小组,确定被裁对象的范围,向有关专家咨询,并对相关经理进行培训。

第三阶段是向员工宣布裁员决定,并向员工解释原因,力求得到员工的理解和支持,恰当地安排宣布的时间和细节等。

第四阶段是实施裁员计划。为了减少裁员给员工带来的痛苦,组织应该为员工提供必要的帮助。

第五阶段是进行留职员工的教育和培训。裁员工作结束后,要对留职的员工进行教育,表达企业对其器重,以鼓励其努力工作。同时,因人员减少,某一岗位可能要承担到新的任务,因此,就需要对员工展开培训。

裁员是组织为了自身发展而进行的一种适应性行为,当裁员不得不发生时,组织一定要正确应对裁员过程的各个环节,尽量做到公平、合理、科学,将裁员痛苦尽量减少。

采用什么方法减少人力资源过剩效果更好,可参见表 6-2。

表 6-2　　减少预期人力资源过剩的方法比较

方法	效果显现速递	对员工伤害的程度
裁员	快	高
减薪	快	高
降级	快	高
工作轮换	快	中等
工作分享	快	中等
退休	慢	低
自然减少	慢	低
再培训	慢	低

项目二 客房设施设备及用品成本控制

任务一:科学配置客房设施设备

1. 客房设备的特点

(1)投资额大

随消费者生活水平的提高,对客房设备的要求也越来越高。同时,因客房区域相对较大,所需设备从数量上讲也比较多,所以说客房设备在所有的投资中会占有较大比重。

(2)技术先进

客房为满足住客需求,在设备购置方面除要注重安全、美观、实用外,还应注重技术因素,满足客人的高层次需求。

(3)维护费用高

客房设备档次愈高,技术愈先进,对使用人员及维修人员的技术要求就越高,对配件的配备、维护设备的购置等相关费用也会增加,从而会在较大程度上提高维护成本。

(4)更新周期缩短

客房的设备除要求具备最基本的使用功能外,也是作为显示客房档次的重要组成部分,因而存在高档设备出现后将原有设备更换的现象,这就决定了设备的更新周期比较短。

2. 客房设备选择的原则

客房设备种类多、数量大,是客房提供服务的物质基础。不管从投资成本的控制角度,还是从显示客房整体档次角度,客房设备的选择都是客房管理的重要工作内容。

(1)注重设备档次

现代客房设备的购置、更新要与饭店的档次相适应,并在经济合理的原则下尽量选择先进和良好的设备。设备等级的高低,会直接影响客房的档次。

(2)实用性强,方便客人与员工使用

选择设备还要考虑实用性。客房内的设备绝大多数会提供给客人使用,所以在设备选择时首先就要满足客人的生活需要,只有使客人的生活方便,才会有对客房产品的享受可言。

另外,客房设备在实用性方面不仅要考虑客人,而且还应考虑员工。要选择能减轻员工劳动强度且易于操作的类型,同时还应注意设备的维修难度。

(3)针对市场需求

客房设备的购置应注意饭店所面对的客源市场的实际需求,各饭店会因档次或特色不同而面对不同的消费者群体,各消费者群体表现出的特点又有所不同,所以在选择设备时应考虑上述因素。

客房设备应适应饭店档次,与饭店的建筑风格、环境整体格调相统一;设备的性能要先进,自动化程度高。

(4)与客房整体相协调

设备的型号、形状、外观色彩、质地等,必须与客房环境相协调。如果整个房间陈设布置对比反差太大,会给人一种东拼西凑之感。另外,设备之间应相互配套,如果房间地面铺设地毯,就应购置吸尘器与之配套,否则地毯的保养就成了问题。

(5)注重节能

设备的选择在保证正常工作的基础上要考虑节能。无论从全世界能源紧张的角度出发,还是从饭店自身利益考虑,节能对提升饭店经济效益会产生巨大帮助,因此应选择节能性好的设备。

(6)安全可靠

安全是住店客人的基本要求,也是维持饭店经营的基本保障。客房设备的选择和购置要考虑是否具有安全可靠的性能,这直接关系到客人,也关系到员工。例如,家具的防火阻燃性、电器设备的自我保护装置等等。

设备的运行还应可靠,这直接关系到维修的频次,进而关系到客房的服务质量,影响饭店形象。

(7)突出特色

客房的设备除了要服务好客人外,还应发挥其吸引客人的功能。既要做到方便客人使用,又要烘托出客房高雅的格调。

任务二:有效控制设施设备服务期成本

客房设备要处于完好状态,保持正常的运转,减少设备的故障及修理次数,并在此基础上延长使用寿命,除了规范的操作之外,还要做好维护保养工作。

1. 客房设备维护保养的基本方法

饭店的各种设备,由于其结构、性能和使用方法不同,设备维护保养工作的具体内容也不完全一致。但设备维护保养的基本方法是一致的,即清洁、安全、整齐、润滑、防腐。

清洁是指要经常对各种设备进行清洁。除了表面外,尤其要注意其内部的清洁,做到无灰尘、无污迹,保持良好的工作环境。安全是指客房设备要配齐各种安全保护装置,并对安全防护装置要定期检查,防止漏水、漏油、漏气、漏电等现象的发生,保证安全。整齐是指各种工具、配件放置要整齐,线路管道要完整,各种标志醒目美观。润滑是指对相关的设备应定时进行加油处理,保证各接触面润滑,运转顺畅。防腐是指饭店设备要防腐蚀,尤其是客人能直接接触的设备要注意,这会直接影响到饭店的档次,应引起注意。

2.饭店设备三级保养制度

设备的维护保养方法很多,无论采用哪种方法,其目的都是为了使设备保持良好性能,提高设备效率,降低成本,更好地为饭店的经营服务。

(1)设备的日常维护

饭店设备的日常维护是保证设备正常运行的基础。它是频次最高、内容最复杂的维护形式,在许多饭店都形成了明确的制度。一般来说,日常维护分班前、班中和班后等时间段进行。

(2)设备的保养

设备的保养是要使设备达到整齐、清洁、润滑和安全的要求,减少设备的磨损,消除设备的隐患,排除一般故障,使设备处于正常技术状态。通过保养,使操作者逐步熟悉设备的结构和性能。

(3)设备的大修

设备大修主要是对相关的零部件进行更换,延长使用年限,使设备重新达到最理想的运行状态,保持设备的完好率。大修主要是针对后台使用的动力设备进行。

3.饭店设备的点检

饭店设备的点检是一种现代先进的设备维护管理方法,是对影响设备正常运行的一些关键部位进行经常性检查和重点控制的方法。针对预先确定的设备关键部位或薄弱环节,通过各种检测手段,及时准确地获取相应部位的运行信息。

进行设备点检能够增强设备维护工作的针对性和有效性,第一时间发现故障或隐患,提高设备完好率,提高设备维修质量,并节省各种费用,提高了总体效益。

(1)设备点检的类别

为保证设备正常运转,点检工作到位、有效。设备的点检工作一般会从三个层次开展,即日常点检、定期点检和专项点检。

①日常点检:每日通过视觉、听觉、触觉等感官进行检查,并将检查结果进行详细记录。

②定期点检:依据设备使用的频次和检修要求,以一周、半月、一月或数月等

时间段对不同的设备进行检查。定期点检一般要通过专用检测工具进行，主要是针对那些重要设备。要检查设备的运行状况、隐患以及设备的磨损程度，为设备的维修方案提供依据。

③专项点检：是指有针对性地对与特定项目相关的设备进行的检测，聘请专业人员，使用专用仪器工具。

(2)设备点检的方法

设备点检方法有很多，依据检查时设备的状态可以分为运行中检查和停机检查；依据检查工作开展的方式可以分为凭感官、经验检查和使用仪表仪器检查。不同的设备应按照其相应的特点选择对应的点检方法。

点检工作质量的高低，会对设备的运行及修理工作起到重要作用，因此要加强督导、考核，使点检工作真正起到成效。

任务三：低值易耗品管理

客房日常用品又可称为"低值易耗品"，主要是满足客人住店期间的日常生活需要。主要表现为单位价值量低，并且容易消耗。虽然其单位价值量低，但它因为量大，所以在客房成本组成中占有较大的比重。因此，加强客用品的控制，是客房物资用品管理最重要的一环，也是降低成本的重要切入点。

1. 客用品的分类

(1)依消费者消耗形式划分

①一次性消耗品。如信封、茶叶、卫生卷纸、洗浴液等。

②重复性消耗品。如床上布草、卫生间巾类、饭店宣传用品、衣架、烟缸等。

此种分类方法有利于客房部分类、分项制定客用品的消耗定额，加强客房部物资用品的控制。

(2)依据客房提供的形式划分

①客房供应品

客房供应品主要是指存放于客房内供客人使用的物品，一般可以分为免费供应品和非免费供应品两种。

客房免费供应品是客人可以免费使用，也可以带离饭店的物品，各饭店对客房免费供应品的界定范围是不同的。有的饭店包括香皂、礼品袋、擦鞋布、一次性拖鞋、火柴、茶叶、针线包、圆珠笔、信纸、信封、面巾纸及卫生间的洗发水、沐浴露、护发素、润肤油、香皂、浴帽等低值易耗品。有的饭店还包括指甲钳、一次性剃须刀、糖果、鲜花等。

客房非免费供应品是指放在客房或在客房内使用，一般不允许客人带走，若因特殊情况客人想带走则应付一定的费用。这部分供应品主要包括衣架、浴巾、面巾、茶杯、冰桶、烟灰缸、服务指南夹、电热水壶等。

②租借物品

有些客人在住店期间会借用一些物品，因为有这种需要的客人只占少数，所以这类物品一般不放在房内，而是存放在客房服务中心，在客人需要时向我们借用。如冰袋、急救袋、泡沫枕头、烫衣板、电熨斗等等。

2.客用品的选择原则

对客用品的选择，除了应注重质量之外，还应注意规格、质地、色彩等因素，保证与客房的档次相一致，因而在对其选择时必须坚持相应原则。

(1)实用性强

客用品最基本的功能是为了满足客人住店期间的生活所需，因而，物品是否能适合客人使用便成了选择的第一要素。

(2)与客房档次相匹配

客用品的选择应与客房的档次相一致，或能在一定程度上提高客房的档次。

(3)种类适度

客用品在选择时应注意规格和数量，并非种类越多越好，而应以满足客人的实际需要为标准。

(4)价格合理

客房在选择用品时除应注意质量外，还应该注意用品的价格。价格要合理，因为价格的高低会直接影响到客房的经营成本。

我们在选择时应遵循上述几条原则，并结合工作经验和具体情况来进行。如有的饭店在客房中提供了小袋装的洗衣粉，这不仅为客人洗内衣等小物件解决了困难，而且还节省了香皂的发放量。

3.客用品的消耗管理

(1)制定消耗定额

制定客用品消耗定额，就是指在一定时期内，在保证客房接待工作正常开展的前提下，将客用品消耗数量加以确定的方法。这是加强客用品管理、达到增收节支目的的重要手段。

①免费供应品的消耗定额

免费供应品定额的制定方法，是以单间客房配备的数量为基础，确定每天需要量，然后根据预测的平均出租率来制定消耗定额。其计算公式如下：

$$A=B\cdot x\cdot f$$

式中：A 为单项客用品的消耗定额；B 为单间客房每天配备数量；x 为饭店客房总数；f 为预测的平均出租率。

[例题]某饭店有客房 300 间，平均出租率为 85%，圆珠笔、火柴单间客房配

备分别为 2 支、3 盒。计算圆珠笔、火柴的年度消耗定额。

解：根据公式和已知条件，直接计算如下：

A(圆珠笔)$=B\cdot x\cdot f\cdot 365=2\times300\times85\%\times365=18.615$(万支)

A(火柴)$=B\cdot x\cdot f\cdot 365=3\times300\times85\%\times365=27.9225$(万盒)

确定标准定额后，客房在实际的经营过程中应按照定额进行控制管理，在保证需要的同时避免浪费。对消耗不足的责任人进行表扬奖励，而对超额消耗的则应追查原因，对确定浪费的应予以惩处。

②非免费供应品的消耗定额

非免费供应品定额是指在饭店客房正常运转条件下，非免费供应品的年度更新率的确定。

如客房棉织品，即布草、毛巾等是客房部使用频率最高、数量较大的非免费供应品。制定客房棉织品消耗定额，首先应根据饭店的星级或档次规格，确定单间客房的配备标准，然后确定棉织品的损耗率，即可制定消耗定额。其计算公式如下：

$$A=B\cdot x\cdot f\cdot r$$

式中：A 为单项棉织品年度消耗定额：B 为客房单间配备套数；x 为饭店客房总数；f 为预测的平均出租率；r 为某棉织品年度损耗率。

[例题]某饭店有客房 300 间，全部为标准间，采用中式铺床形式，为保证正常运转，床单配备 3 套，预测客房平均出租率为 85%。在更新周期内，床单年度损耗率为 40%，求其年度消耗定额。

解：根据已知条件直接套入公式计算得：

A(床单)$=B\cdot x\cdot f\cdot r=2\times3\times300\times85\%\times40\%=612$(床单)

4. 客用品的日常控制

对客用品的控制是客房部日常工作的重要方面，这会对保证客房部正常运转、降低客房运行成本等起到积极作用。

(1)员工对客用品的数量控制

客房服务员是进行客用品数量控制的第一关，部门应为服务员确定合理的数量标准，以便指导服务员按规定数量为客房配备和添补用品。与此同时，要求服务员将消耗情况在工作表上做好登记，部门凭服务员工作表对服务员领用客用品情况进行核实，从而防止服务员克扣客人用品据为已有。另外，应培养员工的节约意识，以杜绝员工在操作过程中因不规范而造成的损耗。

(2)领班对客用品的数量控制

各种物资用品的使用主要是在楼层进行的，使用得好坏和定额标准的掌握，领班是其中的关键因素之一。很多饭店都通过建立客用品的领班责任制的方法来加强对客用品的控制。

领班应在实际工作过程中通过现场指挥和督导，规范员工操作，减少客用品的浪费和损坏。例如，部分员工在清洁整理房间中图省事，将一些客人未使用过的一次性用品当垃圾一扫而光，领班应及时对其进行教育，减少浪费和人为破坏。

领班应建立本楼层的资产、用品档案，以加强领班的责任心；领班还应每天或定期汇总本楼层消耗用品的数量，向客房部汇报；一般由领班每周根据楼层的存量和消耗量开出领料单，交客房中心库房；领班应在每月底配合客房中心库房对物品进行盘点，以确定实际的成本耗用。

(3)经理对客用品的数量控制

客房部经理对客用品的控制负总责。在这方面的工作，经理主要是通过制定制度和检查督导开展的。

客用品控制的制度是开展工作的基础，主要包括数量配备标准的制定、日常考核制度以及奖励、惩罚制度等。

经理的检查督导工作除其本人外，主要还通过部门中心库管员以及主管人员等开展。客房中心库房的管理员(物品领发员)，负责整个客房部的客用品领发、保管工作，负责统计各楼层每日、每周和每月的客用品使用损耗量，并结合客房出租率及上月情况，制作每月客用品消耗分析对照表。楼层主管依据部门制定的相应规范，加强对员工的思想教育，使客用品的消耗在满足业务经营活动需要的前提下，达到最低限度。

项目三　客房预算管理

任务一:预算管理的含义

1.预算的含义

计划是企业管理的重要职能，是说明企业未来经营活动的主要目标和任务的文字表述。预算就是对计划的数量描述，是把有关经济活动的计划以数字和表格形式反映出来，并以此作为控制未来行动和评价其结果的依据，以提高企业管理水平和经济效益。

必须注意，预算与通常意义上的财务计划是有区别的。从内容上看，预算是一个企业全方位的计划，而财务计划只是涉及财务方面，预算的范围大于财务计划；从形式上看，预算的表现形式多种多样，而财务计划仅以货币表示；从组织过程上看，预算是一个系统工程，而财务计划主要侧重于编制和执行。

2.预算的种类

(1)按预算所涵盖的内容划分

①经营预算

经营预算又称“日常业务预算”,是指与企业日常经营活动直接相关的经营业务的各种预算,具体包括销售预算、生产预算、直接材料消耗及采购预算、直接工资及其他直接支出预算、费用预算、产品生产成本预算、经营及管理费用预算等。

②资本预算

资本预算又称“特种决策预算”,它实际是对选择方案的进一步规划。

③财务预算

财务预算作为预算体系中的最后环节,可以从价值方面总括地反映经营期资本预算与业务预算的结果,亦称为“总预算”,其余预算则相应称为辅助预算或分预算。财务预算在预算管理体系中占有举足轻重的地位,主要包括现金预算、预计利润表、预计资产负债表。

(2)按预算编制的主体划分

①部门预算

部门预算是以企业各分支机构、部门、单位等职能部门为主体,或按不同的业务类别等编制的预算,也就是指总体预算中的各个组成部分。

②总预算

总预算是指将各个部门预算进行汇总所形成的酒店整体预算,这种预算通常由财务预算构成。

(3)按预算所涵盖的时间范围划分

①短期预算

短期预算主要是指预算期间在一年以内的预算,又称“年度预算”。年度预算制度往往从上一年度开始,公司要对计划销售的各种产品的产量、价格以及相应的成本和需要筹集的资金情况制定详细的计划,并将这些计划以预算的形式落实为各个责任中心的经营目标。

②长期预算

长期预算是指预算期间超过一年的预算,是对超过一年的投资和运营所进行的预算,长期预算是制定公司战略性计划过程中的一个关键内容。战略性计划主要解决的问题是选择企业的总体目标,以及实现这一目标的战略规划。一般来说,长期预算主要包括实施企业战略应进行的研发预算、筹资预算和经营扩张所需的资本投资预算等。

3. 酒店预算管理的含义及意义

酒店预算管理是利用预算对酒店内部各部门、各单位的各种财务及非财务资源进行分配、考核和控制，以便有效地组织和协调企业的生产经营活动，完成既定的经营目标。

预算管理能为酒店计划实施过程中各种资源的有效配置和使用提供依据，因此，预算得好坏不仅关系到财务管理工作本身的优劣，而且还会影响酒店整体经营活动。

科学的预算编制，对酒店的生产经营有着重要的意义，主要体现在以下方面：

(1)编制预算可使酒店明确今后的奋斗目标

财务预算为酒店及各部门分别规定了具体的目标和任务，并将制定目标所依据的主要数据，以及达到各目标所拟采取的方法详细列举出来，从而使酒店各部门明确本身的工作任务以及今后的奋斗目标。

(2)有利于对计划的执行进行监控

预算提前列出了酒店在某一经营周期内，应获得的收入以及为取得这些收入所应支出的成本。这样，在计划执行过程中，可以将实际结果与预算加以比较，查找差异，分析其形成的原因，以便及时采取纠正措施，从而控制经济活动。

(3)迫使管理部门在选择行动方案之前谨慎从事，细察备选方案

酒店在获得每一种收入或支出每一笔费用时，总有几种备选方案可供选择。有了预算，管理部门在选择行动方案时就有了可以参考的标准。

(4)促使管理部门积极展望未来

预算就是对企业未来经营的展望，这要求管理部门要充分了解市场，从而作出合理的预测。目前，我国许多酒店的管理部门常常只是关注现存的问题，这并不能适应市场的要求。酒店要想在激烈的竞争中获胜，就必须关注未来。

任务二：酒店编制预算的程序和方法

预算的编制是一项系统工程，要想使编制的预算具有科学性、先进性，适应客源市场及酒店实际情况，必须有一定的组织，按既定的程序，采用科学的方法来完成。

1. 酒店预算的编制程序

酒店预算一般的程序可概括为从基层开始，由下而上分析汇总，再由上而下地评价反馈，如此几个往复，最终确定形成。部门层级的管理人员直接接触业务活动，熟悉情况，由他们编制的预算，更为准确可靠。但当前绝大多数酒店的做法是单纯地由上而下“压”任务，强加于人，使具体执行人员处于被动地位，这样

的预算难以收到预期的效果。

在预算编制工作的组织过程中，酒店一般会成立专门的预算委员会，负责组织、指导预算的制定，并考核酒店预算的执行效果。预算委员会一般由酒店的总经理、副总经理、财务总监等高级管理人员组成。

酒店预算通常会参照如下步骤进行：

(1)制定预算时间表

为了保证有充分的时间准备编制预算和确保它的及时批准，应该制定一份预算时间表(见表6-3)，并严格遵守。

表6-3　预算编制工作推进表

序号	完成时间	任务	责任人
1	10月10日前	①召开酒店预算会议 ②财务部负责通报各类数据	总经理、财务总监
2	10月30日前	部门预算编制	部门总监
3	11月10日前	部门预算汇总	财务总监
4	11月30日前	部门预算调整	财务总监、各部门总监
5	12月10日前	形成酒店总体预算报告	总经理、财务总监
6	12月30日前	审定并批准预算报告	酒店所有者

(2)召集酒店预算会议

在预算会议上需要完成一系列工作：审视当年的经营情况，分析经营条件，分析目前的竞争形势等。

审视当年的经营情况，即对酒店当年经营情况的概括，是为了认识一些对下年的经营继续有影响的因素。这些因素包括价格变化、现有设施的增加或减少、劳动力成本的变化及一年中工作效率的改进或其他类似的因素等。总之，要使预算的准备，建立在今年的营业收入和成本统计数据与影响因素的现实基础之上。

分析经营条件。对当前国家和地方的经济与政治条件进行分析，来认识对明年经营情况可能产生极大影响的因素。对有利的经济和政治条件要积极利用，但对不利条件要采取行动加以规避。

分析当前的竞争状况。对当前竞争状况的分析，是为了要认识同行间形成的竞争环境。同行间的竞争主要来自新建和现有的酒店、餐馆，通常要分析他们所提供的每一项服务的竞争状况。

(3)制定预算总目标

预算委员会根据酒店预算会议上的预测,结合酒店的战略目标,提出预算总目标及具体的参考标准。如利润比去年增长多少,收入要达到什么水平,预算年度要发展的优势领域,并提出资本预算以及对各部门业绩的考核标准等。

(4)编制部门预算

编制部门预算是酒店预算的基础部分,也是预算中最困难的工作。具体包括预测部门的营业收入,预测的各个部门的直接经营费用以及预测的部门经营利润等环节。

(5)部门预算的综合

各部门预算制定完成后送交财务部门,由财务部门将其进行汇总,上报预算委员会。由于部门预算与总预算可能产生不统一,这就需要不断进行上下级的交流,并在沟通过程中调整,使上下级对预算达成共识。

(6)预算的审核

财务总监要先审查各部门预算,确保所有项目是合理的,营业收入和费用目标是切实可行的,再交由总经理或董事长审批。

(7)预算的核定与分发

预算的方案经董事会批准后,由预算委员会下发到各部门执行。

(8)对执行结果的反馈

预算管理的目的不在于编制预算,而在于控制酒店日常运营。在酒店的经营活动中,要随时与预算进行对照,从而达到控制的目的。在年度终了,还要综合分析差异,找出原因,并严格执行预定的奖惩机制。

2.酒店预算编制模式

酒店预算编制模式有自上而下、自下而上和参与制三种模式。

(1)自上而下编制模式

自上而下编制模式是指预算由最高管理层具体编制和下达,各部门不参与预算编制,只是预算执行主体。这种预算编制模式可能会造成下级对预算的抵触情绪,也可能偏离实际,使预算控制流于形式,达不到预期效果;或者造成下级弄虚作假,虚报成绩,造成信息失真。这种编制预算的模式一般只适用于规模较小、经营单一的集权型管理模式的酒店。

(2)自下而上编制模式

自下而上编制模式是由基层开始,由基层提出成本费用、收入、利润完成指标,逐级汇总形成企业整体目标,这种预算编制模式往往导致基层单位为自己“留了一手”。这种基层预算逐级汇总上报后,很可能与整个企业的整体目标不一致。因此,这种预算编制模式一般只适合于集团资本型控股母公司,对其有独立法人地位的控股子公司编制预算时采用。

(3)参与制预算

参与制预算目前是自上而下与自下而上相结合的预算编制模式。这种模式首先由企业最高管理层根据企业的战略目标,提出预算目标,然后自下而上编制部门预算,并层层汇总,形成总预算,再自上而下进行协调和整理,最后形成年度预算。参与制定预算的关键在于上下级的沟通,达成共识,这样编制的预算与企业预算目标相一致,是积极、科学、稳妥的。目前,大多数企业都是采取参与制预算编制模式。

3. 预算编制的原则

(1)实行额、率结合的原则

预算的编制,主要是围绕数据展开。为使各类指标更加合理、科学,须区分指标的性质确定。如,经营收入以增长率来确定,餐饮成本以综合毛利率来确定,而费用支出则以费用额来确定。

(2)划分可控费用和不可控费用的原则

为使费用核算更加准确,控制更加有效,一般划分为可控费用和不可控费用。通常,将折旧、大型房屋维修、无形资产摊销、长期待摊、房屋房产税和土地使用税、人工成本列入不可控费用,其他则划归可控费用。

(3)分工协作,密切配合的原则

预算的编制需要各部门的共同参与,酒店一般会进行责任划分。如,财务部负责将历史数据进行统计汇总,作为部门编制的基础资料等。分工与协作紧密结合,才能使预算编制工作得以顺利开展。

任务三:客房预算控制

酒店编制预算的目的,就是为了对实际经营情况进行科学、有效的控制。这一预算的控制过程,主要就是认识在预算数据和实际经营结果之间存在的差异,分析差异原因和寻找解决办法。具体包括以下几个步骤:确立差异;分析差异形成原因;确定问题,并采取措施解决问题。

1. 确定差异

差异是实绩和预算进行比较的结果。为了确定差异,酒店必须编制实际数值与预算数值的比较分析报告,即预算报告。预算报告既要揭示月度的差异,也要揭示当年度的差异。但是,因为年度差异必定是月度差异的累计,所以,在进行差异分析时主要关心的是月度差异。

此外,预算报告中显示的差异同时要包括金额和百分数两种。金额差异是从预算数字中减去的实绩而求得,而金额差异除以预算金额就得到百分比差异。

2. 分析差异形成的原因

差异的分析，是一个过程。在这一过程里主要是确定造成差异的各种原因。例如，收入差异的分析，它将揭示实际收入和预算收入产生差异的原因是单价和销售量发生了变化，但它却不揭示单价和数量为何发生变异。由于实际收入的高低取决于实际销量和实习销售价格，预算收入的高低取决于预算的销售量和预算的价格，所以，其收入差异可以归结为价格脱离预算造成的价格差异和销售量脱离预算造成的业务量差异两类。

收入差异＝实际收入－预算收入
＝实际销量×实际价格－预算销量×预算价格
＝实际销量×实际价格－实际销量×预算价格＋实际销量×预算价格－预算销量×预算价格
＝实际销量×(实际价格－预算价格)＋(实际销量－预算销量)×预算价格
＝价格差异＋业务量(销量)差异

3. 确定问题，并采取措施解决问题

分析差异原因以后，下一步就是由管理部门进行调查研究以确定发生差异的确切原因。

例如，客房服务员的人工费用差异分析可能揭示出一项不利差异的重大部分来自于工资率，即实际人工费用高于预算人工费用的主要原因是实际工资率高于预算工资率。它可能是因为安排了比原计划支薪更高的客房服务员，或者客房服务员超额加班工作，或者还可能存在其他原因。每一项重大差异都要求管理部门进行调查研究，以找出其原因。

【小结】

本模块重点介绍酒店的成本与预算管理相关内容。首先分析了饭店成本费用的相关问题，讲述了成本费用的基本概念，成本、费用的具体划分内容，指明了饭店成本费用管理的原则、与饭店成本升降紧密相关的要素，并总结了饭店降低成本的策略。其次，介绍了部门的预算管理，使读者认识到预算是帮助酒店管理人员规划和控制各项经济活动的重要工具，也是提高酒店管理水平和经济效益的关键措施。本章在阐述酒店预算的种类及编制意义的基础上，介绍了酒店编制预算的程序和模式，并着重探讨了如何编制预算及如何把预算用于控制等问题。

【复习思考题】

1. 简述客房部编制定员的程序和方法。
2. 如何有效控制设施设备服务期成本？
3. 简要说明消耗品控制的具体办法。

4. 如何认识酒店编制预算的意义？

5. 简述酒店预算编制的具体程序。

【推荐阅读】

1. 方法林编著:《旅游企业财务基础知识》,西安交通大学出版社 2010 年版。

2. 徐文苑、贺湘辉编著:《饭店人力资源管理实务》,北京交通大学出版社 2010 年版。

模块七　绿色客房

【课前导读】

随着地球环境的恶化，人们"绿色意识"逐渐增强，各家酒店也在努力创建绿色酒店。绿色客房是绿色酒店的重要组成部分，强调节能减排、绿色环保和可持续发展，提供绿色服务，倡导绿色消费，实现了酒店经济效益、社会效益和环境效益的统一。

【学习目标】

知识目标

1. 掌握绿色饭店、绿色客房的概念。
2. 了解绿色管理的"4R"原则。

能力目标

掌握客房创绿的具体措施。

【案例导入】

杭州开元名都大酒店的创绿行动

2012年12月24日，浙江省饭店星级评定委员会发文公布授予杭州开元名都大酒店"绿色旅游饭店"金叶级标牌，准许使用"绿色旅游饭店"标志，至此，酒店创绿之举得以画上圆满句号。但杭州开元名都在"绿色、低碳、环保"的道路上才刚刚起步，"绿色"精神也将继续发扬。

杭州开元名都作为开元酒店集团的旗舰酒店，一直以来坚决贯彻执行集团"还木开元"计划，以环保为己任，致力于打造高端商务会议酒店的绿色典范。酒店2006年被评为浙江省"绿色饭店"，2010年分别被杭州市和萧山区人民政府授予"清洁生产单位"与"萧山区节能降耗先进企业"称号。每年3月最后一个星期六晚上，酒店会熄灭金顶一小时，积极响应"地球一小时"活动；每年9月1日，酒店员工会统一着装，参与开元旅业集团一年一度的"绿色骑行"活动；每年重阳节，杭州开元名都还会举办萧山区登高楼比赛，以丰厚的奖品鼓励广大市民一齐参与进来……此类环保公益活动的开展，不仅使酒店员工而且还让市民和游客树立起热爱萧山、爱护环境的文明新风，影响更多的人加入到环保行列中。

为创建国家“金叶级绿色旅游饭店”，杭州开元名都大酒店从保护环境、反对污染、充分利用资源的角度出发，在节能降耗品的开发使用和能源控制管理方面寻求突破。如酒店设施设备都在向环保型迈进，客房中采用新型墙体材料和环保装饰材料，提供全环保材质的“还木开元”系列客房消耗用品，并制作各种倡导环保的意见牌，播放“还木开元”宣传片；而在管理上，以餐厅为例，规定不使用任何一次性餐具，培训服务人员合理提醒顾客适量点菜并主动提供存酒、打包服务。尽管绿色环保不能在短期内产生直接经济价值，但它体现的是酒店一种先进、明智的经营理念和管理模式，这也是未来行业发展的必然趋势。

酒店通过“创绿”活动，也愈加意识到节能减排是酒店自身可持续发展的重要保证，酒店将继续发扬“绿色”精神，认真贯彻行业标准，积极开展节能减排项目建设，将能源管理与创建“金叶级绿色旅游饭店”融入到酒店的日常管理工作中去。

——案例源自《杭州开元名都通过“绿色旅游饭店金叶级”评定》，
慧聪酒店网，2012 年 12 月 28 日

【课堂思考】

1. 从上述案例我们能吸取哪些好的经验和做法？

2. 如何持续深入地开展酒店创绿活动？

项目一　客房环保

任务一：绿色旅游饭店

1. 绿色旅游饭店的概念

由于全球生态环境的日益恶化，保护环境、保障人类健康已受到全世界的关注。各国、各地区、各行业都颁布了相应的法律、法规，出台了各种政策、措施，制定了相应的行业准则以约束并促进组织的环境行为。因此，各类组织越来越重视自身活动、产品和服务对环境的影响。

2006 年，国家旅游局发布了《绿色旅游饭店》标准（LB/T007-2006），这是继《旅游饭店星级的划分与评定》标准后加强行业管理的又一重要纲领性文件，为饭店经营和管理注入了新的理念，对饭店实施和加强环境管理提供了切实可行的建议。由此，饭店行业迈入了一个更高的台阶。

绿色旅游饭店要求饭店将环境管理融入饭店经营管理中，以保护为出发点，调整饭店的发展战略、经营理念、管理模式、服务方式，实施清洁生产，提供符合人体安全、健康要求的产品，并引导社会公众的节约和环境意识、改变传统的消

费观念、倡导绿色消费。它的实质是为饭店宾客提供符合环保要求的、高质量的产品，同时，在经营过程中节约能源、资源、减少排放，预防环境污染，不断提高产品质量。绿色饭店是一种方向和目标，是一个不断发展的概念，标准中把绿色旅游饭店定义为：以可持续发展为理念，坚持清洁生产，倡导绿色消费，保护生态环境的饭店，其核心就是在生产经营过程中加强对环境的永续保护和资源的合理利用。

绿色旅游饭店的创建、实施与保持是一个不断发展的过程，在实践过程中应与饭店其他管理体系的运行相协调，是一个与饭店各方面的发展相互促进的过程。

2. 绿色旅游饭店的标志管理

绿色旅游饭店分金叶级和银叶级两个等级。

绿色旅游饭店标志实行自愿申请、强制管理制度。经评定的绿色旅游饭店授予相应的标志，并颁发证书。绿色旅游饭店标志牌由全国旅游星级饭店评定机构统一制作、核发，任何单位或个人未经授权或许可，不得擅自使用。

经评定的绿色旅游饭店，由省级旅游星级饭店评定机构每三年进行一次复核。复核结果上报全国旅游星级饭店评定机构备案。标志的有效期为五年（自颁发证书之日起计算），到期必须重新申请、评定。企业在使用标志期间，一经发现与标准不符或给消费者带来直接的、间接的利益损害的行为即予以取消标志的使用权。

任务二：绿色管理

1. 绿色旅游饭店“4R”原则

（1）减量化原则（Reduce）

饭店在不影响产品及服务质量的前提下，尽量用较少的原料和能源投入。通过较小产品体积、减轻产品重量、简化产品包装，以达到降低成本、减少垃圾的目的，从而实现既定的经济效益和环境效益目标。

（2）再使用原则（Reuse）

在确保不降低饭店的设施和服务标准的前提下，物品要尽可能地变一次性使用为多次使用或调剂使用，不要轻易丢弃，减少一次性用品的使用范围和用量。

（3）再循环原则（Recycle）

物品在使用后回收处理，成为可利用的再生资源。

（4）替代原则（Replace）

为节约资源、减少污染，饭店使用无污染的物品或再生物品，作为某些物品的替代。

2.绿色饭店管理体系的建立

(1)设立"创绿"管理机构,明确组织架构,形成管理网络

酒店要创建并维护绿色管理,必须设立专门"创绿"管理机构,总经理作为第一责任人,明确各级人员的责任和义务,使各项绿色管理有条不紊地开展。

(2)开展绿色营销,作好对客人的宣传解释,引导和鼓励客人绿色消费

酒店是高消费场所,人们往往将酒店与挥霍浪费和过度地追求物质享受联系在一起。在环境问题日益严峻的今天,开展绿色营销,引导客人改变传统观念,树立绿色消费意识,成为资源的节约者、环境的保护者,树立酒店"绿色形象"。

在产品设计上,对酒店的各种服务项目进行组合,针对不同年龄、职业和消费水平的客人开发组合不同的产品;在产品促销上,开展绿色宣传,在酒店主要公共场所和区域张贴更多倡导绿色消费的告示和文字,对客人的环保行为予以鼓励。如部分酒店对于不换床单、毛巾的顾客给予房价优惠或赠送果盘、洗衣费打折等方法回馈顾客,得到了客人的欢迎和好评。

(3)完善制度,提升管理节能

制定严格的节能降耗实施细则,制定程序标准,全面开展节能降耗工作。如酒店灯光照明的开关时间、灯光的亮度、空调的温度和风量、生活用水温度等根据不同的季节、淡旺季、晴雨天、营业时间等进行设置。

分区域安装水、电、气计量仪表,有能源统计工作制度,每月有全面的能耗比较、分析、建议报告,定期不定点地检查。饭店及各部门有能耗定额、考核制度及奖惩办法。值班经理、值班工程师、保安主任和行政总值轮流参与联合检查,对酒店各营业区域节能工作的执行情况,对水、电、柴油、煤气、蒸汽等能源使用情况进行全面的监督和控制,及时纠正、处罚违规行为。

(4)鼓励员工参与,提供相关培训,鼓励节能创新

企业的任何活动都少不了员工的参与和支持,对于酒店创绿活动,一方面通过培训让员工明确绿色管理和服务的意义和作用,另一方面,通过制定绿色管理的办法细则,让员工养成环保绿色的行为习惯,并表彰在创绿活动中作出突出贡献的员工;同时鼓励员工献计献策,让活动持续深入地开展下去。

(5)建立管理体系并通过相关认证

为更好地开展创绿工作,酒店通过完善管理体系或参与相关认证活动,使各项工作更加规范化、专业化、标准化。通过参与ISO9001标准认证,建立质量管理体系;通过参与OHSAS18001认证,形成职业健康和安全管理体系;通过参与ISO14001标准认证,建立环境管理体系;同时,通过积极参加国际环境保护方面的活动,使创绿活动在更广阔的平台上与外界展开交流。

案例

德州太阳谷微排国际酒店

2009年12月25日，山东德州市开发区太阳谷微排国际酒店开业，酒店应用太阳能集热系统和外墙保温技术。酒店所用建材以及酒店用品均为环保材料，所生产的食品均以绿色有机产品为原料。不使用燃煤，所用热水均由太阳能装置提供，客房实行计算机智能化控制，使用无磷和有机符合标准的洗浴、洗涤用品，排水均由中水处理装置进行处理后二次利用。厨房设备为运水排烟系统，减少厨房大气污染物以及噪音的排放。酒店绿色客房在门口标示“绿色客房”的字样，其标准是客房内不设吸烟器具，有阳光房和完备的能耗记录卡，有各种环保警示及提示牌。绿色客房所在楼层为无烟楼层，每个房间内有环保宣传资料和报刊书籍等，对客人的单位能耗进行跟踪记录，给予礼品奖励。

酒店还定期对员工进行各种形式的环保培训，举行以环保为主题的讲座，全员参与并引导和鼓励来店客人参与以节能降耗为主题的绿色活动。

山东德州太阳谷微排国际酒店被称为“世界最大太阳能酒店”，其屋面、外墙采用了聚苯保温板，整体传热系数大大降低，比节能标准低30%左右；门窗、天窗和幕墙采用温屏节能玻璃和BIPV温屏光伏组件，传热系数降低为国家节能标准的一半，而且隔热、隔音、防结霜露；太阳能高效遮阳系统使得夏季实现高效遮阳；光伏并网发电系统发电量预计达到20千瓦。酒店投入使用后，整体节能70%，加上60%采暖、制冷，节能效率高达88%，远远高于国家公共建筑节能50%的设计标准。酒店每年可节能2640吨标准煤、节电660万度，减少污染物排放8672.4吨。

项目二 绿色客房

任务一：酒店客房实施绿色管理的必要性和意义

绿色客房是绿色饭店的重要组成部分，是人们在新时代对酒店产品的必然要求。绿色客房(Green Room)在《绿色旅游饭店》标准(LB/T007-2006)中定义为，无建筑、装修、噪声污染，室内环境符合人体健康要求的客房；客房内所有物品、用具及对它们的使用都符合环保要求。

1. 酒店客房实施绿色管理的必要性

(1)行业要求势在必行

在《中国旅游业发展“十五”计划和2015、2020年远景目标纲要》中，专门强调了旅游行业的绿色管理;2006 年颁布实施的《绿色旅游饭店》标准已成为酒店创建绿色旅游饭店的指南;2010 年版《旅游饭店星级的划分与评定》对酒店绿色环保做了更多、更全面的要求,是高星级酒店必须具备的条件,要求各星级饭店应有与本星级相适应的节能减排方案并付诸实施,在规范性附录《设施设备评分表》中,节能措施与环境管理分值从 2 分增加到 14 分。绿色酒店是我国酒店业的一个重要发展趋势,响应构建低碳社会和节约型社会的政策要求,绿色管理应纳入到酒店重要的日常管理中来。

(2)符合市场需求变化

绿色消费满足了顾客参与环保的道德优越感和社会责任感,已经成为时尚和人们自觉的行为。日益增长的绿色需求要求酒店要开展绿色营销、绿色服务,酒店客房实施绿色管理是顺应消费市场需求变化的明智之举。

(3)具备可行性、有效性

新能源、新产品的应用和科学技术的不断进步使绿色管理成为可能,国内外许多酒店通过实施绿色管理战略获得了巨大的成功。酒店应加大资金和技术上的投入,加强环保意识,做一个有担当的社会企业。

2.酒店客房实施绿色管理的意义

(1)降低饭店经营成本,提高酒店竞争力

对客房实施绿色管理,创建高质量、高科技、高舒适度的绿色客房可以有效地控制环境污染、充分合理地利用资源,减少对能源的消耗,降低酒店的运营成本,使饭店更有竞争力。

(2)实现饭店经济效益、环境效益、社会效益的最优化

客房在实施绿色管理的过程中,对其建材、装修、噪音、采光、通风、环境质量以及客房消费品都提出了明确的健康标准,有效地保证了绿色客房的健康性,从而吸引了更多的"绿色"消费群体。此外,绿色客房时刻坚持高效节能的原则,即在不降低服务标准、满足客人合理需求的基础上,降低对资源的消耗量,提高资源的使用效率,有利于减少污染、保护生态环境,实现了经济效益、环境效益和社会效益的统一。

任务二:客房创绿的具体措施

1.提高客房环境质量

客房环境质量主要指客房内的空气环境质量、声环境质量和光环境质量。

现阶段客房空气环境质量的最大问题是空气洁净度不符合要求,主要原因有饭店在装修时使用了有污染的建筑材料、通风不足或室外不合格空气的流入以及室内吸烟产生的烟雾等原因引起的。饭店通过安装空气净化装置,增加房

间通风降低室内污染物浓度；采用生态建筑材料、装饰材料；床上用品，如床单、毛巾等布草最好是纯天然的棉织品或亚麻织品，肥皂选用纯植物油脂皂，使用绿色环保型的空调、冰箱；房内增设禁止吸烟的标识，对于吸烟的房间客人退房后要作无烟处理。

客房要有降低噪声的措施，为客人营造一个宁静温馨的住宿环境。就客房而言，噪声控制在35分贝左右，客房降低噪声污染应从噪声源入手。客房噪声主要来源于外部和内部噪声。通过增加窗户、门、墙的隔音处理切断外部噪音，减少吸尘器、工作电话对住客的影响；通过增加设施设备的维护保养，减少客房内空调、冰箱、马桶、排风扇的内部噪声干扰。

客房光环境主要由自然光和人工光环境两部分组成。目前客房光环境的主要问题是自然光利用不足、灯光照度不够以及眩光等。饭店在装修客房时尽量采用自然光，选择合适的照明灯具和照明方法，如床头灯选择可调节照射方向和亮度的射灯。

2. 物资节约

使用节能卫浴设施，如节水马桶、淋浴器，减少用纸，取消纸质介绍和旅游指南等，改为电视介绍，简化房间易耗品包装，减少鲜花摆放，在房间内增加有利于净化空气和美化环境的盆栽植物等。

对塑料、金属、玻璃制品循环使用，客房内的物品要尽可能地反复使用，把一次性使用变为多次反复使用或调剂使用；延长物品的使用期，推迟重置时间。

3. 减少废品量

尽量要求供应商提供可以进行多次补充的消毒剂容器。

4. 能源、水资源的节约

客房是整个饭店中能源使用量最大的部门，做好客房的能源控制对整个酒店的成本控制都有着至关重要的意义。部分酒店空调系统附带红外线功能，空调器感应到房间有人时便开启并能记忆客人的设定温度；当客人离开时，便自动回到起始的节能温度。采用中水设备，实现水循环利用。我国宁波出现了计费自助式客房，客房内独立安装电表、水表，房间、拖鞋、牙膏等客用品都标明价格，客人退房时据实结算，房价比标准房价低几十元，受到了不少顾客的青睐。

5. 物资的再循环

客房报废布草改制其他用品，做好报纸、饮料瓶、纸张、剩余的卷纸、小礼品、梳子、牙刷、牙膏、香皂等规定物品的回收利用。在满足客人要求和保持清洁卫生的前提下，减少住客房布草换洗次数，采用可重复消毒使用的拖鞋，纸张双面使用、打印。使用布制洗衣袋、纸质购物袋代替原有的塑料袋，使用可重复罐装的洗手液、沐浴液、洗发液，使用节能照明灯具代替白炽灯等。

随着世界绿色浪潮的冲击，为了自身的可持续发展，酒店应该重视资源的利用和环境的保护。绿色客房顺应时代发展潮流，满足了公众绿色消费的需求，降低了对环境的污染，减少了物资消耗，降低了成本费用，符合酒店的长远利益，有利于增强酒店竞争力，实现可持续发展。

相关链接一：

表 7-1　　“绿色旅游饭店”评定细则(节选)

标准共 300 分 绿色旅游饭店(银叶级)：达到 180 分 绿色旅游饭店(金叶级)：达到 240 分		各大项得分汇总栏	各分项得分汇总栏	各次分项得分汇总栏	各小项得分汇总栏	其他城市或行政区域旅游星级饭店评定机构	省、自治区、直辖市旅游星级饭店评定机构	全国旅游星级饭店评定机构
4.1	绿色客房		36					
4.1.1	设有无烟客房楼层或无烟小楼			3				
	其中：a. 有控制客房内抽烟的措施				1			
	b. 有清除客房内烟味的措施				1			
	c. 设置吸烟区域				1			
4.1.2	客房楼层的新风系统			4				
	其中：a. 有完善的送风控制制度及运行记录				4			
	b. 新风系统完善，有送风控制制度但无运行记录				2			
	c. 新风系统完善，但无送风控制制度及运行记录				1			
	本页小计				34			
4.1.3	配备有用于客房内空气清洁、清新的设备			2				

续表

4.1.4	客房内配备饮用水洁净设备			2				
4.1.5	客房及卫生间内放置对人体有益的绿色植物			2				
4.1.6	有隔音设计与措施，客房隔音效果良好			2				
4.1.7	降低客房物资消耗			15				
	其中：a. 有征询宾客意见牌，牙刷、梳子、拖鞋、浴帽等客用品可做到多次使用，减少消耗量				2			
	b. 有征询宾客意见牌，毛巾、被套、床单、浴衣等客用棉制品可做到一客一换，重复使用，减少洗涤次数				2			
	c. 客用品使用环保包装(每项 1 分，最多 4 分)				5			
	d. 不使用一次性洗衣袋				2			
	e. 有其他降低客房消耗品用量的措施(每项 1 分，最多 5 分)				5			
4.1.8	客房服务指南中有相关说明			2				
4.1.9	有绿色服务规范，服务程序或岗位职责中有具体规范要求			2				
4.1.10	在倡导绿色消费过程中，能主动与宾客沟通，得到理解、支持与配合(有宾客意见反馈书)			2				

相关链接二：

饭店节能减排 100 条

1. 建立详细的室内温度标准

饭店应确定不同时段、不同区域的温度要求，并严格执行。温度标准的建立要满足客人的舒适度要求。例如，饭店的室内温度控制在 17℃～28℃之间，相对湿度控制在 40%～70%之间，夏季取高值，冬季取低值。室内温度的变化对空调系统的能耗有较大影响。经验表明，冬季室内温度上升 1 度或夏季室内温度下降 1 度，空调工程的投资可下降 6%左右，而运行费用则可减少 8%左右。

2. 建立能源使用的巡视检查制度

饭店能源使用的巡视检查制度用于发现饭店设备使用和运行中存在的“跑电、冒气、滴水、漏油”现象，减少能源浪费。例如，饭店公共卫生间水龙头的滴漏、抽水恭桶的水箱漏水等应该及时发现并得到维修;后勤区域的“长明灯”“长流水”现象通过巡检得以杜绝。据检测,国内一般的饭店由于“跑、冒、滴、漏”造成的能源浪费在5%～10%。

3. 建立详细的室内照度标准和点灭要求

饭店确定不同区域的室内照度标准和灯具点灭制度,严格执行。照度标准和灯具点灭制度的建立要满足客人的使用要求。例如,饭店大堂照度控制在1000lx,庭院照明灯夏季在早晨5:00关闭,冬季则可在早晨6:30关闭。灯具的点灭尽可能采用自动控制。经验表明,自动控制的照明系统可根据日照条件和需要营造的氛围调节电压和照射度,比传统的控制方式可节电20%左右。在没有安装自动感应控制器的场所,饭店应制定点灭制度进行人工控制。

4. 减少办公设备的待机时间

饭店的办公设备主要包括电脑、打印机、传真机、复印机以及饮水机等。工作结束后,及时关闭办公室的所有电气设备,不要让办公室电气设备处于待机状态。检测表明,电脑显示器、饮水机等设备的待机电耗为工作电耗的12%～20%。另外,饭店办公、后勤服务区域尽量减少空调的使用,利用开窗、开门的方式保持室内空气的品质。

5. 改进日常操作中浪费能源的操作习惯

饭店所有的服务、操作流程都消耗能源,因此,饭店应积极发动员工,改进服务操作流程,改变服务、操作中浪费能源的习惯,有利于减少能源浪费。例如,餐厅包厢的服务员在清理包厢时,只开启工作灯,关闭装饰灯;前厅员工给客人排房,尽量将客人集中安排,减少空调系统设备的开启。经验表明,服务、操作流程的改进能减少5%的能源消耗。

6. 改变饭店员工传统的着装方式

饭店在设计员工工服时,不仅满足工作岗位的要求、饭店礼仪的要求,更应与天气状况相适应,降低饭店员工对空调的要求。例如,夏季,饭店员工,尤其是管理层员工不穿西装,改为衬衫等较为凉爽的工装;度假型饭店,商务礼仪的需求较少,饭店员工宜可着轻便、凉爽的工装,减少空调负荷。

7. 改变餐厅菜肴展示方式

饭店餐厅减少明档的使用,改变餐厅菜肴的展示方式。餐厅明档的使用直接增加了饭店空调的负荷,并影响室内空气质量。例如,在夏季,空调处于制冷工况时,餐厅内不宜设置使用明火保温或煲汤的食品台;在冬季,空调处于采暖工况时,餐厅内不宜设置保鲜陈列展示柜。自助早餐的食品制作台应有独立的区域,并在食品制作结束时及时关闭明火。

8. 建立正确的设备操作规范

饭店为每一台设备制定正确的、详细的操作规范。操作规范应包括设备操作、维护保养、存放、交接等方面的内容和要求。员工正确操作设备，既可提高设备的使用寿命，又可减少能源损失。正确的操作规范能有效避免设备的空转、"带病使用"等问题，也能避免设备滥用现象。

9. 减少电梯的使用

饭店积极倡导员工减少电梯的使用。例如，提倡"上下楼梯时，上一层，下两层，采用走楼梯的方式"；不提重物时，尽量不乘坐电梯；员工不乘坐客梯等。据检测，电梯的耗电量占饭店全部耗电量的10%。经验表明，规范员工的电梯使用，能减少10%的耗电量。

10. 使用节水龙头

饭店在各个用水点，根据用水的要求和特点，使用相适应的节水龙头。例如，在公共卫生间安装感应型节水龙头。房间卫生间则安装限流量的节水龙头，适当控制水流量，以减少水的浪费。冲洗用的水管，如冲洗车辆、垃圾箱的水管，应在出水口加装水嘴，可随时开关。通常，感应水龙头的节水率在30%以上。

11. 安装并使用中水系统

饭店在新建或重建时，应安装中水系统。没有中水系统的饭店，则通过改造，实现局部的中水回用。例如，饭店在洗衣房、粗加工等处建立废水的回收装置，经沉淀、过滤等处理，满足水质要求，用于洗车、冲洗道路、清洁垃圾房等。饭店也可主动购买中水使用。中水系统使水得到二次利用，减少对优质水源的使用。

12. 使用节水型坐便器

饭店应使用节水型、低噪声坐便器。冲水噪声小，冲水箱的用水分大解小解，引导客人正确使用。逐步淘汰传统的9升以上的坐便器改为6升型或更低用水标准的坐便器。在改造过渡阶段，在保证冲洗质量的前提下，饭店可以在水箱内安装节水芯，或在每个水箱里放一个1.25升的可乐瓶，每次冲洗都能节省相应体积的水。有条件的可使用低压式真空节水型坐便器。

13. 改变员工浴室用水管理方式

饭店在满足员工沐浴的要求下，改变员工浴室的用水管理方式，促使员工节约用水。例如，在员工浴室安装智能感应式节水系统，促使员工自觉控制用水量。智能感应式节水系统通过刷卡的方式来控制阀门的开关，实现自动计费。该系统的实质是通过经济手段，促使员工合理用水，减少水的浪费。

14. 供水管网定期检测漏损

饭店供水管网的漏损应得到定期检测。供水管网漏损比较隐蔽，但漏损量较大，据检测，饭店漏损的水量可达20%。饭店供水管网漏损的检测可以通过专门的水平衡测试进行。饭店也可以在供水管网上安装水表，通常在100米间隔安装一只，通过抄表，获得水网漏水的信息。在日常管理中，可以建立供水管网的巡视制度，及时发现并更换漏水的龙头和管道。

15. 建立雨水收集系统

饭店应安装并使用雨水收集系统，尤其是占地面积较大的饭店，如度假型饭店等。雨水收集系统收集饭店建筑屋顶、硬化道路、广场等的雨水，通过简单的处理并收集既可以用于饭店庭院绿化灌溉、景观水补充等，减少对高品质生活饮用水的使用。

16. 供水管网进行水质处理

饭店的供水系统，尤其是热水供水系统，应进行水质处理或采用新型环保管材，减少"黄水"的产生。"黄水"无法使用，造成水的浪费。同时，"黄水"也影响饭店的品质。

17. 减少棉织品洗涤量

饭店通过"减少床单、毛巾洗涤量的提示卡"引导客人重复使用房间内的棉织品。房间内的棉织品在满足客人要求以及卫生前提下，由"一日一换"的方式改为"一客一换"，以减少棉织品的洗涤量。客房卫生间提供的面巾等棉织品可采用不同的图案或颜色，以方便客人区别使用，减少因不能区分使用引起的棉织品的更换。

18. 循环使用游泳池、水景池的水

饭店游泳池、水景池的水，在符合水质标准的前提下，尽量通过循环水处理的方式来满足水质要求。加强游泳池、水景池的水质管理，减少游泳池、水景池水的更换量，以减少水的使用。

19. 改变饮用水提供方式

饭店在客房饮用水提供、会议饮用水提供方面，可逐渐改变提供方式，以减少饮用水的浪费。如，客房饮用水供应中，由客人按需烧水，不再通过服务人员送水；在会议服务中，可行时，通过设置水台，由客人按需取水，减少饮用水的浪费。

20. 中央空调系统冷却水系统安装收水器，控制漂水

采用循环冷却水的中央空调制冷系统，配置有冷却塔和冷却水泵。冷却水在循环过程中由于蒸发、飘逸等原因，有一定的损失。通常，冷却水在冷却水塔的飘散损失一年达5500多吨，在夏季高峰期一天损失50多吨。使用表明，冷却水塔改造安装了收水器后，能有效降低冷却水的飘散损失。飘散损失减少约45%，同时也改善了环境。

21.建立电力计量系统

饭店建立电力计量系统是指在饭店的各工作区域、客用区域,如各工作间、机房、各个客房楼层都安装独立的电表,形成饭店内部的电力计量系统,分别对各区域的用电量进行统计分析。建立电力计量系统是饭店用电管理的基础。

22.大型耗能设备独立计量

饭店根据设备的配置情况,确定大型耗能设备清单,对所有大型耗能设备单独安装计量表。例如30~50kW以上的大功率用电设备安装独立的电表,直接使用蒸汽的设备安装蒸汽流量表等,以检测这类设备的运转和能耗情况。大功率设备的节能是减少饭店综合能耗的重要内容。

23.主要用水单位独立计量

饭店用水量较大的设备,如每小时用水量在0.5吨以上的用水设备,以及主要的用水单元安装水表,如洗衣房、厨房的管事间、粗加工间等,应单独安装水表计量,以检测这类设备的用水量,减少水的浪费。

24.能源的储存独立计量

饭店能源的储存要设置计量仪表独立计量。例如,饭店的地下油罐应安装计量表,以监测储存中产生的漏损,也便于能源的统计工作。通常地下油罐的漏损不易发现,漏油不仅给饭店带来能源损失,而且还直接污染环境。

25.能源计量表的校准

饭店所有能源计量仪表每年至少进行一次校准,以确保仪表的准确性。计量信息的准确性是能源管理的基本要求。计量仪表的数据信息每日至少记录一次,用于分析能源使用情况。

26.进行用能的平衡测试

饭店委托专业机构实施用电、用水等的平衡测试。用电、用水的平衡测试是对用电、用水需求的一种管理。通过平衡测试,明确饭店各类能源、水等的总用量、构成、分布、流向、用能设备的状况、能源使用效率,是饭店能源管理的重要基础工作。

27.收集能源使用的相关信息

为分析饭店能源消耗的有效性,在计量能耗时,饭店应同时记录与能耗相关的信息。如,天气状况、饭店出售的客房的人天数、饭店营业额、餐饮营业额、餐厅的用餐人数、棉织品洗涤量等信息。

28.建立能源使用数据库

饭店应建立能源使用数据库。能源使用数据库为能源管理提供信息,实现对能源使用有效控制。例如,通过能源使用数据库,利用信息通信技术(Information and Communication Technology, ICT)实施对客房的中央空调控制、照明控制、新风系统控制。

29. 电力系统进行功率因素补偿

饭店用电设备中大都带有电动机等电感性负荷，因此，交流电动机的功率因素都小于1。为了补偿用电设备的无功损失，提高用电设备的功率因素，需要设置无功补偿柜，对功率因素进行补偿，功率因素应控制在0.9以上。

30. 加强用电设备的维修工作

饭店加强用电设备的维护保养，及时检修，可以降低电耗，节约用电。例如，做好电动机的维修保养，减少转子的转动摩擦，降低电能消耗；加强线路的维护，消除因导线接头不良而造成的发热以及线路漏电现象，节约能源，同时也保证供电安全。

31. 有效管理照明灯具

饭店应根据使用要求，合理设置照明灯具。客房可设置顶灯，满足客房整体照明的要求。衣柜、走廊、客房卫生间等部位的照明应得到有效的控制，确保在非使用时，处于关闭状态，减少电能的浪费。如，饭店的衣柜门可采用百叶门、卫生间采用透光窗等形式，使客人能自觉确认衣柜灯处于关闭状态。饭店的照明灯具应经常清洁，确保灯具满足照度的要求。灯具积灰不仅降低灯具的照度要求，而且还影响饭店的品质。

32. 饭店中央空调系统与运行负荷匹配

饭店中央空调系统绝大部分时间都是在部分负荷下工作的。不同负荷，中央空调制冷机组的性能系数(COP)不同，通常负荷下降，中央空调制冷机组的性能系数也下降，能源使用效率降低。因此，中央空调制冷机组应在最佳运行负载下运行。多台主机运行时，应调整运转台数，确保制冷机组在最佳的运行效率下运行。

33. 饭店中央空调水系统水泵采用变频器节电技术

中央空调系统在设计时通常按天气最热、负荷最大时设计，并且留10%～20%设计余量。然而在实际运行中，绝大部分时间中央空调是不会运行在满负荷状态下，存在较大的富余，所以节能的潜力就较大。在中央空调系统中，制冷机组可以根据负载变化随之加载或减载，冷冻水泵和冷却水泵却不能随负载变化作出相应调节，存在很大的浪费。通过在冷冻水水泵和冷却水水泵加装变频器，节能效果在40%以上。

34. 控制制冷机冷冻水、冷却水出水、回水温度

饭店中央空调制冷机的冷冻水和冷却水的出水、回水温度应按照设备的参数标准进行控制。但是，随着空调负荷的下降，空调系统可以采用变水温运行。制冷机冷却水进口温度下降，冷冻水出口温度上升，机组的制冷效率将提高，能

源使用效率就得到提高。

35. 饭店蒸汽管网节能改造

使用蒸汽锅炉的饭店，应对蒸汽管网进行节能改造。蒸汽输送管网应安装疏水阀，注意疏水，提高蒸汽品质。直接使用蒸汽的设备应安装减压阀，减压用气。蒸汽管网运行满足"高压送气、低压用气"的原则。

36. 及时关闭停运的蒸汽管路

饭店许多的用气设备是间断性用气，当其设备停用后，不但要关闭设备的进气阀，而且还应关闭整条管理的总阀，使该管路与蒸汽系统隔断。关闭停运管路能防止热量的损失，并减少冷凝水的产生。

37. 实施新风系统管理

饭店应实施新风系统的管理，确保新风系统的正常运行。在人员较少的情况下，在室内空气质量得到保证的前提下，可适当减少新风量。通常，饭店的新风量控制在10%～30%，不能少于10%。新风系统可积极引入余热回收技术，回收回风中的余热，减少热量损失。

38. 控制生活热水的水温

饭店提供的生活热水的出水水温应维持在45℃～50℃，不超过60℃。饭店生活热水水温过高浪费能源、热水管网易出现热胀冷缩，引起管网漏水，同时，也容易造成客人的"烫伤事件"。

39. 热力管网维护

热力管网应有良好的保温，特别是对管网中的阀门、法兰等部位更要注意保温。管网维修后，注意对管网保温层的维护。长距离输送热能的管线一般安装在地下，对这样的管线应设计专门的管沟，管沟应密封良好，并建有排水井及时排出管沟中的积水。

40. 清洗空调盘管

饭店每年至少清洗一次空调盘管，不仅可以降低4%～5%的能耗，而且还可以防止霉菌和军团菌在管道和通风口内滋生，污染室内空气。分体式空调每周清洗一次隔尘网，可省电20%左右。空调滤网则要经常清洁。

41. 计划调度电力使用

在电力系统运行中，饭店应对用电设备的运行实施计划调度，控制饭店用电总容量，降低峰荷容量，使变压器处于经济运行状态。

42. 定期清洗管线

饭店应定期清洗冷热水管线及锅炉、空调管壁，对水质进行软化处理。防止管路积垢产生热阻，降低热传导效率，造成能耗浪费。

43.及时关闭停运的空调水系统

中央空调系统在运行时，运行部分水系统的阀门应全开，停运系统的阀门应关闭，防止水量渗漏、短路，造成能源的损失。空调停运时，水系统管路必须满管水保养，不得放空而造成管路腐蚀生锈。冰冻期必须将楼外露天部分管路内的存水放空。

44.提高锅炉运行效率

饭店锅炉应实现经济运行，提高运行效率。例如，提高燃煤锅炉的运行效率，对锅炉燃烧过程进行管理和控制，如对燃烧煤层厚度的调整、送风的调节、燃煤水分的调整等，实现燃煤锅炉的经济运行。实现燃油锅炉的经济运行。燃油锅炉添加节油剂，促进油的雾化，通过良好的雾化和配风，提高燃烧效率。

45.设置清晰的用能状态标志

饭店对所有的开关、阀门设置清晰的用能状态标志。标志要能说明开关、阀门开启、闭合的方向及位置，照明开关还应显示开启、关闭的时间，对应的灯具等信息，使员工能准确开闭开关、阀门。

46.采用墙体保温技术

饭店在建筑改造中，积极采用墙体保温技术。墙体保温技术分为墙体内保温和墙体外保温。饭店根据所在地区的气候条件采取不同的措施。墙体保温技术能极大地提高建筑保温和隔热的性能，有效地降低饭店建筑的能耗，综合节能水平在50%以上。

47.改善饭店建筑外的热环境

饭店建筑外的热环境影响饭店的能耗。饭店可通过加强建筑周边的环境绿化，减少地面铺装材料的反射率，减少饭店建筑的热岛效应。饭店周边场地不透水的表面，如停车场、人行道、广场等，至少30%的面积应提供遮阳或采用浅色、反射率在0.3～0.5之间的地面材料。提供遮阳的方式可以采用适应本地气候的树木或植被。

48.积极采用自然通风的设计

通过自然通风保持饭店室内的环境质量能减少能源的消耗。例如，饭店办公区域能直接对外通风换气、调整饭店内部布局，尤其是大堂等公共区域，实现穿堂风等。

49.饭店的屋顶应注意隔热处理

饭店建筑屋面尽量采用低反射率的材料，表面颜色为浅色。在条件允许的情况下，采用植被屋顶，屋顶绿化能显著降低室内温度，节能效果在25%以上。坡面的屋顶，则要在建筑顶层天花板上铺装隔热材料。

50.饭店的外窗设置有效的遮阳系统

南向外窗可采取水平固定遮阳的方式，东、西向的外窗采取室外垂直遮阳的方式。良好的遮阳系统，可减少日射得热的50%～80%。饭店中利用大面积天窗采光的厅堂应在天窗采光部位安装可开启式遮光装置。

51.尽量减少饭店建筑的窗墙比可以节约空调能耗

窗墙比是指窗的面积与建筑外墙面积的比。建筑物模拟计算表明，窗墙比在30%～50%范围内，饭店建筑的年总能耗量变化不大，但是，当窗墙比超过50%时，空调能耗将明显增加。饭店建筑窗墙比的大小和窗户的遮阳性应综合考虑窗户透射辐射量和自然采光的效果。饭店应采用建筑物的通风、遮阳、自然采光等优化集成节能技术。

52.提高建筑门窗的气密性

饭店建筑门窗应采用保温和气密性能良好的型材，如铝木复合型材、木及铝合金窗断热型材等。饭店的外窗使用的普通玻璃应更换为新型中空玻璃，以降低辐射，节约能源。使用表明，中空玻璃的使用将减少30%的能源消耗，降低6dB的噪声。

53.控制饭店外窗的开启面积

饭店的外窗开启面积不应小于窗面积的30%。采用幕墙玻璃的饭店，幕墙玻璃应进行改造，如贴膜，降低玻璃的反射率。透明幕墙应有开启部分或设有通风换气装置，并具有优良的气密性。

54.控制饭店建筑的体型系数

饭店建筑的体型系数尽量不要超过0.3。体型系数是指建筑物与室外大气接触的外表面积与其包围的体积之比。建筑体型系数超过0.3的饭店，应采取措施，加强建筑物顶、外墙的保温和外窗的隔热性能。

55.饭店入口的节能改造

饭店散客通道、团队通道应安装双层门或旋转门，员工通道、货物通道可安装风幕，或设计门斗，或悬挂门帘，防止室内冷、热量损失。饭店建筑的通道口应注意避开冬季不利风向。

56.避免内部大空间的设计

饭店建筑内部空间充分利用，尽量避免中庭空间的设计，必须设置时，饭店建筑的中庭空间夏季应利用通风降温，必要时设置机械排风装置，且中庭的天窗面积应不大于屋顶总面积的20%。尽量避免大面积的大堂设计，大堂的面积与饭店规模相匹配。大于10m的室内空间，应在顶部设计可控制的自然通风系统，释放热量，减少空调冷负荷。

57.饭店采用热泵技术

目前常用的是蒸汽压缩式热泵，主要以水、空气或大地为低温热源。大型饭店可以在局部区块采用热泵技术，回收余热，如洗衣房的余热回收，小型饭店则可以根据环境状况，全面使用热泵技术。热泵机组比传统供热机组节能30%～50%。

58.饭店中央空调系统宜采用二管制系统

饭店中央空调系统分为二管制和四管制两种。二管制是指在中央空调的空气处理设备中只有一个盘管，夏季制冷时，盘管内是冷冻水，冬季采暖时，盘管内是热水。因此，在整个区域中，同一时间，饭店只能供热或制冷。四管制则有两套盘管，能同时供热和制冷，因此，二管制的能源使用成本较低。

59.功能区域宜相对集中布置

饭店的餐饮、娱乐、会议、健身等功能区域宜相对集中布置。这些区域在饭店中属于公共区域，区域面积大，人流量大，用能周期明显，用能要求高。饭店运行的经验表明，上述功能区域相对独立，集中布置，特别是集中布置于裙房部位，能减少能源的消耗。分散布置降低了用能的规模效益，且增加了管网的损耗。

60.通过有效通风改善厨房内环境

饭店厨房的主要功能区域，包括炉灶区域、面点间、冷菜间、物料储存间等区域，为改善厨房的工作环境并考虑食品制作的需要，可设置制冷空调。其他区域应采用排气通风改善厨房内环境，并保持厨房内为负压。

61.合理设置动力机房

各动力机房设置在建筑物负荷中心附近，按管线总路径最短的地点设置。饭店动力机房比较常见的是布置在建筑的地下层，度假村类型的饭店通常将动力机房设置在主体建筑的外围，这样，从动力机房送出的动力需要经过较长的路线才能到末端工作设备，动力在输送过程中的损耗比较大，在10%以上。因此，动力机房宜设置在建筑物中心或负荷中心附近，按管线总路径最短的地点设置。在供热、中央空调等系统中，热交换器、空气集中处理机等设备机房应考虑分别设置在功能区域附近，进行分区供应，以减少能源损耗。

62.功能区合理设置辅助用房

饭店各功能区设置相应的辅助用房以满足管理、服务功能。例如，饭店厨房宜设置一个主厨房，多个与餐饮配套的小厨房，提高厨房能源使用效率，也提高菜食的质量。

63.逐步取消饭店自设的洗衣房

饭店洗衣房功能逐渐利用市场服务替代，在市场服务不能满足饭店要求的情况下，洗衣房设施的规模和功能应与饭店的规模、等级相匹配。分析表明，饭店洗衣房的用热能占饭店热能使用量的15%，用水量占饭店总用水量的10%以上，洗衣房的能源使用效率较低。

64.饭店尽量利用废热、余热资源

饭店周边企业的余热、废热应积极利用。天然能源(如地热、温泉、低温水体、太阳能等)以及城市热网、电网、其他饭店剩余的能源也应积极利用，也可与其他企业联合用能。对上述能源的使用既能提高能源使用的综合效率，也能降低饭店自身的用能成本。

65.饭店建筑积极利用可再生能源

饭店利用可再生能源的方式可以是自行设置可再生能源利用系统或购买由可再生能源产生的电能或热能。饭店可利用的可再生能源的主要有：利用太阳能热水器生产热水，以补充饭店生产、生活用热水；庭院、路灯及建筑轮廓灯照明利用太阳能光电技术；在地热条件较好的地区，利用地热采暖或生产生活用热水；饭店内部考虑充分回收利用污水热；位于沿海地区建的饭店，开发利用潮汐能；在风力较大的地区建设高层饭店，采用风力涡轮发电机进行发电以补充饭店的电能；度假村类型的饭店考虑利用沼气等生物质能。饭店利用可再生能源要考虑技术的可行性、设备寿命周期费用等因素。

66.饭店积极采用热水锅炉

饭店使用自备锅炉供热，应积极采用热水锅炉。蒸汽锅炉的热效率比热水锅炉低3%～5%，而且热水锅炉因为不承压，比蒸汽锅炉安全。从能源类型上看，燃油、燃气锅炉比燃煤锅炉的热效率高、自动化程度高，设备体积小，占地面积小。饭店不宜采用电热锅炉。

67.系统末端低负荷设备的分离

饭店各系统的末端连接的低负荷设备应该分离，因为这些设备的运行仍要启动系统主机，消耗较多的能源。如在正常时间之外出现的洗衣房的熨烫工作，可在熨烫机附近安装独立的小型蒸汽发生器来提供蒸汽。

68.饭店制冷机组应采用性能系数(COP)高的机组

性能系数是指在额定工矿和规定条件下，制冷机组进行制冷运行时的制冷量与有效输入功率的比值，也称为“能效比(EER)”，性能系数直接影响空调系统的运行能耗。从机组选型看，压缩式制冷机组的性能系数高于吸收式制冷机组。各类压缩式制冷中，离心式制冷机的性能系数相对最高。

69.饭店的采暖积极采用地暖系统

地暖系统是地面低温辐射采暖，是将热源敷设在地板之下，通过地板向上辐射热能达到室内采暖的目的。地暖系统热煤低温传送，传送热量损失小，用热效率高，比传统的采暖方式节能25%～30%。

70. 选择合适的中央空调末端设备

饭店中央空调末端设备应与使用区域相匹配。通常在公共区域，如大堂、餐厅、大型会议室等，应采用空气集中处理机，不应使用风机盘管。

71. 锅炉烟气余热适当回收利用

饭店锅炉烟气的排烟温度一般在160℃～250℃，烟气余热回收利用是指采用热交换技术利用烟气中的热量，但这种利用方式要注意不能过量利用烟气余热，烟气温度在降到180℃以下时，会产生酸性凝结水，造成腐蚀。目前，可采用的烟气余热技术是冷凝余热回收锅炉。回收的烟气余热可用于加热生活热水。

72. 冷凝水应回收利用

饭店供热系统中的冷凝水主要是经过热交换器等设备，蒸汽释放了热量后，变成冷凝水。冷凝水的温度非常高，而且不需要进行软化处理，可以立即返回锅炉。冷凝水一般与经过离子交换后的软水混合，提高锅炉炉水的进水温度，提高锅炉的热效率，因此，应设计冷凝水水箱，回收冷凝水。

73. 饭店积极采用节能型光源

在满足饭店照明质量的前提下，积极采用节能型光源。如采用LED灯，在提供相同照度的情况下，消耗的电量为普通光源的30%；日光灯改用T5灯，节电率在40%以上，极大地降低了能源消耗。

74. 饭店对照明系统采用智能节电技术

智能节电技术通过对负载的工作电压、电流进行实时控制，以提供负载时最适宜的工作电压和电流，产生较好的节电效果，并且使灯具寿命大大延长。使用效果显示，饭店的室外霓虹灯、外墙照明、室内照明的节电率在15%以上。

75. 积极采用电梯节能技术

统计表明，饭店电梯的能耗占饭店用电量的10%左右，因此，采用电梯节能技术有利于饭店降低综合能耗。饭店电梯的节能技术包括改进机械传动和电力拖动系统、制动电能再生利用技术、电梯智能控制技术等。据分析，电梯节能技术的利用将减少电梯能耗30%～50%以上。

76. 采用楼宇自动控制系统(BAS)

楼宇自动控制系统是智能建筑的核心系统之一。该系统以中央处理计算机为中心，对建筑物内部的设备进行时时控制与管理，能够随时按需调整建筑物内部的温度、湿度、照明强度和空气清新度，达到节约能源与人工成本的效果。饭店应积极采用楼宇自动控制系统，经验表明，与没有BAS系统的建筑相比较，采用BAS系统的建筑可节约能源5%～15%。

77. 变压器合理负载

饭店变压器的额定容量应与饭店的用电要求相匹配，变压器的运行负荷应为额定容量的75%～90%。如果饭店实际的运行负荷经常小于额定容量的50%,则应更换容量较小的变压器;若超过额定容量,则应更换容量较大的变压器。

78.空调末端装置合理分区

使用时间和功能要求条件不同的服务区域的空调末端装置不应划分在同一空调子系统内。饭店各服务区域的人员流动特征是不同的,这也导致了饭店空调负荷变化的不一致,因此,需要对末端装置进行分离。饭店客房区域也应进行区域划分,分别设置空调子系统。

79.水泵采用变频技术

饭店用水量波动较大,因此,在供水系统的水泵采用变频技术有利于减少电能的消耗。用水设备包括生产用水设备和生活用水设备,饭店应根据各用水设备的用水特征,选择相应的节水技术和设备对用水量进行控制,或用调节水压的方法以实现节水目标。

80.客房区域集中提供服务设施

饭店客房区域集中提供服务设施。如在客房楼面配置制冰机、饮水机、自动售卖机的方式提供服务,引导宾客减少房间的小冰箱、电水壶、饮水机等电器的使用,提高能源的综合使用效率。

81.采用冷热电联产系统

有燃气资源的地区,如果冷热电负荷相对比较稳定,饭店积极采用冷热电联产系统。冷热电联产系统是通过能源的梯级利用,燃料通过热电联产装置将高品位能发电后,其中的低品位的热能用于采暖、生活供热等用途的供热,这一热量也可以驱动吸收式制冷机,用于夏季的空调,从而形成冷热电三联供系统。冷热电联产系统具有较高的能源使用效率。

82.采用变风量空调系统

变风量空调系统是通过改变送风量的方法实现室内温湿度控制。当室内负荷降低时,系统减少风量的输送,从而降低系统的运行能耗。资料显示,变风量系统能减少30%的能耗,同时提高室内的舒适性。

83.采用中央空调动态控制系统

中央空调动态控制系统是在中央空调末端风机盘管和新风机组安装电动阀及控制装置,改变了冷冻水的流量,实现空调系统末端设备的动态变化,减少冷量的输送,从而降低系统的运行能耗。使用显示,该系统能节能30%以上。

84.安装热水循环泵

饭店生活热水系统应安装热水循环泵,减少热水系统热量的损失。但是,热水循环泵的功率要合理设计,避免电量浪费。

85. 积极采用天然冷、热源

饭店周边区域有天然的冷、热源或地热源可能利用时，饭店宜采用水(地)源供冷、供热技术。例如，在低温河水边的饭店，可以利用低温河水作为中央空调系统的冷源，能极大地降低中央空调系统的能耗。

86. 客房设置总用电开关

饭店客房应设置总的用电开关，便于客人关闭所有的电源，减少浪费。例如，客房在钥匙插卡取电开关，在客人离开时能自动关闭电源。另外，在客房床头也应设计总的用电控制开关。

87. 建立饭店能源管理领导小组

饭店建立能源管理领导小组，统一管理、协调能源管理工作。例如，饭店以分管副总为组长，各部门经理为组员，建立领导小组。

88. 设立能源工程师

饭店应设立能源工程师岗位，为饭店的能源管理提供技术支持。能源工程师可由饭店员工担任，也可聘请外部机构的相关人员。

89. 开展合同能源管理

饭店应积极与有资质的节能服务公司合作，推行合同能源管理，提高能源使用效率。

90. 选择节能环保设备

饭店采购设备，要选择“节能型产品”。“节能型产品”应有相关的标志或认证证明。设备工作能力应与系统的使用要求相匹配，杜绝“大马拉小车”现象的出现。

91. 加强饭店设备的维护保养

饭店建立设备的计划维护保养制度，严格实施。加强饭店设备的维护保养，使设备处于完好状态。设备完好，有利于饭店节能。如厨房冰箱门、温控器等的完好，对设备的节能有较大的影响。

92. 及时维修、更换故障设备

饭店建立设备故障的报修、巡视制度，及时发现故障设备，及时维修。对于维修在经济上不合理的设备，应及时更换。“带病运行”的设备无法满足需求，存在安全隐患，并浪费能源。

93. 建立设备操作规范

为饭店员工使用的每一台设备建立标准的节能操作规范。如冰箱内的存放容积以80%为宜；吸尘器需要及时清理，否则会降低吸尘效率，增加耗电量；厨房灶具、炊具、容器要定期清洗除垢，以免影响热效率。

94. 正确使用、操作设备

饭店员工应先培训、后上岗，正确使用，正确操作设备，减少能源浪费。设备操作培训要持续进行。建立设备操作巡检制度，及时发现、纠正操作中能源浪费行为。

95. 建立能源管理目标与实施方案

饭店应建立能源管理目标，并将目标进行分解，便于实施。制定与能源管理目标相符合的能源管理实施方案。方案除了常规内容外，应包括节能技术的可行性评价。

96. 积极对客宣传节能

饭店应积极对客宣传，客人的节能行为有利于饭店的节能工作。例如，在饭店的公共区域，如大堂、餐厅等设置节能、低碳宣传角，提高住店客人的节能意识。在客房内设置宣传卡，鼓励客人减少资源、能源的使用。

97. 开展节能营销工作

饭店在市场营销中充分考虑节能工作，例如，配合饭店营销计划，举办节能、减排专题宣传周活动。为客人建立低碳消费记录档案，以便于实施相应的奖励措施，对客人的节能行为进行奖励等。

98. 开展供应商宣传工作

向饭店供应商进行低碳饭店的宣传。饭店的采购量大，涉及多个行业，通过向供应商宣传，促使更多的企业实施低碳生产。

99. 制定节能培训计划

饭店制定系统的节能培训计划并予以实施。培训计划和管理目标应符合实际的情况，并具有连续性。

100. 开展节能培训和奖励

饭店在员工中开展节能培训和讨论，通过丰富多样的形式，调动员工节能的积极性，讨论各项节能操作的可行性，鼓励员工的节能创新行为。例如，设立员工节能创新奖。

【小结】

绿色饭店是顺应经济社会可持续发展的需求，把生态环境保护观念和有益于消费者身心健康的理念融入酒店的经营之中，从酒店经营的各个环节都着手控制污染和节约资源。绿色客房是绿色饭店的主要产品之一，从客房设计、服务和管理的各个环节要遵循绿色饭店管理的原则，有利于提高管理水平，增强酒店竞争力，可满足客人的绿色消费，是实现酒店经济效益、社会效益、环境效益的有机统一。

【复习思考题】

1. 绿色管理的“4R”原则是什么？

2. 构建绿色管理体系包括哪些内容？

3. 客房绿色管理有哪些具体措施？

4. 实地调研 1～2 家酒店，总结客房在进行绿色管理和服务中有哪些难点，并提出改进措施。

【推荐阅读】

1. 刘强：《浅谈酒店客房的“绿色化”发展》，载《现代企业文化》2010 年第 9 期。

2. 吴雄：《酒店客房的绿色管理研究》，载《商品与质量·学术观察》2011 年第 7 期。

3. 赵雨洁：《绿色饭店的发展策略研究》，载《中国商贸》2011 年第 15 期。

模块八　客房星评专业知识

【课前导读】

《旅游饭店星级的划分与评定》是国家对酒店进行管理的行业标准，规定了旅游饭店星级的划分条件、服务质量和运营规范要求，为维护国家形象、消费者权益、指导饭店业持续发展起到了积极的作用。

【学习目标】

知识目标

1. 了解并掌握《旅游饭店星级的划分与评定》对客房各方面的专业要求；

2. 对酒店客房产品要求有全面准确的理解。

能力目标

1. 能对照标准对酒店客房进行评价，提交服务质量报告。

2. 能按照项目标准，对具体酒店客房产品提出改进意见和办法。

【案例导入】

关于2012年度星级饭店复核工作情况的通报

旅星评发[2013]69号

各省、自治区、直辖市旅游星级饭店评定委员会：

2012年是《旅游饭店星级的划分与评定》(GB/T14308-2010)国家标准颁布实施之后评定性复核任务量最大的一年。在时间紧、任务重的形势下，全国旅游饭店星级评定委员会(以下简称“全国星评委”)在各级星评委的大力支持和各级星评员的密切配合下，圆满完成了2012年度全国旅游星级饭店评定性复核工作。

一、复核工作情况

2012年，全国28个省(市、自治区)的309家五星级饭店需接受满三四年期评定性复核，全国星评办实际组织国家级星评员570余人次复核检查了286家饭店，另有延期复核饭店20家、因不达标等自动放弃五星级资格的饭店3家。

全国32个省级星评办共计组织星评员22000余人次对10248家星级饭店进行了评定性/年度复核：一星级176家、二星级3118家、三星级4931家、四星级1645家、五星级378家。

为加强对顾客实际入住感受的关注，全国星评委在近年来的复核工作中引入并完善了第三方评价机制，即与国内知名饭店预订和点评网站合作，调取复核饭店的网络好评率/差评率以及在线点评内容，并加以分析，形成总体排名，为暗访检查对象及其重点检查内容的确定提供有力依据。2012年全国星评委综合国家级星评员采用明察结果、网络点评调查结果、业内外反应等方式，组织国家级星评监督员对18个地区的25家五星级评定性复核饭店实施了暗访。其中，取消星级7家、限期整改13家。综合暗访机制的引入，为全国星评委提供了更真实、更翔实的信息，有效地提高了复核工作的客观真实性。

二、存在的主要问题

根据国家级星评员提交的复核饭店材料、各省级星评委提交的复核工作总结和网络顾客点评分析，2012年度复核的星级饭店整体上基本符合新标要求，较好地保持了星级饭店的水准，取得了良好的经济效益和社会效益。但是，其间也暴露出一些问题，具体如下：

（一）部分饭店一致性不足，服务质量存在差异

饭店服务质量是饭店全方位、全过程高度协调与配合的最终结果，因此，星级饭店复核时不应因为某一区域所有权或经营权的分离，或因为建筑物的分隔而区别对待，饭店内所有区域应达到同一星级的质量标准和管理要求。然而，部分饭店在装修改造前规划不足，致使对客服务区域的地毯、墙面、装饰物、灯光等装饰装修过于凌乱，不同区域的设施设备及用品用具在档次上存在明显差异；部分饭店将餐饮、娱乐等项目外包，却在管理上做不到协调统一，导致服务质量下降，影响星级饭店特别是高星级饭店的声誉；个别饭店更因不同建筑物呈现不同档次，而被取消星级或责令限期整改。

（二）必备项目不够完善，无法保证服务效果

必备项目检查表在复核检查时应逐项达标，缺一不可。但是，个别饭店虽然按照必备项目要求，配备了相应设施设备，却因前期设计不专业或后期维护不到位，导致必备项目不能有效使用，无法保证服务和管理效果。如：客房内的留言与语音信箱形同虚设，无法使用；贵重物品寄存室的设置不能有效保护顾客隐私，室内未配备桌椅、文具等必要用品；残疾人公共卫生间设置在二楼；残疾人房的无障碍措施不到位，如客房门安装闭门器，客房内扶手、花洒、洗手台等安装过高，床高超出标准高度，房门和卫生间门宽度不足等；标识导向系统不够醒目清

晰明确、材质风格不够统一、警示标识不到位；应急预案过于简单、粗略，不便于甚至无法操作执行等。

（三）维护保养及清洁卫生不到位，导致服务质量下降

部分饭店轻视投入资金提升硬件，甚至抱有等待观望的侥幸态度，导致改造资金投入不足，更新改造无计划、不按承诺如期完成整改，日常维护保养和清洁卫生不到位，从而导致饭店硬件陈旧、品质不统一，未能体现高档酒店的氛围。硬件平时不维护保养、清洁卫生不到位，很容易在重大接待和服务的关键时刻出现电梯故障、水龙头出黄水、推拉门拉不开（关不上）、空调不制冷（热）、地面湿滑、异味刺鼻、地毯翘起、天花布满灰尘等严重问题，从而导致服务的严重失误或服务质量的明显下降。

（四）服务标准落实不力，直接影响服务质量

优质服务的基本前提是通过制订科学的服务质量标准和服务规程对员工的工作行为进行控制，从而保证服务质量的规范性和一致性。一些星级饭店存在管理制度和作业标准不健全、制度与实际操作相脱节、贯彻执行不到位等问题，直接影响饭店的服务质量。如：电话总机不能及时接听或转接电话；接受电话预定时，未向客人介绍、询问、确认相关信息，如房型、房价、是否含早餐等；登记入住时，前台接待人员忙于手头工作，缺乏对客人的关注，不能在客人抵达时或客人在等待时，给予客人及时问候、服务或引导；员工对饭店产品不了解，不能及时准确地提供问询服务；叫醒服务时不主动确认是否需要二次叫醒，甚至叫醒时间有误；开夜床服务不规范、不到位；员工进入客房未按程序操作，惊扰客人；点菜后不与客人进行确认，出现漏单；自助餐厅的餐饮具收取、更换不及时等。

三、复核结果

根据全国星评办及32个省级星评办的统计，本年度全国共处理饭店1281家，其中取消星级717家（五星级17家、四星级80家、三星级245家、二星级354家、一星级21家）、限期整改564家（五星级31家、四星级79家、三星级299家、二星级148家、一星级7家）。

本年度接受评定性复核的309家五星级饭店中，通过评定性复核262家、取消星级11家、限期整改18家、延期复核20家。

全国旅游星级饭店评定委员会

2013年2月1日

【课堂思考】

1.《星评》标准带给酒店怎样的机遇与挑战?

2.星级是不是检验饭店好坏的唯一标准?

项目一　旅游饭店星级的划分与评定

我国饭店业是最早实现与国际接轨的行业,实行饭店星级评定制度,对规范、引导并推动行业发展有着重要的积极的作用,标志着我国饭店业已经全面走向成熟,跨入了国际现代化管理的新阶段。饭店的位置、环境、设施、服务等情况是对饭店进行划分时的重要依据。

国家旅游局于1988年制定并实施了《旅游饭店星级的划分与评定》制度,后经过1993年、1997年、2003年、2010年四次修订,目前执行的星评标准是2010年10月18日批准发布的国家标准。

2010年版《旅游饭店星级的划分与评定》强调了星级饭店的必备项目、核心产品、绿色环保、应急管理、软件可衡量和特色经营等方面的要求,规定了旅游饭店星级的划分条件、服务质量和运营规范要求,适用于正式营业的各种旅游饭店。

饭店星级有着严格的等级划分标准和评定规程。经评定达到相应星级标准的饭店,由全国旅游饭店星级评定机构颁发相应的星级证书和标志牌。星级标志的有效期为3年;而旅游饭店应将星级标志置于饭店前厅最明显位置,接受公众监督。旅游饭店星级证书和标志牌由全国旅游星级饭店评定委员会统一制作、核发,任何单位或个人未经授权或认可,不得擅自制作和使用。

任务一:星级划分介绍

1.术语和定义

旅游饭店(Tourist Hotel),以间(套)夜为单位出租客房,以住宿服务为主,并提供商务、会议、休闲、度假等相应服务的住宿设施,按不同习惯可能也被称为宾馆、酒店、旅馆、旅社、宾舍、度假村、俱乐部、大厦、中心等。

2.星级划分及标志

用星的数量和颜色表示旅游饭店的星级。旅游饭店星级分为五个级别,即一星级、二星级、三星级、四星级、五星级(含白金五星级)。最低为一星级,最高为五星级。星级越高,表示饭店的等级越高。

星级标志由长城与五角星图案构成,用一颗五角星表示一星级,两颗五角星表示二星级,三颗五角星表示三星级,四颗五角星表示四星级,五颗五角星表示五星级,五颗白金五角星表示白金五星级。

任务二:《星级标准》总则

1.星级饭店的建筑、附属设施设备、服务项目和运行管理应符合国家现行的安全、消防、卫生、环境保护、劳动合同等有关法律、法规和标准的规定与要求。

2.各星级划分的基本条件见附录 A,各星级饭店应逐项达标。

3.星级饭店设备设施的位置、结构、数量、面积、功能、材质、设计、装饰等评价标准见附录 B。

4.星级饭店的服务质量、清洁卫生、维护保养等评价标准见附录 C。

5.一星级、二星级、三星级饭店是有限服务饭店,评定星级时应对饭店住宿产品进行重点评价;四星级和五星级(含白金五星级)饭店是完全服务饭店,评定星级时应对饭店产品进行全面评价。

6.倡导绿色设计、清洁生产、节能减排、绿色消费的理念。

7.星级饭店应增强突发事件应急处置能力,突发事件处置的应急预案应作为各星级饭店的必备条件。评定星级后,如饭店营运中发生重大安全责任事故,所属星级将被立即取消,相应星级标识不能继续使用。

8. 评定星级时不应因为某一区域所有权或经营权的分离，或因为建筑物的分隔而区别对待，饭店内所有区域应达到同一星级的质量标准和管理要求。

9. 饭店开业一年后可申请评定星级，经相应星级评定机构评定后，星级标识使用有效期为三年。三年期满后应进行重新评定。

任务三：各星级划分条件

1. 必备条件

必备项目检查表(见附录 A)规定了各星级应具备的硬件设施和服务项目。评定检查时，逐项打"√"确认达标后，再进入后续打分程序。

2. 设施设备

设施设备的要求见附录 B，总分 600 分。一星级、二星级饭店不作要求，三星级、四星级、五星级饭店规定最低得分线：三星级 220 分，四星级 320 分，五星级 420 分。

3. 饭店运营质量

(1)饭店运营质量的要求见附录 C，总分 600 分。

(2)饭店运营质量的评价内容分为总体要求、前厅、客房、餐饮、其他、公共及后台区域等 6 个大项。评分时按"优""良""中""差"打分并计算得分率。公式为：得分率＝该项实际得分/该项标准总分×100％。

(3)一星级、二星级饭店不作要求。三星级、四星级、五星级饭店规定最低得分率：三星级 70％，四星级 80％，五星级 85％。

项目二　客房星评专业要求

任务一：客房必备项解析

表 8-1　　附录 A　四星级饭店必备项目检查表——客房部分

3	客房	
3.1	应有至少 40 间(套)可供出租的客房	
3.2	70％客房的面积(不含卫生间)应不小于 20m²	
3.3	应有标准间(大床房、双床房)，有两种以上规格的套房(包括至少 3 个开间的豪华套房)，套房布局合理	

续表

3.4	装修高档。应有舒适的软垫床,配有写字台、衣橱及衣架、茶几、座椅或沙发、床头柜、全身镜、行李架等家具,布置合理。所有电器开关方便宾客使用。室内满铺高级地毯,或优质木地板或其他高级材料。采用区域照明,且目的物照明效果良好	
3.5	客房门能自动闭合,应有门窥镜、门铃及防盗装置。客房内应在显著位置张贴应急疏散图及相关说明	
3.6	客房内应有装修良好的卫生间。有抽水恭桶、梳妆台(配备面盆、梳妆镜和必要的盥洗用品)、有浴缸或淋浴间,配有浴帘或其他防溅设施。采取有效的防滑措施。采用高档建筑材料装修地面、墙面和天花,色调高雅柔和。采用分区照明且目的物照明效果良好。有良好的低噪音排风设施,温湿度与客房适宜。有110V/220V不间断电源插座、电话副机。配有吹风机。24h供应冷、热水,水龙头冷热标识清晰。所有设施设备均方便宾客使用	
3.7	客房内应有饭店专用电话机,可以直接拨通或使用预付费电信卡拨打国际、国内长途电话,并备有电话使用说明和所在地主要电话指南	
3.8	应有彩色电视机,画面和音质良好。播放频道不少于16个,备有频道目录	
3.9	应有防噪音及隔音措施,效果良好	
3.10	应有内窗帘及外层遮光窗帘,遮光效果良好	
3.11	应有至少两种规格的电源插座,电源插座应有两个以上供宾客使用的插位,位置合理,并可提供插座转换器	
3.12	应有与本星级相适应的文具用品。配有服务指南、住宿须知、所在地旅游资源信息和旅游交通图等。可提供与住店宾客相适应的书报刊	
3.13	床上用棉织品(床单、枕芯、枕套、被芯、被套及床衬垫等)及卫生间针织用品(浴巾、浴衣、毛巾等)材质较好、柔软舒适	
3.14	客房、卫生间应每天全面整理一次,每日或应宾客要求更换床单、被套及枕套,客用品和消耗品补充齐全,并应宾客要求随时进房清理	
3.15	应提供互联网接入服务,并备有使用说明,使用方便	
3.16	应提供开夜床服务,放置晚安致意品	
3.17	应提供客房微型酒吧服务,至少50%的房间配备小冰箱,提供适量酒和饮料,并备有饮用器具和价目单。免费提供茶叶或咖啡。提供冷热饮用水,可应宾客要求提供冰块	

续表

3.18	应提供客衣干洗、湿洗、熨烫服务，可在 24h 内交还宾客。可提供加急服务
3.19	应 18h 提供送餐服务。有送餐菜单和饮料单，送餐菜式品种不少于 8 种，饮料品种不少于 4 种，甜食品种不少于 4 种，有可挂置门外的送餐牌
3.20	应提供留言及叫醒服务
3.21	应提供宾客在房间会客服务，可应宾客要求及时提供加椅和茶水服务
3.22	客房内应备有擦鞋用具，并提供擦鞋服务

表 8-2　　附录 A　五星级饭店必备项目检查表——客房部分

3	客房
3.1	应有至少 50 间(套)可供出租的客房
3.2	70%客房的面积(不含卫生间和门廊)应不小于 $20m^2$
3.3	应有标准间(大床房、双床房)，残疾人客房，两种以上规格的套房(包括至少 4 个开间的豪华套房)，套房布局合理
3.4	装修豪华，具有良好的整体氛围。应有舒适的床垫及配套用品。写字台、衣橱及衣架、茶几、座椅或沙发、床头柜、全身镜、行李架等家具配套齐全、布置合理、使用便利。所有电器开关方便宾客使用。室内满铺高级地毯，或用优质木地板或其他高档材料装饰。采用区域照明，目的物照明效果良好
3.5	客房门能自动闭合，应有门窥镜、门铃及防盗装置。客房内应在显著位置张贴应急疏散图及相关说明
3.6	客房内应有装修精致的卫生间。有高级抽水恭桶、梳妆台(配备面盆、梳妆镜和必要的盥洗用品)、浴缸并带淋浴喷头(另有单独淋浴间的可以不带淋浴喷头)，配有浴帘或其他有效的防溅设施。采取有效的防滑措施。采用豪华建筑材料装饰地面、墙面和天花，色调高雅柔和。采用分区照明且目的物照明效果良好。有良好的无明显噪音的排风设施，温湿度与客房无明显差异。有 110V/220V 不间断电源插座、电话副机。配有吹风机。24h 供应冷、热水，水龙头冷热标识清晰。所有设施设备均方便宾客使用
3.7	客房内应有饭店专用电话机，方便使用。可以直接拨通或使用预付费电信卡拨打国际、国内长途电话，并备有电话使用说明和所在地主要电话指南

续表

3.8	应有彩色电视机，画面和音质优良。播放频道不少于 24 个，频道顺序有编辑，备有频道目录
3.9	应有背景音乐，音质良好，曲目适宜，音量可调
3.10	应有防噪音及隔音措施，效果良好
3.11	应有纱帘及遮光窗帘，遮光效果良好
3.12	应有至少两种规格的电源插座，电源插座应有两个以上供宾客使用的插位，位置方便宾客使用，并可提供插座转换器
3.13	应有与本星级相适应的文具用品。配有服务指南、住宿须知、所在地旅游景点介绍和旅游交通图等。提供与住店宾客相适应的报刊
3.14	床上用棉织品（床单、枕芯、枕套、被芯、被套及床衬垫等）及卫生间针织用品（浴巾、浴衣、毛巾等）材质高档、工艺讲究、柔软舒适。可应宾客要求提供多种规格的枕头
3.15	客房、卫生间应每天全面清理一次，每日或应宾客要求更换床单、被套及枕套，客用品和消耗品补充齐全，并应宾客要求随时进房清理
3.16	应提供互联网接入服务，并备有使用说明，使用方便
3.17	应提供开夜床服务，夜床服务效果良好
3.18	应提供客房微型酒吧（包括小冰箱）服务，配置适量与住店宾客相适应的酒和饮料，备有饮用器具和价目单。免费提供茶叶或咖啡。提供冷热饮用水，可应宾客要求提供冰块
3.19	应提供客衣干洗、湿洗、熨烫服务，可在 24h 内交还宾客，可提供加急服务
3.20	应 24h 提供送餐服务。有送餐菜单和饮料单，送餐菜式品种不少于 8 种，饮料品种不少于 4 种，甜食品种不少于 4 种，有可挂置门外的送餐牌，送餐车应有保温设备
3.21	应提供自动和人工叫醒、留言及语音信箱服务，服务效果良好
3.22	应提供宾客在房间会客服务，应宾客的要求及时提供加椅和茶水服务
3.23	客房内应备有擦鞋用具，并提供擦鞋服务

1. 客房面积

客房面积要与饭店产品舒适度有直接关系。所谓不含卫生间和门廊是指扣除卫生间、门廊及门廊一侧衣柜面积后的净面积；不含卫生间的面积是指扣除卫生间及门廊一侧衣柜面积后的客房净面积。

2. 客房类型

客房是饭店必不可少的主要设施，是饭店的基本条件。由于宾客身份、消费需求、同行人员数量、旅居原因不同等因素，宾客对饭店客房类型与大小有不同的需求，因此，饭店应合理地配置不同类型的客房，以满足不同宾客的需求。

(1)两种规格套房

套房是指由两个相对独立，功能互不影响、互不干扰的空间组合而成的客房；两种规格是指空间分割方式、组合方式不同的套房形态。

(2)豪华套房

豪华套房代表饭店客房产品的最高水平，其设计应关注私密性、舒适性和文化性。一般情况下，不同开间套房的功能设置为：

三开间豪华套房的使用面积应不低于 100m²，通常由客厅及卫生间、独立的书房或餐厅、卧室及卫生间组成。

四开间豪华套房的使用面积应不低于 150m²，通常由客厅及卫生间、独立的书房或餐厅、主卧室及卫生间、副卧室及独立的卫生间等功能空间组成。

五开间及其以上豪华套房的使用面积应不低于 240m²，通常由客厅及卫生间、独立的书房、独立的餐厅(含简易厨房)、主卧室及卫生间、副卧室及卫生间、步入式更衣间等组成，并可根据实际增加随从房及卫生间、康乐用房等功能空间。可配备直达该区域的专用电梯。

豪华套房应远离电梯口和人流活动频繁的区域，一般位于楼层端头，自成独立系统。

星级评定时，连通房不能作为套房认定。

(3)残疾人客房

五星级酒店要设有残疾人客房，残疾人客房是饭店人文精神的体现。残疾人客房应布置在便于轮椅进出、交通路线最短的地方，一般设在低层饭店的一层或高层饭店客房层的最底层，可采用连通房的形式，便于陪护。同时应关注盲人、聋哑人等其他残障人士的需要。

残疾人客房的设施设备配置与安装可参考的指标：

①客房门

客房门的宽度应不小于 90cm，采用长柄把手，不安装闭门器，分别在1.1m 和 1.5m 处安装门窥镜，门链高度不超过 1m。

②设备

衣柜挂衣杆不高于 140cm；低位电器开关、插座高度不低于 60cm，高位电器开关、插座高度不高于 120cm；挂式电话安装高度为 80～100cm。宜安装电动窗帘。卫生间及客房内应设置紧急呼叫按钮。

③空间

床位一侧应留有宽度不小于150cm的轮椅回旋空间,床面高度为450cm。

④卫生间

卫生间门宽应不小于0.9m;淋浴间面积不小于1.2m×1.2m,应设置85cm×35cm×45cm的安全洗浴坐等,安装安全抓杆,横式安全抓杆的高度为距地面90cm;竖式安全抓杆的高度为距地面60～150cm;水流开关安装高度为90cm。

3. 客房卫生间

卫生间的舒适程度直接影响到宾客对饭店产品质量的感受与评价。

饭店应充分了解洁具的规格、性能、质量、价格等因素,充分考虑饭店的星级高低与卫生间面积的大小,配置合适的卫生洁具。卫生洁具与配套五金件应统一品牌及规格。

应关注镜前、恭桶、浴缸的分区照明的设计,方便宾客使用;卫生间要注意作好防滑防溅处理,确保淋浴间门的密闭性,条件许可应尽量采取干湿分区设计等。

为方便宾客使用,提高卫生间的安全性和方便性,在卫生间中可设置扶手、访客等待按钮、SOS按钮、手机搁板及安全提示等各种标志。

4. 电话机、电视机等设备

(1)电话机

饭店专用电话机是指根据饭店使用需求而设计的,具有特定服务功能与多组快捷拨打按键的专用电话机。应具备以下三个基本条件:

①特质面板:印饭店店徽、常用电话号码、使用说明和一键通标志。

②一键通速拨功能:饭店常用服务项目采用一键通呼叫方式。

③留言与语言信箱功能:可根据留言指示灯提示,提取语言信息。

主要电话指南可采用所在地统一的黄页,饭店也可根据宾客的需要自行编制。

(2)电视机

饭店应根据星级要求和客房面积大小配备适应宾客需要的电视,配有电视节目指南。电视频道设置按顺序集中统一编排:中央台—各省(自治区、直辖市)台—地方台—饭店自办节目—外语频道或外语节目。

5. 背景音乐

饭店客房背景音乐是指饭店为烘托气氛、创造完美空间与情趣而设置的声音装置。五星级客房应有背景音乐,一至四星级酒店不作要求。

客房背景音乐有三种设置方式。一种是作为饭店公共音响系统的一部分,在客房设置播音器与开关控制；另一种是客房电视机预设两个专用音乐频道；还有一种是在客房配置音乐播放器与音乐碟片。

6.客房遮光

为增强客房舒适度，保证宾客起居方便和睡眠质量，星级饭店应配备洁净的内层窗帘和外层窗帘。

内层窗帘的作用是防止阳光直射并起到一定的遮挡室外视线的作用，面料一般为薄型和半透明织物。

外层窗帘要求不透明，具有隔热、遮光、吸音等功能，质地考究，悬垂性好，图案及色彩艺术美观，与客房氛围相协调。

窗帘附件配套完善，窗帘轨道安装稳固，内外层窗帘具有独立开启功能，滑动顺畅，窗帘各端闭合严密，遮光效果良好。轨道交叉重叠一部分，确保遮光性能。

7.房间隔音

就饭店客房而言，噪声控制在35dB左右，人们的主观感觉非常安静；45dB左右比较安静。超出这个范围，客房声音环境的舒适度将受到影响。

客房降低噪音污染应从解决噪声源入手。在饭店建筑设计中应高度关注建筑的地理位置、朝向、造型、外立面材质等相关环节，力争减少噪声对客房的污染。

8.电源插座

为适应不同国家或地区插头的规格差异，星级饭店客房电源插座的插孔最少应在两种规格以上。

所谓插座转换器即是一种移动式电源插座，型质为：插头部分是我国系统型质，插座部分为其他国家和地区系统型质。

为方便宾客使用，电源插座应分别设置在卫生间洗面台侧墙面、客房写字台上方或侧面、床头柜上方。

饭店客房应设置两个以上不间断电源插座，并有明显标志。

9.整理客房服务

整理客房服务作为客房服务的基本内容应成为星级饭店常规性的服务项目，应制定完善的管理制度和操作流程。为保护环境，减少洗涤量，饭店应在客房设立环保卡，引导宾客绿色消费。

10.客房互联网服务

客房互联网接入已成为现代客房必不可少的服务设施，星级饭店要高度重视。

应采用10兆以上宽带接入方式。网络接口应置于写字台附近，并配有醒目标志,条件允许可在床头附设网络接口。设置简捷,使用方便。备有网线,有使用说明,使用说明文字简洁、清晰,制作精美。无线网络接入方式,是现代饭店客房互联网设施配置的另一种形态,强调使用的有效性、稳定性。

任务二:客房设备评分表解析

表 8-3 附录 B (规范性附录)设施设备评分表——客房部分

序号	设施设备	各大项总分	各分项总分	各次分项总分	各小项总分	计分	记分栏
4	客房	191					
4.1	普通客房(4.1～4.10 均针对普通客房打分)		26				
4.1.1	70%客房的净面积(不包括卫生间和门廊)			16			
	不小于 $36m^2$					16	
	不小于 $30m^2$					12	
	不小于 $24m^2$					8	
	不小于 $20m^2$					6	
	不小于 $16m^2$					4	
	不小于 $14m^2$					2	
4.1.2	净高度			4			
	不低于 3m					4	
	不低于 2.7m					2	
4.1.3	软床垫(长度不小于 1.9m)			6			
4.1.3.1	单人床(宽度)				3		
	不小于 1.35m					3	
	不小于 1.2m					2	
	不小于 1.1m					1	
4.1.3.2	双人床(宽度)				3		
	不小于 2.2m					3	

续表

序号	设施设备	各大项总分	各分项总分	各次分项总分	各小项总分	计分	记分栏
	不小于 2.0m					2	
	不小于 1.8m					1	
4.2	装修与装饰		11				
4.2.1	地面		3				
	采用优质地毯或木地板，工艺精致					3	
	采用高档地砖、普通地毯或木地板，工艺较好					2	
	采用普通地砖或水磨石地面，工艺一般					1	
4.2.2	墙面			2			
	采用高级墙纸或其他优质材料，有艺术品装饰					2	
	采用普通涂料或墙纸					1	
4.2.3	天花有装饰			2			
4.2.4	整体装饰效果			4			
	工艺精致，色调协调，格调高雅					4	
	工艺较好，格调统一					2	
	工艺一般					1	
4.3	家具		7				
4.3.1	档次			4			
	设计专业，材质高档，工艺精致，摆设合理，使用方便、舒适					4	
	材质较好，工艺较好					2	
	材质普通，工艺一般					1	
4.3.2	衣橱			3			
	步入式衣物储藏间					3	
	进深不小于 55cm，宽度不小于 110cm					2	
	进深不小于 45cm，宽度不小于 90cm					1	

续表

序号	设施设备	各大项总分	各分项总分	各次分项总分	各小项总分	计分	记分栏
4.4	灯具和照明		11				
4.4.1	灯具配备			9			
4.4.1.1	主光源(顶灯或槽灯)				1		
4.4.1.2	门廊照明灯				1		
4.4.1.3	床头照明灯				1		
4.4.1.4	写字台照明灯				1		
4.4.1.5	衣柜照明灯				1		
4.4.1.6	行李柜照明灯				1		
4.4.1.7	小酒吧照明灯				1		
4.4.1.8	装饰物照明灯				1		
4.4.1.9	夜灯				1		
4.4.2	灯光控制			2			
	各灯具开关位置合理,床头有房间灯光“一键式”总控制开关,标识清晰,方便使用					2	
	各灯具开关位置合理,方便使用					1	
4.5	彩色电视机		6				
4.5.1	类型与尺寸			3			
	平板电视,不小于25英寸					3	
	普通电视,不小于25英寸					2	
	普通电视,不小于21英寸					1	
4.5.2	频道和节目			2			
	卫星、有线闭路电视节目不少于30套					1	
	外语频道或外语节目不少于3套					1	
4.5.3	有电视频道指示说明及电视节目单			1			

续表

序号	设施设备	各大项总分	各分项总分	各次分项总分	各小项总分	计分	记分栏
4.6	客房电话		5				
4.6.1	程控电话机，有直拨国际、国内长途功能			1			
4.6.2	有语音信箱及留言指示灯			1			
4.6.3	电话机上有饭店常用电话号码和使用说明			1			
4.6.4	附设写字台电话（双线制）			1			
4.6.5	配备本地电话簿			1			
4.7	微型酒吧（包括小冰箱）		5				
4.7.1	数量			3			
	100%的客房有微型酒吧（包括小冰箱）					3	
	不少于50%的客房有微型酒吧（包括小冰箱）					1	
4.7.2	提供适量饮品和食品，并配备相应的饮具			1			
4.7.3	100%以上客房配备静音、节能、环保型小冰箱			1			
4.8	客房便利设施及用品		12				
4.8.1	电热水壶			1			
4.8.2	熨斗和熨衣板			1			
4.8.3	西装衣撑			1			
4.8.4	每房不少于4个西服衣架、2个裤架和2个裙架			1			
4.8.5	不间断电源插座（国际通用制式）不少于两处，并有明确标识，方便使用			1			
4.8.6	吹风机			1			
4.8.7	浴衣（每客1件）			1			
4.8.8	备用被毯（每床1条）			1			
4.8.9	咖啡（含伴侣、糖），配相应杯具			1			
4.8.10	环保或纸制礼品袋（每房2个）			1			
4.8.11	针线包			1			

续表

序号	设施设备	各大项总分	各分项总分	各次分项总分	各小项总分	计分	记分栏
4.8.12	文具（含铅笔、橡皮、曲别针等）			1			
4.9	客房必备物品（少一项，扣1分）						
	服务指南（含欢迎词、饭店各项服务简介）						
	笔						
	信封（每房不少于2个）						
	信纸（每房不少于4张）						
	免费茶叶						
	暖水瓶（有电热水壶可不备）						
	凉水瓶（或免费矿泉水）						
	擦鞋用具（每房2份）						
	“请勿打扰”“请清理房间”挂牌或指示灯						
	垃圾桶						
	根据不同床型配备相应数量的枕芯、枕套、床单、毛毯或棉被						
4.10	客房卫生间		50				
4.10.1	70%的客房卫生间面积			8			
	不小于$8m^2$					8	
	不小于$6m^2$					6	
	不小于$5m^2$					4	
	不小于$4m^2$					2	
	小于$4m^2$					1	
4.10.2	卫生间装修			6			
	专业设计，全部采用高档材料装修（优质大理石、花岗岩等）、工艺精致，采用统一风格的高级品牌卫浴设施					6	
	采用高档材料装修，工艺较好					4	
	采用普通材料装修，工艺一般					2	

续表

序号	设施设备	各大项总分	各分项总分	各次分项总分	各小项总分	计分	记分栏
4.10.3	卫生间设施布局			4			
	不少于50%的客房卫生间淋浴、浴缸、恭桶分隔					4	
	不少于50%的客房卫生间淋浴和浴缸分隔					3	
	不少于50%的客房卫生间有浴缸					1	
4.10.4	面盆及五金件			2			
	高档面盆及配套五金件					2	
	普通面盆及五金件					1	
4.10.5	浴缸及淋浴			12			
4.10.5.1	浴缸和淋浴间均有单独照明,分区域照明充足				1		
4.10.5.2	完全打开热水龙头,水温在15s内上升到46℃~51℃,水温稳定				1		
4.10.5.3	水流充足(水压为0.2MPa~0.35MPa)、水质良好				1		
4.10.5.4	淋浴间下水保持通畅,不外溢				1		
4.10.5.5	浴缸				3		
	高档浴缸(配带淋浴喷头)及配套五金件					3	
	普通浴缸(配带淋浴喷头)或只有淋浴间					1	
4.10.5.6	所有浴缸上方安装扶手,符合安全规定				1		
4.10.5.7	淋浴喷头的水流可以调节				1		
4.10.5.8	淋浴有水流定温功能				1		
4.10.5.9	配备热带雨林喷头				1		
4.10.5.10	浴缸及淋浴间配有防滑设施(或有防滑功能)				1		
4.10.6	恭桶			3			
	高档节水恭桶					3	
	普通节水恭桶					1	

续表

序号	设施设备	各大项总分	各分项总分	各次分项总分	各小项总分	计分	记分栏
4.10.7	其他			15			
4.10.7.1	饮用水系统				2		
4.10.7.2	梳妆镜				2		
	防雾梳妆镜					2	
	普通梳妆镜					1	
4.10.7.3	化妆放大镜				1		
4.10.7.4	面巾纸				1		
4.10.7.5	110V/220V 不间断电源插座(低电流)				1		
4.10.7.6	晾衣绳				1		
4.10.7.7	呼救按钮或有呼救功能的电话				1		
4.10.7.8	连接客房电视的音响装置				1		
4.10.7.9	体重秤				1		
4.10.7.10	电话副机(方便宾客取用)				1		
4.10.7.11	浴室里挂钩不少于 1 处,方便使用				1		
4.10.7.12	浴帘或其他防溅设施				1		
4.10.7.13	浴巾架				1		
4.10.8	卫生间客用必备品(少一项扣一分)						
4.10.8.1	漱口杯(每房 2 个)						
4.10.8.2	浴巾(每房 2 条)						
4.10.8.3	地巾						
4.10.8.4	面巾(每房 2 条)						
4.10.8.6	卫生袋						
4.10.8.7	卫生纸						
4.10.8.8	垃圾桶						
4.11	套房		14				

续表

序号	设施设备	各大项总分	各分项总分	各次分项总分	各小项总分	计分	记分栏
4.11.1	数量			3			
	不少于客房总数的20%(不包括连通房)					3	
	不少于客房总数的10%(不包括连通房)					2	
	不少于客房总数的5%(不包括连通房)					1	
4.11.2	规格			6			
4.11.2.1	至少有三种规格的套房				2		
4.11.2.2	有豪华套房				4		
	至少有卧室2间、会客室、餐厅、书房各1间(卫生间3间)					4	
	至少有卧室2间、会客室1间、餐厅或书房各1间(卫生间3间)					2	
4.11.3	套房卫生间			5			
4.11.3.1	有供主人和来访宾客分别使用的卫生间				2		
4.11.3.2	有由卧室和客厅分别直接进入的卫生间(双门卫生间)				1		
4.11.3.3	有音响装置				1		
4.11.3.4	配有电视机				1		
4.12	有残疾人客房,配备相应的残障设施		2				
4.13	设无烟楼层		2				
4.14	客房舒适度		35				
4.14.1	布草			15			
4.14.1.1	床单、被套、枕套的纱支规格				6		
	不低于8060支纱					6	
	不低于6040支纱					3	
	不低于4040支纱					1	

续表

序号	设施设备	各大项总分	各分项总分	各次分项总分	各小项总分	计分	记分栏
4.14.1.2	床单、被套、枕套的含棉量为100%				1		
4.14.1.3	毛巾(含浴巾、面巾、地巾、方巾等)的纱支规格				2		
	32支纱(或螺旋16支),含棉量为100%					2	
	不低于16支纱					1	
4.14.1.4	毛巾(含浴巾、面巾、地巾、方巾等)规格(一个规格不达标扣0.5分,扣满2分以上,降低一挡)				6		
	浴巾:不小于1400m×800mm,重量不低于750g;面巾:不小于750mm×350mm,重量不低于180g;地巾:不小于800mm×500mm,重量不低于450g;方巾:不小于320mm×320mm,重量不低于55g					6	
	浴巾:不小于1300mm×700mm,重量不低于500g;面巾:不小于600mm×300mm,重量不低于120g;地巾:不小于700mm×400mm,重量不低于320g;方巾:不小于300mm×300mm,重量不低于45g					3	
	浴巾:不小于1200mm×600mm,重量不低于400g;面巾:不小于550mm×300mm,重量不低于110g;地巾:不小于650mm×350mm,重量不低于280g					1	
4.14.2	床垫硬度适中、无变形,可提供3种以上不同类型的枕头			2			
4.14.3	温度			3			
4.14.3.1	室内温度可调节				2		
4.14.3.2	公共区域与客房区域温差不超过5℃				1		
4.14.4	相对湿度:冬季为50%~55%,夏季为45%~50%			2			
4.14.5	客房门、墙、窗、天花、卫生间采取隔音措施,效果良好			2			

续表

序号	设施设备	各大项总分	各分项总分	各次分项总分	各小项总分	计分	记分栏
	客房隔音效果差，或部分客房靠近高噪音设施（如歌舞厅、保龄球场、洗衣房等），影响宾客休息					－4	
4.14.6	窗帘与客房整体设计匹配，有纱帘，方便开闭，密闭遮光效果良好			2			
4.14.7	照明效果			3			
	专业设计，功能照明、重点照明、氛围照明和谐统一					3	
	有目的物照明光源，满足不同区域的照明需求					2	
	照明效果一般					1	
4.14.8	客用品方便取用，插座、开关位置合理，方便使用			2			
4.14.9	艺术品、装饰品搭配协调，布置雅致；家具、电器、灯饰档次匹配，色调和谐			2			
4.14.10	电视机和背景音乐系统的音、画质良好，节目及音量调节方便有效			2			
4.15	客房走廊及电梯厅		5				
4.15.1	走廊宽度不少于 1.8m，高度不低于 2.3m			1			
4.15.2	光线适宜			1			
4.15.3	通风良好，温度适宜			1			
4.15.4	客房门牌标识醒目，制作精良			1			
4.15.5	管道井、消防设施的装饰与周边氛围协调			1			

1. 标准（4.2.1 地面）

优质木地板是指采用硬度较高的木材，经过脱水、脱脂、烘干处理等加工技术制造的实木地板。一般选用名贵树种木材，纹理清晰漂亮，色彩自然大方，漆面光亮有厚度，安装精良，接缝平直，无翘曲，与踢脚线搭配得当、配合紧密。

地毯档次的界定应高度关注地毯的材质、地毯的感受和地毯的工艺性。优质地毯应满足以下三个基本条件：

(1)从材质来看,应为纯羊毛地毯、丝质地毯、高品质混纺地毯、长纤尼龙地毯等,上述地毯具有较强的去污、防静电等性能。

(2)从感受来看,地毯精美、图案定制、色调高雅、足感平整有弹性、绒高大于 9mm。

(3)从工艺来看,地毯接缝(含与其他材质接口)应平整密合,对花无视差,无凹凸不平感,接口有处理;底垫的厚度应不少于 1.8mm,弹性良好,不易疲劳;边界挂条处理到位。

2.标准(4.3.2 衣橱)

步入式衣物储藏间又称为"步入式更衣间",从结构上分大致有三种:柜体式、结构式、挂墙式,饭店可根据需要和房间的实际情况量身定做。

具有相对独立空间,宾客可进入,照明充足,能清晰辨别衣物,并配置类型多样、数量充足的隔板、衣架、裤架、坐凳、全身镜等配套设施。物件拿取方便、无障碍是对步入式衣物储藏间的基本要求。

3.标准(4.4.1 灯具配置)

灯具的配置直接影响宾客在客房内活动的方便性与舒适性,应严格按照标准要求配置各区域的灯具,并充分考虑灯具的选型、照度与角度等问题。

"一键式"总控开关是安装在床头的,可控制客房主光源、门廊照明灯、写字台照明灯、衣柜照明灯、行李柜照明灯、小酒吧照明灯、装饰物照明灯等开关。

4.标准(4.6.4 写字台电话)

附设写字台电话是指配置于写字台上的、方便宾客使用的专用电话。

双线制是指附设写字台电话可应宾客要求,扩展为一个单独号码的分机或专线的电话接入方式,通常依赖于饭店综合布线系统的支持。

5.标准(4.10.4 面盆及配套五金件)

面盆从材质上大体可分为陶瓷、玻璃和不锈钢三类;有台上式、台下式、立柱式和挂墙式;形状有圆形、椭圆形、长方形、多边形等;从风格上分为优雅型、简洁型、古典型和现代型。

高档面盆应满足以下基本条件:

(1)统一品牌。

(2)采用釉面光泽度好的陶瓷、优质艺术玻璃、优质金属材料,材质细腻,造型优美,工艺精良,色泽悦目,易保洁。

(3)配套五金件与面盆搭配得当、风格统一、档次匹配,光泽度高,手感舒适不生涩,无溅水,关水严密。

(4)符合人体工程学原理,方便易用,安装紧固,与台面间的收口细致,配套管件处理到位。

6. 标准(4.10.5 浴缸及配套五金件)

浴缸大多以铸铁、亚克力和钢板为主流材料。从形质上划分,有单体浴缸、无裙边浴缸和有裙边浴缸等;从功能上划分,有普通浴缸和按摩浴缸等。

高档浴缸一般应满足以下基本条件:

(1)特殊设施除外尺寸在 1700mm×700mm 以上,统一品牌。

(2)缸质为铸铁、优质玻璃、釉面光泽度好的陶瓷等,缸体有一定厚度,触感细腻,造型优美,工艺精良,色泽悦目,防滑,易保洁。

(3)配套五金件与缸体搭配得当、风格统一、档次匹配,光泽度高,手感舒适不生涩,去水关闭严密,排水顺畅。

(4)符合人体工程学原理,方便易用,基座装饰美观,安装紧固,收口细致,配套管件易检修。

7. 标准(4.10.5.2 热水温度控制)

水温在 46℃以上时易造成宾客皮肤灼伤,因此饭店盥洗用热水温度一般应控制在 25℃～40℃。为此,热交换器出水温度的控制非常重要,原则上冬季应控制在 45℃～51℃,夏季在 42℃～46℃。

8. 标准(4.10.5.3 出水量控制)

通常情况下,饭店主要用水点的出水量要求如下:面盆 6L/min,浴缸 18L/min,淋浴 14L/min,豪华客房淋浴 16L/min。

9. 标准(4.10.5.7 淋浴喷头水流可调节)

水流可以调节是指淋浴喷头具有改变水流喷洒方式的功能形态,即由常规方式出水调节为按摩式出水、雾状式出水、脉冲式出水、发散垂流式出水等。

10. 标准(4.10.5.8 淋浴喷头水流定温功能)

水流定温功能是指与淋浴喷头配套的冷热水混合阀体,具备依据温度设定值,自动调配冷热水比例,恒定出水温度的功能。

11. 标准(4.10.5.9 配备热带雨林喷头)

热带雨林喷头的基本特征及功能是:外观豪华大气、工艺精美,形成一定的视觉冲击力;固定喷头尺寸及出水量较大,并配有灵活且易升降的可移动手持花洒;喷孔水流垂直喷洒,出水强劲,水流分配均匀,喷头易于清洁,具备自动清除水垢功能。

12. 标准(4.10.6 恭桶)

恭桶从规格上分为普通型和加长型;按冲洗排污方式分为冲落式和虹吸式;从结构形式上分为连体、分体、相连和壁挂式。

高档节水恭桶应满足以下基本条件:

(1)每次冲洗周期用水量不大于6L。

(2)虹吸式恭桶出水噪声不超过55dB,峰值不超过65dB,除正常水流声外,无抽水声和回气声。

(3)连体式恭桶整体造型优美,触感细腻,釉面光泽度好,工艺精良,色泽悦目,易保洁。

(4)水箱配件质量上乘,闭水严密,注水噪声小,冲洗开关灵敏易用;坐圈及盖板形质考究,与恭桶连接稳固,具缓降功能。

(5)安装紧固,收口细致,无渗水,配套管件易检修。

13. 标准(4.13 无烟楼层)

无烟楼层是指饭店专门为非吸烟宾客设置的禁烟楼层。为有效满足市场需求,饭店无烟楼层的设置应立足市场,以消费者的需求为标准。完善的无烟楼层应做到全过程、全方位、全人员。电梯及客房内有专用标志。

14. 标准(4.14.3 温度)

空气环境是人对空气的温度、湿度、纯度和流动的反应,能否营造良好的空气环境直接关系到宾客的健康和饭店产品的舒适性。饭店应高度重视空气的调节设计与管理。通常情况下,人们室内感觉舒适的空气环境是:

(1)温度。饭店室内舒适的温度夏季为24℃~28℃,冬季为16℃~22℃。

(2)相对湿度。饭店室内人体舒适感受的相对湿度是夏季为45%~50%,冬季为50%~55%。

(3)公共区域与客房温差控制。人体对温度有一定的调节能力,成为体温调节。根据有效温度数据显示,人体从偏凉到偏热的舒适界限为21℃~29℃,最舒适的温度为23℃~27℃,因此,综合各种因素,原则上,饭店公共区域与客房温差应控制在5℃左右。

15. 标准(4.14.8 插座、开关位置)

客房插座、开关、网络接口的安装位置影响着客房的品质,参考指标为:

(1)床头应设置电源插座、网络接口。

(2)总控开关、床头各灯具开关、网络接口与床之间距离在100~200mm,距地面高度为800~900mm。总控开关面板与其他开关面板应有所区别,安装位置应单列。

(3)不间断电源插座、网络插口等位于写字台旁,离地面安装高度为920~1520mm,并配有醒目标志和网络使用说明。

16. 标准(4.15 客房走廊)

客房楼层的走廊宽度以保证客房清洁车停靠时不影响宾客通过并符合消防

条例为原则。一般而言，走廊两侧布置客房时，走廊净宽度应保证在 1.5～1.8m，最窄不得小于 1.4m；单侧布置客房时，走廊净宽度一般为 1.4～1.6m，最窄不得小于 1.3m；走廊净高不得低于 2.3m；电梯间到走廊端头客房的距离应控制在 50m 之内。

任务三：客房运营质量评价表解析

表 8-4　　附录 C　饭店运营质量评价表——客房部分

序号	评价				
3.1	客房服务质量				
3.1.1	整理客房服务	优	良	中	差
3.1.1.1	* 正常情况下，每天 14 时前清扫客房完毕。如遇“请勿打扰”标志，按相关程序进行处理	3	2	1	0
3.1.1.2	客房与卫生间清扫整洁、无毛发、无灰尘、无污渍	3	2	1	0
3.1.1.3	所有物品已放回原处，所有客用品补充齐全	3	2	1	0
3.1.1.4	应宾客要求更换床单、被套、毛巾、浴巾等	3	2	1	0
3.1.2	* 开夜床服务	优	良	中	差
3.1.2.1	正常情况下，每天 17～21 时提供开夜床服务；如遇“请勿打扰”标志，按相关程序进行处理	3	2	1	0
3.1.2.2	客房与卫生间清扫整洁、无毛发、无灰尘、无污渍	3	2	1	0
3.1.2.3	所有物品已整理整齐，所有客用品补充齐全	3	2	1	0
3.1.2.4	床头灯处于打开状态，遮光窗帘已充分闭合	3	2	1	0
3.1.2.5	床边垫巾和拖鞋放置到位，电视遥控器、洗衣袋等放置方便宾客取用	3	2	1	0
3.1.2.6	床头放置晚安卡或致意品	3	2	1	0
3.1.3	* 洗衣服务	优	良	中	差
3.1.3.1	洗衣单上明确相关信息（服务时间、价格、服务电话、送回方式等），配备饭店专用环保洗衣袋	3	2	1	0
3.1.3.2	应宾客要求，及时收集待洗衣物，并仔细检查	3	2	1	0
3.1.3.3	在规定时间内送还衣物，包装、悬挂整齐	3	2	1	0

续表

序号	评价				
3.1.3.4	所有的衣物已被正确洗涤、熨烫，如果污渍不能被清除，书面告知宾客	3	2	1	0
3.1.4	*微型酒吧	优	良	中	差
3.1.4.1	小冰箱运行状态良好，无明显噪音，清洁无异味	3	2	1	0
3.1.4.2	提供微型酒吧价目表，价目表上的食品、酒水与实际提供的相一致	3	2	1	0
3.1.4.3	食品、酒水摆放整齐，且标签朝外，均在保质期之内	3	2	1	0
3.1.4.4	及时补充微型酒吧上被耗用的物品，应要求及时供应冰块和饮用水	3	2	1	0
3.2	客房维护保养与清洁卫生	优	良	中	差
3.2.1	房门：完好、有效、自动闭合，无破损、无灰尘、无污渍	3	2	1	0
3.2.2	地面：完整，无破损、无变色、无变形、无污渍、无异味	3	2	1	0
3.2.3	窗户、窗帘：玻璃明亮、无破损、无污渍、无脱落、无灰尘	3	2	1	0
3.2.4	墙面：无破损、无裂痕、无脱落、无灰尘、无水迹、无蛛网	3	2	1	0
3.2.5	天花(包括空调排风口)：无破损、无裂痕、无脱落、无灰尘、无水迹、无蛛网、无污渍	3	2	1	0
3.2.6	家具：稳固、完好、无变形、无破损、无烫痕、无脱漆、无灰尘、无污渍	3	2	1	0
3.2.7	灯具：完好、有效；无灰尘、无污渍	3	2	1	0
3.2.8	布草(床单、枕头、被子、毛毯、浴衣等)：配置规范、清洁，无灰尘、无毛发、无污渍	3	2	1	0
3.2.9	电器及插座(电视、电话、冰箱等)：完好、有效、安全，无灰尘、无污渍	3	2	1	0
3.2.10	客房内印刷品(服务指南、电视节目单、安全出口指示图等)：规范、完好、方便取用，字迹图案清晰、无皱折、无涂抹，无灰尘、无污渍	3	2	1	0

续表

序号	评价				
3.2.11	绿色植物、艺术品:与整体氛围相协调、完整、无褪色、无脱落、无灰尘、无污渍	3	2	1	0
3.2.12	床头(控制)柜:完好、有效、安全、无灰尘、无污渍	3	2	1	0
3.2.13	贵重物品保险箱:方便使用,完好有效、无灰尘、无污渍	3	2	1	0
3.2.14	客房电话机:完好、有效、无灰尘、无污渍,旁边有便笺和笔	3	2	1	0
3.2.15	卫生间门、锁:安全、有效、无破损、无灰尘、无污渍	3	2	1	0
3.2.16	卫生间地面:平坦、无破损、无灰尘、无污渍、排水畅通	3	2	1	0
3.2.17	卫生间墙壁:平整、无破损、无脱落、无灰尘、无污渍	3	2	1	0
3.2.18	卫生间天花:无破损、无裂痕、无脱落、无灰尘、无水迹、无蛛网、无污渍	3	2	1	0
3.2.19	面盆、浴缸、淋浴区:洁净、无毛发、无灰尘、无污渍	3	2	1	0
3.2.20	水龙头、淋浴喷头等五金件:无污渍、无滴漏、擦拭光亮	3	2	1	0
3.2.21	恭桶:洁净、无堵塞、噪音低	3	2	1	0
3.2.22	下水:通畅、无明显噪音	3	2	1	0
3.2.23	排风系统:完好,运行时无明显噪音	3	2	1	0
3.2.24	客用品(毛巾、口杯等):摆放规范、方便使用,完好、无灰尘、无污渍	3	2	1	0
小计		126			
实际得分:					
得分率:(实际得分)/该项总分×100%=					

客房是饭店的主体,是饭店的核心产品,客房产品舒适度与服务质量所达到的水平直接影响到饭店的声誉和收益,因此持续维持安全、清洁、舒适、方便的产品形态是客房维护保养和清洁卫生工作的主要任务。

设施设备安全、有效,无破损、无污渍、无灰尘;客用品摆放规范、方便使用,完好,无灰尘、无污渍是客房维修保养和清洁卫生的基本原则。

同时,要高度重视以下几个环节:

1. 闭门器应力度适宜,做到既能自动轻闭房门,又不至于力量太大产生噪声。

2.消防走火图应按照每间客房与紧急出口的实际走向与范围制作，标志规范、文字清晰，方向直观明确。

3.网络使用说明浅显易懂，网速快、操作方便。

4.电视节目单与实际频道设置一致，清晰明了。

5.客房印刷品、环保卡、电话、花篮、杯具、洗漱品、方巾、烟灰缸等用品不要多占用写字台、床头柜、盥洗台空间，方便宾客使用。

星评标准从无到有，从简略到细致的发展过程，通过不断修订，时刻保持与时俱进。行业标准规范了酒店管理和服务，增强了企业竞争力，促进了全国饭店行业的整体进步，成为饭店行业经营管理的指挥棒和风向标。酒店应该深入理解和把握星评标准，结合自身特点，在规范化的服务和管理的基础上，做好内涵建设，创新求变，实现企业的科学发展。

【小结】

星评标准作为中国国家标准以及中国饭店业的最高行业标准，有利于保障消费者和饭店业的利益，对强化行业监督和管理起到了积极的作用。2010 年版星标的颁布与实施对未来我国饭店业的发展、管理与服务提出了新思路、新要求，酒店从业人员要认真学习和掌握各项要求，灵活运用，在关注硬指标的同时，加强个性化服务意识和员工业务水平，提升酒店的综合竞争力。

【复习思考题】

1.不同的星级饭店必须具备哪些条件？

2.现代社会多元化评价的潮流下，酒店还应关注哪些方面？

3.对照星评标准，实地探访一家酒店客房，提交暗访报告。

【推荐阅读】

1.《从中国历次旅游饭店星评标准的沿革看 2011 版新标出台的重大意义》，载《百度文库》，2011 年 4 月 25 日。

2.裘永强：《我国旅游饭店业迈向“星”光大道——解读 2010 年版〈旅游饭店星级的划分与评定〉》，载《质量与标准化》2011 年第 2 期。

3.马婧婧：《星级是不是检验饭店好坏的唯一标准》，载《风景名胜》2009 年第 3 期。

图书在版编目(CIP)数据

客房部运行与管理/陈增红主编.—2版.
—济南:山东大学出版社,2014.8(2020.3重印)
ISBN 978-7-5607-3430-9

Ⅰ.客...
Ⅱ.①陈...
Ⅲ.①饭店—商业服务—高等学校:技术学校—教材
②饭店—经济管理—高等学校:技术学校—教材
Ⅳ.F719.2

中国版本图书馆CIP数据核字(2007)第126256号

责任编辑 米克荣 陈佳意
封面设计 臧传宁
美术编辑 牛 钧

出版发行 山东大学出版社
社 址 山东省济南市山大南路20号
邮 编 250100
电 话 市场部(0531)88363008
经 销 新华书店
印 刷 济南景升印业有限公司印刷
规 格 720毫米×1000毫米 1/16
14.5印张 268千字
版 次 2014年8月第2版
印 次 2020年3月第3次印刷
定 价 38.00元
